ABD Vergi Rehberi

Amerika'da Yaşayan Türkler ve Yatırımcılar İçin
Anlaşılır Bir Kılavuz
Burak Genc

Önsöz

Amerika Birleşik Devletleri'nin karmaşık vergi sistemi, birçok kişi için adeta bir labirent gibidir. Bu labirent, anadili İngilizce olmayanlar için daha da içinden çıkılmaz bir hal alabilir. Yıllar boyunca, ABD'de yaşayan veya bu ülkeyle finansal bağları bulunan sayısız Türk birey ve işletmenin, dil engeli ve güvenilir kaynak eksikliği nedeniyle ciddi zorluklar yaşadığına tanık oldum. Bu kitap, işte bu ihtiyaca cevap vermek amacıyla kaleme alındı.

Vergi dünyasıyla olan yolculuğum, on yılı aşkın bir süre önce, bu alanın bir kariyer olabileceğini dahi düşünmediğim bir dönemde başladı. Ancak zamanla, verginin sadece rakamlardan ve kanun maddelerinden ibaret olmadığını; doğru anlaşıldığında bireylerin ve şirketlerin geleceğini şekillendiren stratejik bir araç olduğunu fark ettim. Enrolled Agent (EA) unvanını alıp vergi alanında yüksek lisans yaptıktan sonra, milyonlarca insanın kullandığı vergi yazılımlarının geliştirme süreçlerinde yer alarak sistemin iç işleyişini en ince ayrıntısına kadar deneyimleme fırsatı buldum. Bu deneyim, bana teorik bilgiyi gerçek hayat senaryolarıyla birleştirme ve vergi kanunlarının pratikte nasıl hayat bulduğunu görme imkânı tanıdı.

Elinizdeki bu rehber, size vergi beyannamesi hazırlatmayı vaat etmiyor. Amacı, bir vergi uzmanının yerini almak veya kişisel vergi danışmanlığı sunmak da değil. Bu kitabın temel hedefi çok daha değerli: ABD vergi sisteminin temel mantığını, kilit kavramlarını ve kurallar arasındaki etkileşimi size anlaşılır bir dille sunmak. Muhasebeciniz size "1031 exchange", "Augusta Rule" veya "bonus amortisman" gibi terimlerden bahsettiğinde, ne hakkında konuştuğunu anlayabilmeniz ve finansal kararlarınızı daha bilinçli bir şekilde alabilmeniz için gereken altyapıyı sağlamayı amaçlıyor.

Kitapta yer alan örnek olaylar, meslek hayatım boyunca karşılaştığım gerçek vakalardan esinlenerek, anlatımı basitleştirmek ve gizliliği korumak amacıyla yeniden kurgulanmıştır. Bu sayede, karmaşık kuralların somut örneklerle nasıl hayata geçtiğini görebileceksiniz.

Bu kitabı, baştan sona bir bütün olarak okuyabileceğiniz gibi, ihtiyaç duyduğunuzda belirli bir konuya odaklanmak için bir başvuru kaynağı olarak da kullanabilirsiniz. Kitabın sonunda yer alan kapsamlı vergi terimleri sözlüğü ise, bu alandaki teknik dili anlamanızda size yardımcı olacaktır.

Umarım bu kitap, ABD vergi sistemini anlama yolculuğunuzda size güvenilir bir yol arkadaşı olur ve finansal hedeflerinize ulaşmanızda size güç verir.

Burak Genç, EA
Culver City, California
Şubat 2026
www.arcandledger.com

Yasal Uyarı ve Sorumluluk Reddi

Bu kitap, Amerika Birleşik Devletleri vergi sistemini eğitsel ve açıklayıcı bir bakış açısıyla tanıtmak amacıyla hazırlanmıştır. Kitapta yer alan bilgiler, genel nitelikte olup vergi danışmanlığı, mali danışmanlık, hukuki danışmanlık veya muhasebe hizmeti sunma amacı taşımamaktadır.

Bu kitap:

Vergi beyannamesi hazırlamak veya dosyalamak için bir rehber değildir.

Okuyucuya özel vergi tavsiyesi sunmaz.

Her bireyin veya işletmenin özel durumunu dikkate almaz.

Amerika Birleşik Devletleri vergi mevzuatı sık değişmekte olup, federal, eyalet ve yerel düzeyde farklı uygulamalar içerebilir. Bu nedenle, bu kitapta yer alan bilgiler güncel mevzuata uygunluk veya doğruluk açısından garanti edilmez.

Okuyucular, kendi vergi durumlarıyla ilgili kararlar almadan önce yetkili bir vergi uzmanına, Enrolled Agent (EA), Certified Public Accountant (CPA) veya vergi hukuku alanında uzman bir avukata danışmalıdır.

Bu kitabın okunması veya kullanılması, yazar ile okuyucu arasında herhangi bir danışman-müşteri, vergi hazırlayıcı-mükellef veya hukuki temsil ilişkisi oluşturmaz. Yazar, bu kitabın kullanımından doğabilecek doğrudan veya dolaylı hiçbir zarardan sorumlu tutulamaz.

Bu kitapta yer alan örnekler ve senaryolar yalnızca öğretici amaçlıdır ve gerçek kişi veya durumlarla birebir örtüşmesi amaçlanmamıştır.

İçindekiler

Bölüm 1: ABD Vergi Sistemine Giriş

Mühendis Cemil Bey, San Diego'daki teknoloji şirketinde işe başladığı ilk gün, İnsan Kaynakları departmanından aldığı vergi formlarına bakarken şaşkınlık yaşadı. W-4 formu, eyalet vergi seçenekleri, çeyreklik tahmini vergiler, yabancı hesap raporlama gereklilikleri... Türkiye'deki basit stopaj sisteminden sonra, ABD vergi sistemi ona sonsuz karmaşık görünüyordu.

İlk yıl, sadece temel gereklilikleri yerine getirmeye odaklandı. Ancak vergi danışmanı ile görüştüğünde, sistemin karmaşıklığının aslında büyük fırsatlar barındırdığını öğrendi. Doğru planlama ile vergi yükünü önemli ölçüde azaltabilir, emeklilik tasarruflarını optimize edebilir ve uluslararası vergi avantajlarından yararlanabilirdi.

İkinci yıl, Cemin Bey vergi planlamasına sistematik yaklaştı. Eyalet seçimi ile vergi yükünü azalttı, emeklilik hesaplarını optimize etti ve Türkiye-ABD vergi anlaşmasından yararlandı. Üçüncü yıl sonunda, etkin vergi oranı %35'ten %22'ye düşmüştü. Tasarruf ettiği para ile ev satın aldı ve aile için güvenli bir gelecek kurdu.

Cemil Bey'in hikayesi, binlerce Türk profesyonelin yaşayabileceği gerçektir. ABD vergi sistemi karmaşık görünse de, doğru anlayış ve planlama ile büyük avantajlar sağlar. ABD vergi sistemi, dünyanın en karmaşık vergi sistemlerinden biridir. Bu karmaşıklık, federal yapının çok katmanlı olmasından, eyaletlerin kendi vergi sistemlerini oluşturma yetkisinden ve uluslararası vergi kurallarının detaylı olmasından kaynaklanır. Ancak bu karmaşıklık, aynı zamanda vergi optimizasyonu için çok sayıda fırsat yaratır.

Türk mükellefler için ABD vergi sistemi, ek zorluklar içerir. Çifte vergilendirme riski, yabancı hesap raporlama gereklilikleri, vergi anlaşması faydaları ve statü belirleme konuları dikkatli değerlendirme gerektirir.

1.1 ABD Vergi Sisteminin Temel Yapısı ve İşleyişi

ABD vergi sistemi, federal hükümetin anayasal yetkilerine dayanan çok katmanlı bir yapıdır. Bu sistemin kalbi, İç Gelir Servisi (Internal Revenue Service - IRS) tarafından yönetilen federal vergi sistemidir. IRS, Hazine Bakanlığı'na bağlı bir kurum olup, federal vergi kanunlarının uygulanması ve vergi tahsilatından sorumludur.

Başlıca Federal Vergi Türleri

Bireysel Gelir Vergisi (Individual Income Tax): Sistemin en büyük gelir kaynağıdır ve toplam federal gelirlerin yaklaşık %50'sini oluşturur. Bu vergi ABD vatandaşları ve yerleşik yabancılar için **küresel gelir** esasına dayanır.

Kurumlar Vergisi (Corporate Income Tax): Şirketlerin karlarından alınan vergidir ve 2017 vergi reformu (TCJA) sonrasında %21 sabit oranında uygulanır.

Bordro Vergileri (Payroll Taxes): Çalışanlar ve işverenler tarafından ödenen Sosyal Güvenlik ve Medicare vergilerini kapsar. Bu vergiler, sosyal güvenlik sisteminin finansmanını sağlar.

Sosyal Güvenlik Vergisi: 2025 yılı için gelirin ilk 176,100 doları ve 2026 yılı için ilk 184,500 doların üzerinden %6.2 oranında uygulanır.

Medicare Vergisi: Tüm gelir üzerinden %1.45 oranında uygulanır. Yüksek gelirli mükellefler için ek %0.9'luk bir vergi daha vardır.

Emlak ve Hediye Vergisi (Estate and Gift Tax): Büyük servet transferlerinden alınan vergilerdir. 2026 yılı için güncellenmiş yaşam boyu muafiyet tutarı bekar mükellefler için 15 milyon dolar, evli çiftler için ise bu muafiyet 30 milyon dolardır.

Artan Oranlı Vergi Yapısının Dinamikleri

Federal gelir vergisi, artan oranlı (progressive) bir yapıya sahiptir. Bu sistem, gelir arttıkça vergi oranının da artması anlamına gelir. Ancak bu artış, tüm gelir üzerinden değil, sadece belirli eşikleri (vergi dilimleri) aşan kısımlar üzerinden uygulanır. Örnek olarak geliriniz ister yüz bin dolar isterseniz de bir milyon dolar olsun gelir aralığına göre hangi vergi dilimine düşüyorsa o oranda vergi ödersiniz.

Vergi Dilimi	Gelir Aralığı (Taxable Income)	Vergi Oranı
1. Dilim	$0 – $11,925	%10
2. Dilim	$11,926 – $48,475	%12
3. Dilim	$48,476 – $103,350	%22
4. Dilim	$103,351 – $197,300	%24
5. Dilim	$197,301 – $250,525	%32
6. Dilim	$250,526 – $626,350	%35
7. Dilim	$626,351 ve üzeri	%37

Tablo 1.1: 2025 Vergi Yılı Bekar Mükellefler İçin Federal Vergi Dilimleri

Tablo 1.1: 2025 Vergi Yılı Bekar Mükellefler İçin Federal Vergi Dilimleri

Bu artan oranlı yapı, marjinal vergi oranı ile etkin vergi oranı arasında önemli bir fark yaratır:

Marjinal Vergi Oranı: Kazandığınız son dolar üzerinden ödediğiniz vergi oranıdır. Finansal kararlar alırken (örneğin, ek bir iş almak) bu oran önemlidir.

Etkin Vergi Oranı: Toplam verginizin toplam gelirinize oranıdır. Genel vergi yükünüzü gösterir.

Vaka Çalışması

Gözde Hanım'ın 120,000 dolarlık vergilendirilebilir geliri vardır.

Hesaplama:

Dilim	Gelir Aralığı	Hesaplama	Vergi
10%	$0 - $11,925	$11,925 × 10%	$1,192.50
12%	$11,926 - $48,475	$36,550 × 12%	$4,386.00
22%	$48,476 - $103,350	$54,875 × 22%	$12,072.50
24%	$103,351 - $120,000	$16,650 × 24%	$3,996.00
TOPLAM			$21,647.00

Tablo 1.2: Vergi Dilimine Göre Hesaplama Örneği

Etkin Vergi Oranı: (21,647 / 120,000) = %18.04

Eyalet Vergi Sistemlerinin Çeşitliliği ve Stratejik Önemi

Eyalet Adı	Notlar
Alaska	Petrol & doğalgaz telif gelirleri bütçeyi karşılıyor, hatta halka zaman zaman nakit temettü bile dağıtıyorlar.
Florida	Turizm vergileri yüksek (Otel, Rental Car, Eğlence), satış vergisi yüksek.
Nevada	Las Vegas bütçenin motorudur. Yüksek satış vergisi ve kumar & eğlence vergileri vardır.
New Hampshire	Çok yüksek emlak vergisi mevcuttur ve İşletmelerden ayrı vergi alırlar.
South Dakota	Pek çok tarım ve kredi kartı şirketi buradadır, satış vergisi alır. Küçük ama disiplinli bir bütçesi vardır.
Tennessee	Satış vergisi çok yüksektir (%9+ yerel oran), işletmelerden franchise tax diye bir vergi alır.
Texas	Emlak vergisi çok yüksektir, satış vergisi alır, petrol ve enerji sektörü buradadır.
Washington	Net değil brüt gelir üzerinden aldıkları B&O diye bir vergi vardır. Teknoloji & ticaret limanı gelirleri vardır.
Wyoming	Düşük nüfus ve dolayısıyla düşük kamu harcaması vardır, petrol, gaz ve kömür endüstrisi buradadır.

Tablo 1.3: Gelir Vergisi Olmayan Eyaletler

ABD'nin federal yapısı, her eyaletin kendi vergi sistemini oluşturma yetkisi verir. Bu durum, eyaletler arasında önemli vergi farklılıkları yaratır ve vergi planlaması için stratejik fırsatlar sunar.

Yüksek Vergi Eyaletleri: Diğer tarafta, bazı eyaletler çok yüksek gelir vergisi oranlarına sahiptir:

Eyalet	Maksimum Oran (2025 Vergi Yılı)	Notlar
California	%13.3	En yüksek oranlı eyalet
Hawaii	%11.0	Yüksek yaşam maliyeti
New York	%10.9	NYC ek vergisi ile daha da artar
New Jersey	%10.75	"Milyoner Vergisi" olarak bilinir
Oregon	%9.9	Satış vergisi yok

Tablo 1.4: Yüksek Vergi Eyaletleri

Stratejik Önem: Uzaktan çalışma imkanının artmasıyla, eyalet seçimi, vergi planlamasının kritik bir bileşeni haline gelmiştir. Teknoloji sektöründe çalışan birçok Türk profesyonel, pandemi sonrası uzaktan çalışma fırsatını değerlendirerek düşük vergili eyaletlere taşınmıştır.

Vaka Çalışması

Yazılım geliştirici Alperen Bey, San Francisco'da yaşarken 200,000 dolarlık geliri üzerinden California'nın artan oranlı vergi sistemine tabiydi. California'da %13.3'lük en yüksek oran yalnızca 1 milyon dolar üzerindeki gelirlere uygulandığından, Alperen Bey'in geliri %9.3'lük marjinal vergi dilimine girmekteydi.

Taşınma: Austin, Texas'a taşındı.

Sonuç: California'da ödediği 15,600 dolar tutarındaki eyalet gelir vergisi yükünden kurtuldu. Texas'ta eyalet gelir vergisi bulunmadığından, bu tutar doğrudan cebine kaldı.

Yerel Vergilerin Karmaşık Mozaiği

Eyalet vergilerine ek olarak, şehir, ilçe ve okul bölgeleri gibi yerel yönetimler de vergi toplama yetkisine sahiptir.

Emlak Vergisi (Property Tax): Yerel vergilerin en önemlisidir. Mülkün değerlendirilen değeri üzerinden hesaplanır ve okul finansmanının ana kaynağıdır.

Satış Vergisi (Sales Tax): Eyalet satış vergisine ek olarak uygulanır.
Yerel Gelir Vergisi: Bazı büyük şehirler, kendi gelir vergilerini uygular.
Örneğin, New York City'de yaşayan bir kişi, federal vergi, New York eyalet
vergisi ve NYC şehir vergisi olmak üzere üç farklı gelir vergisi öder.

Şehir	Yerel Vergi Oranı (Yaklaşık)	Eyalet Vergisi (Maks.)	Toplam Etki (Yaklaşık)
New York City	%3.88	%10.9	%14.78
Philadelphia	%3.79	%3.07	%6.86
Detroit	%2.4	%4.25	%6.65

Tablo 1.5: Yerel Vergi Örnekleri

1.2 Vergi Mükellefi Statüleri ve Belirleme Kriterleri

ABD vergi sisteminde, bir kişinin vergi yükümlülükleri, onun vergi
mükellefi statüsüne göre belirlenir. Türk vatandaşları için üç temel statü
vardır: ABD Vatandaşı, Yerleşik Yabancı (Resident Alien) ve Yerleşik Ol-
mayan Yabancı (Nonresident Alien).

ABD Vatandaşları ve Küresel Vergi Yükümlülüğü

ABD vatandaşlığı, vergi açısından dünyanın en kapsamlı yükümlülük-
lerinden birini yaratır. ABD vatandaşları, dünyanın neresinde yaşarlarsa
yaşasınlar, **küresel gelirlerinin tamamını** ABD'ye beyan etmek zorun-
dadır. Bu durum, çifte vatandaşlığa sahip Türk-Amerikan vatandaşları için
özel önem taşır.

Vaka Çalışması: Doktor Hayrünisa Hanım

İstanbul'da doğmuş, ancak ABD'de tıp eğitimi almış ve vatandaşlık kazanmıştır. Türkiye'ye döndükten sonra bile, Türkiye'deki tıbbi pratiğinden elde ettiği geliri ABD'ye beyan etmek zorundadır.

Türkiye'deki klinik geliri: 150,000 dolar

Türkiye'deki emlak kira geliri: $24,000

ABD'deki yatırım geliri: $8,000

Toplam ABD Beyan Geliri: $182,000

Bu gibi durumda olanlar küresel vergi yükümlülüğünü hafifletmek için, ABD vatandaşları Yurtdışı Kazanılan Gelir İstisnası (Foreign Earned Income Exclusion - FEIE) gibi önemli avantajlardan yararlanabilirler. 2025 vergi yılı için bu istisna 130,000 dolardır.

Yerleşik Yabancılar (Resident Aliens)

Yerleşik Yabancılar, ABD vatandaşı olmasalar da, vergi açısından ABD vatandaşları ile aynı şekilde vergilendirilirler. Yani, onlar da küresel gelirlerini ABD'ye beyan etmek zorundadırlar. Bir kişinin Yerleşik Yabancı statüsünde olup olmadığını belirlemek için iki temel test vardır:

1. **Yeşil Kart Testi (Green Card Test):** Eğer bir kişi, herhangi bir zamanda ABD'de yasal olarak daimi ikamet etme hakkı (Yeşil Kart) kazanmışsa, o kişi Yerleşik Yabancı olarak kabul edilir.

2. **Önemli Varlık Testi (Substantial Presence Test):** Yeşil Kartı olmayan bir kişi, ABD'de yeterince uzun süre fiziksel olarak bulunmuşsa, bu test ile Yerleşik Yabancı sayılabilir. Testin formülü şöyledir:

(Cari yıldaki gün sayısı) + (Önceki yıldaki günlerin 1/3'ü) + (İki önceki yıldaki günlerin 1/6'sı) $\geq$ 183 gün

Yerleşik Olmayan Yabancılar (Nonresident Aliens)

Yukarıdaki testleri geçemeyen yabancılar, Yerleşik Olmayan Yabancı olarak kabul edilir. Bu statüdeki kişiler, sadece ABD kaynaklı gelirleri üzerinden vergilendirilirler. Örneğin, ABD'de bir mülkten elde edilen kira geliri veya ABD'de verilen hizmetler karşılığında alınan maaş gibi.

Özellik	ABD Vatandaşı / Yerleşik Yabancı	Yerleşik Olmayan Yabancı
Vergiye Tabi Gelir	Küresel Gelir	Sadece ABD Kaynaklı Gelir
Beyanname Formu	Form 1040	Form 1040-NR
Standart Kesinti	Evet	Hayır (istisnalar hariç)
Vergi Oranları	Artan oranlı dilimler	Farklı oranlar (genellikle sabit)

Tablo 1.6: Vergi Statü Durumu Karşılaştırması

1.3. Türkiye-ABD Vergi Anlaşması: Stratejik Analiz ve Kritik Uyarılar

28 Mart 1996'da imzalanan ve 1 Ocak 1998'de yürürlüğe giren Türkiye-ABD Çifte Vergilendirmeyi Önleme Anlaşması (ÇVÖA), Türk mükellefler için hem önemli fırsatlar sunar hem de dikkatle yönetilmesi gereken karmaşık kurallar içerir.

1.3.1. Tasarruf Maddesi (Savings Clause) - En Kritik Uyarı

Anlaşma'nın 1. Maddesinin 3. Fıkrası, ABD'nin vergi egemenliğinin en keskin ifadesi olan Tasarruf Maddesi'ni içerir. Bu maddeye göre ABD, kendi vatandaşlarını ve vergi mukimlerini (Green Card sahipleri, Substantial Presence Test'i geçenler), sanki bu Anlaşma hiç yokmuş gibi vergilendirme hakkını saklı tutar.

Pratik Anlamı: Eğer bir kişi ABD vatandaşı veya vergi mukimi ise, Anlaşma'nın temettü, faiz, emekli maaşı gibi gelir türlerine getirdiği vergi indirimleri veya muafiyetlerinin çoğu bu kişiler için geçersizdir. Bu kişiler, çifte vergilendirmeyi önlemek için vergi muafiyeti değil, Yabancı Vergi Kredisi (Foreign Tax Credit - FTC) mekanizmasını kullanmak zorundadır.

Tasarruf Maddesi'nin İstisnaları:

Sosyal Güvenlik Ödemeleri (Madde 18(2)): ABD Sosyal Güvenlik maaşları, nerede yaşanırsa yaşansın **sadece ABD'de** vergilendirilebilir. Türkiye'nin bu geliri vergilendirme hakkı yoktur.

Yabancı Vergi Kredisi (Madde 23): ABD, vatandaşlarının Türkiye'de ödediği vergiyi, ABD'de hesaplanan vergiden düşmesine izin vermek zorundadır.

Öğrenci ve Akademisyen Muafiyetleri (Madde 20): Bu istisna, yalnızca ABD vatandaşı olmayan ve Green Card sahibi olmayan kişiler için geçerlidir. Green Card alan bir öğrenci, bu muafiyeti kaybeder.

1.3.2. Pasif Gelirlerde Stopaj Oranları ve Stratejik Notlar

Anlaşma, Türkiye'de yerleşik (ABD vatandaşı veya mukimi olmayan) kişiler için ABD kaynaklı pasif gelirlerdeki %30'luk standart stopaj oranını önemli ölçüde düşürür.

Türkiye Güncellemesi (Aralık 2024): Türkiye, temettü dağıtımlarındaki stopaj oranını %10'dan %15'e yükseltmiştir. Bu, ABD mukimi yatırımcıların Türkiye'den aldığı net temettüyü etkiler.

1.3.3. Kişisel Hizmet Gelirleri ve Kritik Kurallar

1. 183 Gün Kuralı (Serbest Meslek ve Ücretliler):

KRİTİK UYARI: 183 gün hesabı takvim yılına göre değil, herhangi bir kesintisiz 12 aylık döneme göre yapılır. Bu, takvim yılına göre planlama yapan birçok profesyonelin vergi cezasıyla karşılaşmasına neden olan yaygın bir hatadır.

2. Ücretliler İçin Üç Ayaklı Test (Madde 15):

Bir Türk çalışanın ABD'deki maaşının vergiden muaf olması için 3 şartın da sağlanması gerekir:

183 günden az kalmalı.

Maaş, ABD mukimi olmayan bir işveren tarafından ödenmeli.

Maaş maliyeti, işverenin ABD'deki bir şubesi veya işyeri tarafından gider yazılmamalıdır (Recharge edilmemelidir). Bu şartın ihlali, muafiyeti tamamen ortadan kaldırır.

3. Öğrenci ve Akademisyenler (Madde 20):

Türk öğrencilerin ABD'de çalışarak (OPT, CPT, kampüs içi iş) elde ettikleri gelirin vergi muafiyeti yıllık 3,000 dolar ile sınırlıdır. Bu tutarı aşan gelirler vergiye tabidir.

Akademisyenler İçin 2 Yıl Kuralı ve Geriye Dönük İptal Riski 2 yılı aşmayan bir süre için gelen akademisyenler vergi muafiyetinden yararlanır. Ancak, süre 2 yılı aşarsa (örneğin kontrat uzatılırsa), muafiyet geriye dönük olarak iptal edilir ve ilk günden itibaren tüm vergiler faiziyle birlikte geri istenir.

1.3.4. Diğer Önemli Anlaşma Hükümleri

Sermaye Değer Artış Kazançları (Madde 13): Türkiye'deki borsaya kote olmayan bir şirketin hisselerini satan ABD mukimi, hisseleri 1 yıldan fazla elinde tutarsa, bu kazanç üzerinden Türkiye'de vergi ödemez. Bu, start-up yatırımcıları için kritik bir çıkış stratejisidir.

Sosyal Güvenlik Anlaşması (Totalization Agreement) Yokluğu Türkiye ile ABD arasında bir sosyal güvenlik anlaşması yoktur. Bu, ABD'de çalışan Türklerin hem ABD'ye hem de Türkiye'ye aynı anda sosyal güvenlik primi ödemek zorunda kalabileceği anlamına gelir. ABD'de 10 yıldan az çalışıp Türkiye'ye dönenlerin ödediği primler "yanar".

Borsa İstanbul (BIST) Avantajı: Hisseleri Borsa İstanbul'da işlem gören halka açık Türk şirketleri, ortaklık yapılarına bakılmaksızın Anlaşma avantajlarından otomatik olarak yararlanır. Bu, LOB (Faydaların Sınırlandırılması) maddesinden önemli bir istisnadır.

Not: Bu bölüm, Türkiye-ABD Vergi Anlaşması'nın genel bir özetini sunmaktadır. Anlaşmanın tam metni için IRS web sitesini (www.irs.g ov/pub/irs-trty/turkey.pdf) ziyaret edebilirsiniz. Karmaşık durumlar için mutlaka bir vergi uzmanına danışmanız önerilir.

1.4 Vergi Yılı, Beyanname Süreçleri ve Önemli Tarihler

ABD vergi sistemi, takvim yılına (1 Ocak - 31 Aralık) dayanır ve mükelleflerin bu süreçte uyması gereken katı son tarihler vardır.

Önemli Tarihler

15 Nisan: Bireysel gelir vergisi beyannamelerinin (Form 1040) son teslim tarihidir. Aynı zamanda, ilk çeyrek tahmini vergi ödemesinin de son günüdür.

15 Haziran: Yurtdışında yaşayan ABD vatandaşları için otomatik olarak iki aylık bir uzatma sağlanır. Aynı zamanda ikinci çeyrek tahmini vergi ödemesinin son günüdür.

15 Eylül: Üçüncü çeyrek tahmini vergi ödemesinin son günüdür.

15 Ekim: Beyanname uzatması (Form 4868) talep edenler için son teslim tarihidir. Unutmayın: Bu, beyanname verme süresini uzatır, vergi ödeme süresini değil!

15 Ocak (ertesi yıl): Dördüncü çeyrek tahmini vergi ödemesinin son günüdür.

Tahmini Vergi Ödemeleri

Maaşlı çalışanların vergileri işverenleri tarafından stopaj yoluyla kesilir. Ancak, serbest meslek sahipleri, yatırımcılar veya önemli miktarda ek geliri olanlar, vergi borçlarını yıl boyunca dört taksitte (**tahmini vergi ödemeleri**) ödemek zorundadır. Bu ödemelerin yapılmaması, ceza ve faizle sonuçlanabilir.

1.5 Kapsamlı Vaka Çalışmaları ve Pratik Uygulamalar

Teorik bilgileri pekiştirmek için, farklı profillerdeki Türk mükelleflerin ABD vergi sistemiyle nasıl etkileşime girdiğini gösteren detaylı vaka çalışmalarını inceleyelim.

Vaka 1: F-1 Öğrencisinden H-1B Çalışanına Geçiş

Can, Türkiye'den gelen bir F-1 vizesi sahibi doktora öğrencisidir. Mezuniyet sonrası, bir teknoloji şirketinde H-1B vizesi ile çalışmaya başlar.

Aşama 1: F-1 Öğrencisi (İlk 5 Yıl)

Statü: Yerleşik Olmayan Yabancı (Nonresident Alien). *F-1 öğrenciler, Önemli Varlık Testi'nden ilk 5 takvim yılı için muaftır.*

Vergi Yükümlülüğü: Sadece ABD kaynaklı gelirleri vergiye tabidir. Örneğin üniversiteden aldığı asistanlık maaşı vergiye tabi iken Türkiye'deki ailesinden gelen para ise vergiye tabi değildir.

Vergi Anlaşması: Türkiye-ABD vergi anlaşması uyarınca, öğrenciler belirli bir miktara kadar olan gelirleri için vergiden muaf olabilirler. Can, bu avantajdan yararlanarak vergi yükünü azaltabilir.

Beyanname: Form 1040-NR ve Form 8843 (Muaf Birey Beyanı) doldurur.

Aşama 2: H-1B Çalışanı (6. Yıl ve Sonrası)

Statü Değişikliği: Can, 6. yılında artık F-1 muafiyetinden yararlanamaz. Yılın büyük bir kısmında ABD'de bulunduğu için, Önemli Varlık Testi'ni geçer ve Yerleşik Yabancı (Resident Alien) olur.

Vergi Yükümlülüğü: Bu andan itibaren, küresel geliri üzerinden vergilendirilir. ABD'deki maaşı artık tamamiyle vergiye tabidir. Türkiye'deki banka hesabından elde ettiği faiz gelirini de ABD'ye beyan edilmek zorundadır. Aynı zamanda Türkiye'de sattığı bir mülkten elde ettiği sermaye kazancını da ABD'ye beyan edilmek zorundadır.

Beyanname: Artık Form 1040 doldurur ve standart kesinti gibi avantajlardan yararlanabilir.

FBAR Gerekliliği: Türkiye'deki finansal hesaplarının toplam değeri yıl içinde 10,000 doları aşarsa, FinCEN Form 114 (FBAR) doldurmak zorundadır.

Vaka 2: L-1 Vizesi ile Gelen Yönetici ve Ailesi

Sema Hanım, Türkiye'deki bir çokuluslu şirketin yöneticisidir. Şirketi, onu L-1A vizesi ile New York'taki ofislerini yönetmesi için gönderir. Eşi ve iki çocuğu da L-2 vizesi ile gelir.

Vergi Durumu:

Statü: Sema Hanım, yılın çoğunu ABD'de geçireceği için Önemli Varlık Testi'ni geçerek Yerleşik Yabancı olur. Ailesi de aynı statüyü kazanır.

Beyan Durumu: Evli Müşterek Beyan (MFJ) vererek en düşük vergi yükünü elde ederler.

Vergi Yükümlülüğü: Ailenin küresel geliri ABD'de vergiye tabidir. Sema Hanım'ın ABD maaşı, Eşinin Türkiye'deki danışmanlık gelirleri, Türkiye'deki kira gelirleri rapor edilmelidir.

Vergi Kredileri: Türkiye'de ödedikleri vergiler için Yabancı Vergi Kredisi (Foreign Tax Credit) talep edebilirler. İki çocukları için Çocuk Vergi Kredisi (Child Tax Credit) alabilirler

Eyalet ve Yerel Vergiler: New York'ta yaşadıkları için, yüksek New York Eyalet ve New York City şehir vergilerine tabidirler. Bu, toplam vergi yüklerini önemli ölçüde artırır.

Planlama Stratejileri:

1. **Vergi Eşitleme Politikası (Tax Equalization):** Sema Hanım'ın şirketi, onu ABD'ye gönderirken bir vergi eşitleme politikası sunar. Bu politika, Sema Hanım'ın ABD'de ödeyeceği yüksek vergiler nedeniyle finansal olarak dezavantajlı duruma düşmemesini sağlar. Şirket, Türkiye'de ödeyeceği vergi ile ABD'de ödediği vergi arasındaki farkı karşılar.

2. **Yabancı Vergi Kredisi Optimizasyonu:** Aile, Türkiye'de ödedikleri vergileri dikkatlice belgeleyerek, ABD'deki vergi borçlarını en aza indirmek için Yabancı Vergi Kredisi'ni en üst düzeyde kullanır.

3. **Emeklilik Planlaması:** Sema Hanım, şirketinin 401(k) planına maksimum katkıda bulunur. Bu, vergiye tabi gelirini azaltır ve emeklilik için tasarruf yapmasını sağlar.

Vaka 3: Yeşil Kart Sahibi ve Türkiye'deki İşletmesi

Mehmet Bey, yıllar önce yatırımcı vizesi ile ABD'ye gelmiş ve daha sonra Yeşil Kart almıştır. ABD'de bir restoran işletirken, Türkiye'deki aile işini de (bir tekstil fabrikası) miras almıştır.

Vergi Durumu:

Statü: Yeşil Kart sahibi olduğu için, daimi olarak Yerleşik Yabancı statüsündedir.

Vergi Yükümlülüğü: Küresel geliri vergiye tabidir. ABD'deki restoranının karı (Schedule C üzerinden beyan edilir). Türkiye'deki tekstil fabrikasından elde ettiği kar payı da rapor edilmelidir.

Karmaşık Raporlama Gereklilikleri (Form 5471): Mehmet Bey, Türkiye'deki fabrikanın %10'dan fazlasına sahip olduğu için, bu yabancı şirketin finansal bilgilerini detaylı olarak raporlamak zorundadır. Bu, çok karmaşık bir formdur ve ciddi cezaları vardır.

GILTI (Global Intangible Low-Taxed Income): Türkiye'deki şirketin karı, belirli koşullar altında ABD'de vergiye tabi olabilir. Bu, uluslararası vergi planlamasının en karmaşık alanlarından biridir.

FBAR ve Form 8938 (FATCA): Hem Türkiye'deki kişisel banka hesaplarını hem de işletme hesaplarını raporlamak zorundadır.

Planlama Stratejileri:

1. **Uluslararası Vergi Uzmanı:** Mehmet Bey, durumu çok karmaşık olduğu için, uluslararası vergi konusunda uzmanlaşmış bir CPA (Yeminli Mali Müşavir) ile çalışır. Bu, Form 5471 ve GILTI gibi karmaşık gereklilikleri doğru bir şekilde yerine getirmesini sağlar.

2. **Varlık Yapılandırması:** CPA'i, Mehmet Bey'in Türkiye'deki işletme sahipliğini, vergisel olarak daha verimli bir yapıya (örneğin, bir holding şirketi) dönüştürmesini önerebilir.

3. **Transfer Fiyatlandırması:** Eğer ABD'deki restoranı ile Türkiye'deki fabrikası arasında mal veya hizmet alım satımı varsa, bu işlemlerin piyasa değerinde ("arm's length") üzerinden yapıldığından emin olmalıdır. Aksi takdirde, IRS ciddi cezalar uygulayabilir.

Kurumsal Şeffaflık Yasası (Corporate Transparency Act - CTA) ve BOI Raporlaması ÖNEMLİ UYARI:
ABD'de LLC veya şirket kuran Türk yatırımcılar için kritik bir uyum gerekliliği bulunmaktadır. Corporate Transparency Act (CTA), 1 Ocak 2024'ten itibaren yürürlüğe girmiştir. Bu yasa kapsamında, ABD'de kurulan çoğu LLC ve şirket, Finansal Suçları Uygulama Ağı'na (FinCEN) Beneficial Ownership Information (BOI - Gerçek Faydalanıcı Bilgisi) raporu sunmak zorundadır.
Raporlama Gereklilikleri: Yeni kurulan şirketler: Kuruluştan itibaren 30 gün içinde BOI raporu sunulmalıdır
Mevcut şirketler: Belirlenen son tarihe kadar rapor sunulmalıdır. Rapor, şirketin gerçek sahiplerinin (beneficial owners) kimlik bilgilerini içermelidir.
Cezalar: Uyumsuzluk durumunda günlük 500 dolaraa kadar sivil ceza uygulanabilir. Kasıtlı ihlaller için 2 yıla kadar hapis ve 10,000 dolara kadar para cezası öngörülmektedir.
Not: Mart 2025'te FinCEN, ABD vatandaşları ve yerli şirketler için BOI raporlama gerekliliklerini askıya almıştır. Ancak, ABD'de iş yapmak için kayıtlı yabancı şirketler hala raporlama yapmak zorundadır. Türk yatırımcılar, ABD'deki şirketlerinin mevcut durumunu bir vergi danışmanıyla doğrulamalıdır.

1.6 Vergi Planlaması için Temel Çerçeve: Yıl Boyu Süren Bir Süreç

Etkili vergi planlaması, sadece Nisan ayında yapılan bir beyanname doldurma işlemi değildir. Bu, yıl boyunca devam eden, proaktif ve stratejik bir süreçtir. Bu bölümde, başarılı bir vergi planlaması için temel bir çerçeve sunacağız.

Adım 1: Veri Toplama ve Organizasyon (Ocak - Mart)

Yılın başında, bir önceki yılın tüm finansal belgelerini toplamak ve organize etmek çok önemlidir. Bu, sadece beyanname sürecini kolaylaştırmakla kalmaz, aynı zamanda planlama için bir temel oluşturur.

Toplanması Gereken Belgeler:

Gelir Belgeleri: W-2 (maaş), 1099-NEC (serbest meslek), 1099-DIV (temettü), 1099-INT (faiz), K-1 (ortaklık/S-Corp geliri)

Kesinti Belgeleri: Form 1098 (konut kredisi faizi), hayırsever bağış makbuzları, tıbbi harcama faturaları, eyalet ve yerel vergi ödeme kayıtları

Yatırım Belgeleri: Form 1099-B (sermaye kazançları/kayıpları), kripto para işlem kayıtları

Emeklilik Hesapları: Form 5498 (IRA katkıları)

Organizasyon İpuçları:

Dijital Klasörler: Tüm belgeleri tarayarak veya indirerek, vergi yılına göre düzenlenmiş dijital klasörlerde saklayın.

Bulut Depolama: Belgelerinizi güvenli bir bulut depolama hizmetinde (Google Drive, Dropbox, OneDrive) yedekleyin.

Muhasebe Yazılımı: Küçük işletme sahipleri veya serbest meslek sahipleri için, QuickBooks veya Xero gibi yazılımlar, gelir ve giderleri yıl boyunca takip etmeyi kolaylaştırır.

Adım 2: Beyanname Hazırlığı ve Analizi (Mart - Nisan)

Beyanname hazırlığı, sadece bir zorunluluk değil, aynı zamanda bir öğrenme fırsatıdır. Beyannamenizi analiz ederek, bir sonraki yıl için vergi tasarrufu fırsatlarını belirleyebilirsiniz.

Analiz Edilecek Noktalar:

Marjinal Vergi Oranınız Nedir? Bu, gelecekteki finansal kararlarınızı (örneğin, bir yatırım yapmak veya ek gelir elde etmek) nasıl etkileyeceğini belirler.

Standart Kesinti mi, Ayrıntılı Kesinti mi Yaptınız? Eğer standart kesintiye çok yakınsanız, bir sonraki yıl hayırsever bağışlarınızı veya diğer kesintilerinizi bir araya toplayarak ("bunching") ayrıntılı kesinti yapmayı düşünebilirsiniz.

Hangi Vergi Kredilerinden Yararlandınız? Kaçırdığınız veya gelecekte yararlanabileceğiniz başka krediler var mı?

Beklenmedik Bir Vergi Borcu mu Çıktı? Eğer öyleyse, bir sonraki yıl için W-4 formunuzu ayarlamanız veya tahmini vergi ödemelerinizi artırmanız gerekebilir.

Adım 3: Yıl Ortası Gözden Geçirme (Haziran - Eylül)

Yılın ortasında, vergi durumunuzu yeniden değerlendirmek, rotayı düzeltmek için kritik bir fırsattır.

Gözden Geçirme Kontrol Listesi:

Hayat Değişiklikleri Oldu mu? Evlilik, boşanma, çocuk sahibi olma, yeni bir iş veya taşınma gibi olaylar vergi durumunuzu önemli ölçüde etkiler.

Geliriniz Beklentilerinize Uygun mu? Eğer geliriniz beklenenden fazla veya az ise, tahmini vergi ödemelerinizi veya stopajınızı ayarlamanız gerekebilir.

Sermaye Kazançları/Kayıpları: Yılın ilk yarısındaki yatırım performansınızı gözden geçirin. Vergi kaybı hasadı (tax-loss harvesting) gibi stratejileri uygulamak için hala zamanınız var.

Emeklilik Katkıları: 401(k) ve IRA katkılarınızı maksimuma çıkarma yolunda mısınız? Değilse, katkı miktarınızı artırmayı düşünün.

Adım 4: Yıl Sonu Stratejileri (Ekim - Aralık)

Yılın son çeyreği, vergi faturanızı azaltmak için son fırsatları sunar.

Popüler Yıl Sonu Stratejileri

Vergi Kaybı Hasadı (Tax-Loss Harvesting): Değer kaybeden yatırımlarınızı satarak sermaye kayıpları yaratın. Bu kayıplar, sermaye kazançlarınızı ve hatta 3,000 dolara kadar normal gelirinizi dengeleyebilir.

Hayırsever Bağışlar: Yıl sonundan önce hayır kurumlarına bağış yaparak vergi kesintisi elde edin. Değerlenmiş hisse senedi bağışlamak, hem sermaye kazancı vergisinden kaçınmanızı hem de tam piyasa değeri üzerinden kesinti yapmanızı sağlar.

Emeklilik Hesaplarını Maksimize Etme: 401(k) katkılarınızı yıl sonuna kadar maksimuma çıkarın. IRA katkıları için ise bir sonraki yılın 15 Nisan'ına kadar vaktiniz vardır.

Giderleri Öne Çekme, Geliri Erteleme: Eğer bu yıl daha yüksek bir vergi dilimindeyseniz, gelecek yılın başında yapacağınız kesilebilir harcamaları (örneğin, eyalet vergisi ödemesi, tıbbi harcamalar) bu yıla çekmeyi düşünün. Aynı şekilde, kontrolünüzde olan gelirleri (örneğin, bir faturayı kesmek) bir sonraki yıla erteleyebilirsiniz.

Vaka Çalışması: Yıl Sonu Planlaması

Ayşe Hanım, 250,000 dolar geliri olan bir pazarlama müdürüdür. Yıl içinde yatırımlarından 15,000 dolar sermaye kazancı elde etmiştir. Portföyünde aynı zamanda 10,000 dolar değer kaybetmiş bir hisse senedi bulunmaktadır.

Strateji:

Vergi Kaybı Hasadı: Ayşe Hanım, değer kaybeden hisse senedini satarak 10,000 dolar sermaye kaybı yaratır. Bu 15,000 dolarlık kazancını 5,000 dolara düşürür.

Hayırsever Bağış: Yıl sonunda, desteklediği bir hayır kurumuna 5,000 dolar bağış yapar.

401(k) Maksimizasyonu: Yılın son maaşından 401(k) katkısını artırarak yıllık maksimum limite ulaşır.

Sonuç: Bu basit stratejilerle, Ayşe Hanım vergiye tabi gelirini önemli ölçüde azaltır ve binlerce dolar vergi tasarrufu sağlar.

Bu dört adımlı çerçeve, vergi planlamasını yönetilebilir ve sürekli bir sürece dönüştürür. Her adımda proaktif olmak, yıl sonunda beklenmedik sürprizlerden kaçınmanızı ve finansal hedeflerinize daha hızlı ulaşmanızı sağlar.

1.7 Vergi Profesyonelleri ile Çalışmak: Ne Zaman ve Neden?

ABD vergi sistemi karmaşık olduğundan, birçok mükellef bir vergi profesyoneli ile çalışmayı tercih eder. Ancak, ne zaman bir uzmana ihtiyaç duyduğunuzu ve hangi tür profesyonelin sizin için doğru olduğunu bilmek önemlidir.

Ne Zaman Bir Vergi Profesyoneline İhtiyaç Duyarsınız?

Basit bir vergi durumunuz varsa (örneğin, sadece bir işverenden W-2 geliriniz varsa ve standart kesinti yapıyorsanız), TurboTax veya H&R Block gibi yazılımlar yeterli olabilir. Ancak, aşağıdaki durumlarda bir profesyonelle çalışmak yasal uyum risklerini minimize eder.

Karmaşık Gelir Yapısı: Serbest meslek geliri, kira geliri, ortaklık/S-Corp geliri (K-1), önemli yatırım gelirleri.

Uluslararası Durumlar: Yurtdışında yaşıyorsanız, yabancı geliriniz veya varlıklarınız varsa, çifte vatandaşsanız.

İşletme Sahipliği: Bir işletme sahibiyseniz, bordro, kesintiler ve vergi planlaması konularında uzman rehberliğine ihtiyacınız olacaktır.

Önemli Hayat Değişiklikleri: Evlilik, boşanma, miras, büyük bir ikramiye veya işletme satışı gibi durumlar.

IRS ile İletişim: Bir denetim bildirimi veya başka bir IRS mektubu alırsanız, hemen bir profesyonele başvurun.

Vergi Profesyoneli Türleri

Yeminli Mali Müşavir (Certified Public Accountant - CPA): En kapsamlı lisansa sahip profesyonellerdir. Vergi hazırlığı, planlama, denetim ve işletme danışmanlığı gibi geniş bir yelpazede hizmet sunarlar. Karmaşık vergi durumları ve işletme sahipleri için en iyi seçenektir.

Kayıtlı Temsilci (Enrolled Agent - EA): IRS tarafından lisanslanan ve vergi konusunda uzmanlaşmış profesyonellerdir. Vergi hazırlığı, planlama ve IRS önünde temsil konularında yetkilidirler. Özellikle bireysel vergi konularında derin bilgiye sahiptirler.

Vergi Avukatı (Tax Attorney): Vergi hukuku konusunda uzmanlaşmış avukatlardır. vergi hazırlığı yapmazlar, ancak karmaşık yasal sorunlar, vergi mahkemesi davaları, emlak planlaması ve IRS ile cezai konularda danışmanlık yaparlar.

Doğru Profesyoneli Seçmek İçin İpuçları:

Uzmanlık Alanı: Sizin durumunuza (örneğin, uluslararası vergi, küçük işletme, emlak) uygun bir uzmanlık alanına sahip birini arayın.

Referanslar: Güvendiğiniz kişilerden referans isteyin.

Lisans Kontrolü: CPA veya EA lisanslarının geçerli olduğunu ilgili eyalet kurullarından veya IRS web sitesinden kontrol edin.

Ücret Yapısı: Ücret yapısını (saatlik, sabit ücret vb.) önceden netleştirin.

1.8 ABD Vergi Sisteminin Tarihsel Gelişimi ve Felsefesi

ABD vergi sisteminin bugünkü karmaşıklığını tam olarak anlamak için, onun tarihsel gelişimini ve altında yatan felsefeyi bilmek faydalıdır. Sistem, ülkenin ekonomik, sosyal ve politik değişimlerine paralel olarak sürekli bir evrim geçirmiştir.

İlk Yıllar ve İç Savaş (1789-1865)

ABD Anayasası, federal hükümete vergi toplama yetkisi verdi, ancak ilk yıllarda ana gelir kaynakları gümrük vergileri ve tüketim vergileriydi. İlk gelir vergisi, İç Savaş'ı finanse etmek amacıyla 1861'de geçici olarak uygulamaya konuldu. Bu vergi, savaşın ardından 1872'de kaldırıldı.

16. Anayasa Değişikliği ve Modern Gelir Vergisinin Doğuşu (1894-1913)

1894'te Kongre, barış zamanında kalıcı bir gelir vergisi getirmeye çalıştı, ancak Yüksek Mahkeme bunu anayasaya aykırı buldu. Bu karar, vergi reformu yanlılarını harekete geçirdi ve 1913'te 16. Anayasa Değişikliği'nin kabul edilmesine yol açtı. Bu değişiklik, Kongre'ye eyaletler arasında paylaştırılmadan gelir üzerinden vergi toplama yetkisi verdi ve modern federal gelir vergisinin temelini attı.

İlk vergi oranları oldukça düşüktü: %1'lik bir taban oranı ve en yüksek gelirler için %7'lik bir tavan oranı vardı.

Dünya Savaşları ve Vergi Sisteminin Genişlemesi (1914-1945)

Birinci ve İkinci Dünya Savaşları, federal hükümetin harcamalarını dramatik bir şekilde artırdı. Bu savaşları finanse etmek için, vergi oranları önemli ölçüde yükseltildi ve vergi tabanı genişletildi. İkinci Dünya Savaşı sırasında, en yüksek marjinal vergi oranı %94'e kadar çıktı. Bugün bildiğimiz işveren stopajı (payroll withholding) sistemi de bu dönemde uygulamaya konuldu.

Savaş Sonrası Dönem ve Vergi Reformları (1946-Günümüz)

Savaş sonrası dönem, vergi oranlarının kademeli olarak düşürüldüğü, ancak aynı zamanda sistemin giderek daha karmaşık hale geldiği bir dönem oldu. Bu dönemdeki önemli vergi reformları şunlardır:

1986 Vergi Reformu Yasası (Tax Reform Act of 1986): Başkan Reagan döneminde yapılan bu reform, vergi dilimlerinin sayısını azalttı, en yüksek vergi oranını düşürdü bunu dengelemek için ise birçok kesintiyi ve vergi sığınağını ortadan kaldırdı. Amaç, sistemi basitleştirmek ve daha adil hale getirmekti.

2001 ve 2003 Vergi Kesintileri (Bush Tax Cuts): Başkan George W. Bush döneminde, gelir vergisi oranları, sermaye kazançları ve temettü vergileri düşürüldü.

2017 Vergi Kesintileri ve İşler Yasası (Tax Cuts and Jobs Act - TCJA): Başkan Trump döneminde yapılan bu büyük reform, kurumlar vergisi oranını %35'ten %21'e indirdi, bireysel vergi oranlarını geçici olarak düşürdü, standart kesintiyi artırdı, ancak eyalet ve yerel vergi (SALT) kesintisini 10,000 dolar ile sınırladı. Bu yasanın birçok bireysel vergi hükmü 2025 sonunda sona erecek şekilde tasarlanmıştı.

2025 Tek Büyük Güzel Yasa (One Big Beautiful Bill Act - OBBA): 2025 yılında kabul edilen bu yasa, TCJA'nın sona ermekte olan hükümlerini ele aldı ve vergi sisteminde yeni ve önemli değişiklikler yaptı. OBBBA'nın en dikkat çekici etkileri arasında 2026 vergi yılından itibaren geçerli olmak üzere vergi dilimlerinin ayarlanması, SALT kesintisi sınırının kaldırılması ve bonus amortisman kurallarının değiştirilmesi yer almaktadır.

Vergi Sisteminin Altındaki Felsefe

ABD vergi sisteminin arkasında birkaç temel felsefi ilke yatar:

Ödeme Gücüne Göre Vergilendirme (Ability to Pay): Artan oranlı vergi yapısının temelidir. Daha fazla geliri olanların, daha yüksek bir oranda vergi ödemesi gerektiği fikrine dayanır.

Fayda İlkesi (Benefit Principle): Mükelleflerin, hükümet hizmetlerinden elde ettikleri fayda oranında vergi ödemesi gerektiğini savunur. Örneğin benzin vergilerinin otoyol yapımında kullanılması buna örnek olarak verilebilir.

Sosyal ve Ekonomik Davranışları Teşvik Etme: Vergi sistemi, sadece gelir toplamak için değil, aynı zamanda belirli davranışları teşvik etmek veya caydırmak için de kullanılır. Örneğin:

1. **Teşvik:** Konut kredisi faiz kesintisi (ev sahipliğini teşvik eder) hayırsever bağış kesintisi (bağış yapmayı teşvik eder) emeklilik hesabı katkıları (tasarrufu teşvik eder)

2. **Caydırma:** Sigara ve alkol üzerindeki tüketim vergileri (tüketimi caydırır)

Bu tarihsel ve felsefi arka planı anlamak, vergi kanunlarının neden belirli bir şekilde yazıldığını ve gelecekteki potansiyel değişikliklerin hangi yönde olabileceğini öngörmenize yardımcı olabilir. Vergi sistemi statik değildir; sürekli olarak ülkenin ekonomik ihtiyaçlarına ve politik önceliklerine göre şekillenen dinamik bir yapıdır.

1.9 Sık Sorulan Sorular (SSS)

S1: ABD'ye sadece turist olarak geliyorum. Vergi beyannamesi vermem gerekir mi?

C: İstisnai durumlar dışında hayır. B-1/B-2 vizesi ile gelen turistler ABD'de gelir elde etmedikleri sürece vergi beyannamesi vermek zorunda değildir. Ancak, örneğin bir konferansta konuşma yapıp ücret alırsanız, bu gelir vergiye tabi olabilir.

S2: Çifte vatandaşım ve Türkiye'de yaşıyorum. ABD'ye hiç gitmesem bile vergi beyannamesi vermem gerekir mi?

C: Evet. ABD vatandaşlığı, nerede yaşadığınıza bakılmaksızın, küresel gelirinizi beyan etme ve vergi ödeme yükümlülüğü getirir. FEIE gibi istisnalardan yararlanabilirsiniz, ancak beyanname verme zorunluluğunuz devam eder.

S3: Önemli Varlık Testi'ni geçtim ama Türkiye ile daha yakın bağlarım var. Yerleşik Yabancı olmaktan kaçınabilir miyim?

C: Evet, "Daha Yakın Bağlantı İstisnası" (Closer Connection Exception) adı verilen bir kural vardır. Eğer yıl içinde 183 günden az ABD'de bulunduysanız ve Türkiye'de bir vergi evinizin (tax home) olduğunu ve Türkiye ile daha önemli sosyal ve ekonomik bağlarınız olduğunu kanıtlarsanız, Yerleşik Olmayan Yabancı olarak kabul edilmeyi talep edebilirsiniz. Bu, Form 8840 doldurularak yapılır.

S4: Yabancı Vergi Kredisi mi, yoksa FEIE mi daha avantajlı?

C: Bu, durumunuza bağlıdır. eğer yaşadığınız ülkenin vergi oranları ABD'den yüksekse (birçok Avrupa ülkesi gibi), Yabancı Vergi Kredisi daha avantajlıdır. Türkiye gibi vergi oranlarının ABD'ye yakın veya daha düşük olduğu ülkelerde, FEIE daha basit ve avantajlı olabilir. Bir kere seçtikten sonra bu seçimi değiştirmek zor olabilir, bu yüzden dikkatli bir analiz gerektirir.

S5: Eyalet vergisi olmayan bir eyalete taşınmayı düşünüyorum. Dezavantajları var mı?

C: Evet. Bu eyaletler, gelir vergisi eksikliğini daha yüksek emlak vergileri, satış vergileri veya diğer ücretlerle telafi ederler. Örneğin, Texas'ta gelir vergisi yoktur, ancak emlak vergileri ülkedeki en yüksekler arasındadır. Toplam vergi yükünüzü hesaplarken tüm bu faktörleri göz önünde bulundurmalısınız.

Sonuç ve İleriye Bakış

Bu giriş bölümü, ABD vergi sisteminin temel taşlarını ve Türk mükellefler için özel önem taşıyan noktaları ortaya koydu. Gördüğünüz gibi, sistem çok katmanlıdır ve federal, eyalet, yerel düzeylerde farklı kurallar ve oranlar içerir. Vergi mükellefi statünüz, tüm vergi yükümlülüklerinizin temelini oluşturur ve doğru belirlenmesi kritik öneme sahiptir. Türkiye-ABD vergi anlaşması, çifte vergilendirmeyi önlemek için güçlü bir araçtır, ancak doğru uygulanması bilgi gerektirir.

Bu temel bilgilerle donanmış olarak, artık vergi planlamasının daha spesifik alanlarına dalmaya hazırsınız. Sonraki bölümlerde, bireysel gelir vergisinin detaylarını, küçük işletme ve serbest meslek sahipleri için stratejileri, yatırım ve emeklilik planlamasının vergisel yönlerini ve çok daha fazlasını inceleyeceğiz. Unutmayın, ABD vergi sistemindeki karmaşıklık, aynı zamanda bilinçli mükellefler için bir fırsatlar dünyasıdır. Bu kitap, bu fırsatları keşfetmeniz için size rehberlik edecektir.

Bölüm 2: Vergi Mükellefi Statüleri

Seval Hanım, İstanbul Üniversitesi İktisat Fakültesi mezunu olup, üç yıldır H-1B vizesi ile New York'ta uluslararası bir yatırım bankasında çalışmaktadır. Geçen ay yeşil kart başvurusu yaptığında, arkadaşı Mehmet Bey ona "Artık ABD vatandaşı gibi vergi ödeyeceksin, tüm dünya gelirini beyan etmen gerekecek" demiştir. Seval Hanım kafası karışmış durumda: "Ben henüz vatandaş değilim ki? Türkiye'deki hesaplarımı da mı bildireceğim? Vergi statüm tam olarak ne?"

Seval Hanım'ın yaşadığı bu kafa karışıklığı, ABD'ye yeni gelen binlerce Türk mükellefin karşılaştığı temel sorunu örneklemektedir. ABD vergi sisteminde mükellefi statüsü, sadece ne kadar vergi ödeyeceğinizi değil, hangi haklardan yararlanabileceğinizi, hangi formları dolduracağınızı ve hatta hangi ülkelerde vergi ödeme yükümlülüğünüz olduğunu belirleyen kritik bir faktördür.

2.1 ABD Vergi Sisteminde Mükellefi Statüsü Kategorileri

ABD vergi sistemi, mükellefleri üç ana kategoriye ayırmaktadır ve bu sınıflandırma, vergi yükümlülüklerinizin kapsamını ve derinliğini belirlemektedir. Bu kategoriler arasındaki farkları anlamak, doğru vergi planlaması yapabilmenin temel şartıdır.

Statü Kategorisi	Vergi Yükümlülüğü	Temel Kriter	Örnek Mükellef
ABD Vatandaşı	Küresel Gelir	Vatandaşlık	Doğum, kan bağı, vatandaşlığa kabul
Yerleşik Yabancı (Resident Alien)	Küresel Gelir	Yeşil Kart veya Önemli Varlık Testi	Yeşil kart sahibi, H-1B vizesi ile uzun süre kalan
Yerleşik Olmayan Yabancı (Nonresident Alien)	Sadece ABD Kaynaklı Gelir	Diğerleri	Turist, kısa süreli iş seyahati, F-1 öğrencisi (ilk 5 yıl)

Tablo 2.1: ABD Vergi Mükellefi Statüsü Kategorileri ve Temel Özellikleri

ABD Vatandaşları en geniş vergi yükümlülüklerine sahip gruptur. Vatandaşlık esaslı vergilendirme prensibi gereği, ABD vatandaşları dünyanın neresinde yaşarlarsa yaşasınlar, küresel gelirlerinin tamamını ABD'ye beyan etmek zorundadırlar. Bu durum, çifte vatandaşlığa sahip Türk-Amerikan vatandaşları için özel önem taşımaktadır.

Yerleşik Yabancılar ise vergi açısından ABD vatandaşlarıyla neredeyse aynı muameleyi görmektedirler. Yeşil kart sahipleri veya önemli varlık testini geçen kişiler bu kategoriye girmekte ve küresel gelirlerini beyan etme yükümlülüğü altına girmektedirler. Bu durum, birçok yeşil kart sahibinin fark etmediği önemli bir yükümlülüktür.

Yerleşik Olmayan Yabancılar en sınırlı vergi yükümlülüklerine sahiptir. Bu kategorideki kişiler sadece ABD kaynaklı gelirlerini beyan ederler ve Türkiye'deki gelirleri, ABD ile bağlantısı olmadığı sürece ABD vergisine tabi değildir.

Bu üç kategori arasındaki geçişler mümkündür ve bazen kaçınılmazdır. Örneğin, H-1B vizesi ile çalışan bir kişi, zamanla önemli varlık testini geçerek yerleşik yabancı statüsüne geçebilir. Daha sonra yeşil kart alarak bu statüsünü pekiştirebilir ve nihayetinde vatandaşlık kazanabilir. Her geçiş, vergi yükümlülüklerinde önemli değişikliklere yol açmaktadır.

2.2 ABD Vatandaşları ve Küresel Vergi Yükümlülükleri

Vatandaşlık Esaslı Vergilendirme Prensibi

Amerika Birleşik Devletleri, dünyada vatandaşlarını küresel gelirlerinden vergilendiren sayılı ülkelerden biridir. Bu sistem, vatandaşlık esaslı vergilendirme olarak adlandırılır ve Türkiye'nin yerleşiklik esaslı sisteminden köklü olarak farklıdır. Bu farkı anlamak, ABD vatandaşı olan veya olmayı planlayan herkes için kritik önem taşımaktadır.

Vatandaşlık esaslı vergilendirme sisteminde, vergi yükümlülüğünüz nerede yaşadığınıza değil, hangi ülkenin vatandaşı olduğunuza bağlıdır. Bu durum, ABD vatandaşlarının dünyanın herhangi bir yerinde yaşasalar bile, tüm gelirlerini ABD'ye beyan etme yükümlülüğü altında olduğu anlamına gelir. Türkiye'de yaşayan bir ABD vatandaşı bile, Türkiye'deki maaşını, kira gelirini, faiz gelirini ve diğer tüm gelir türlerini ABD'ye bildirmek zorundadır.

Küresel Gelir Beyanı: Pratik Anlamı

Aras Bey'in durumu bu konuyu açıklamaktadır. Aras Bey, 2018 yılında ABD vatandaşlığı kazanmış ve 2023 yılında babasının rahatsızlığı nedeniyle İstanbul'a dönmüştür. Şu anda İstanbul'da bir teknoloji şirketinde çalışmakta ve tamamen Türkiye'de yaşamaktadır. Ancak ABD vatandaşı olduğu için, Türkiye'deki tüm gelirlerini ABD'ye beyan etmek zorundadır.

Aras Bey'in 2026 yılı gelirleri şunlardır: Türkiye'deki maaşı: 866,690 TL (20,000 dolar), Kira geliri: 162,718 TL (3,750 dolar), Türk bankasındaki faiz geliri: 21,695 TL (500 dolar), Toplam Gelir: 24,250 dolar.

Bu gelir üzerinden ABD'de hesaplanan vergi, 2025 vergi yılı standart kesintisi olan 15,750 dolar düşüldükten sonra, 8,150 dolar vergilendirilebilir gelir üzerinden %10 oranında 815 dolar federal vergidir. *Ancak Aras Bey, Türkiye'de ödediği vergileri belirli şartları taşıdığı taktirde yabancı vergi kredisi olarak kullanabilir. Ya da gelirinin bir kısmını istisna olarak tutabilir.*

Yurtdışında Yaşayan ABD Vatandaşları İçin Özel İstisnalar

ABD vergi sistemi, yurtdışında yaşayan vatandaşların karşılaştığı zorlukları kabul ederek bazı özel istisnalar sağlamaktadır. Bu istisnalar, çifte vergilendirme yükünü azaltmaya ve ABD vatandaşlarının uluslararası rekabet gücünü korumaya yöneliktir.

Yurtdışı Kazanılan Gelir İstisnası (FEIE): 2025 vergi yılında, yurtdışında yaşayan ABD vatandaşları belirli şartları sağladıkları takdirde 130,000 dolara kadar gelirlerini vergiden muaf tutabilirler. Bu istisna, Türkiye'de çalışan ABD vatandaşları için önemli bir vergi tasarrufu sağlayabilir.

Fiziksel Varlık Testi ve Gerçek Yerleşiklik Testi: Bu istisnadan yararlanmak için iki testten birini geçmek gerekir:

Fiziksel Varlık Testi: 12 aylık dönemde en az 330 gün yurtdışında bulunma şartı.

Gerçek Yerleşiklik Testi: Yabancı ülkede gerçek yerleşik olma, geçici ziyaret niyeti olmama ve yerel bağların güçlü olması şartı.

Yurtdışı Konut Gideri İstisnası: FEIE'ye ek olarak, konut giderlerinizin bir kısmını da vergiden düşebilirsiniz. Bu istisna, temel konut tutarını aşan ve belirli bir tavanla sınırlı olan konut giderlerini kapsar. 2026 için temel konut tutarı 21,264 dolardır (FEIE'nin %16'sı).

Vaka Çalışması

Dr. Ayşe Hanım, İstanbul'da özel hastanede çalışan ABD vatandaşı bir doktordur. 2026 yılı gelirleri:

Maaş: $180,000

Özel muayenehane: $50,000

Yatırım geliri: $20,000

Toplam Gelir: $250,000

Fiziksel varlık testini geçen Dr. Ayşe Hanım, 230,000 dolarlık kazanılan gelirinden 130,000 doları muaf tutacak ve sadece 97,100 doları vergilendirilecektir. Yatırım gelirleri bu istisnaya tabi olmadığı için 20,000 dolar da eklenerek toplam vergilendirilebilir gelir 117,100 dolar olacaktır. Bu istisna sayesinde önemli bir vergi tasarrufu sağlanmaktadır.

2.3 Yerleşik Yabancılar (Resident Aliens)

Bu statü, vergi açısından ABD vatandaşlığı ile neredeyse aynı sonuçları doğurur. Yerleşik yabancı statüsü iki ana yolla belirlenir: Yeşil Kart Testi ve Önemli Varlık Testi.

Yeşil Kart Testi (Green Card Test)

Eğer bir kişi, herhangi bir zamanda ABD'de yasal olarak daimi ikamet etme hakkı (Yeşil Kart) kazanmışsa, o kişi Yerleşik Yabancı olarak kabul edilir. Bu statü, kart fiziksel olarak elinizde olmasa bile, statünün verildiği gün başlar.

Yeşil Kartın Terk Edilmesi: Yeşil Kart statüsü, siz onu resmi olarak terk edene kadar vergi açısından devam eder. ABD dışına taşınmak veya kartın süresinin dolması, vergi yükümlülüğünüzü otomatik olarak sona erdirmez. Vergi yerleşikliği, ancak aşağıdaki durumlardan biri gerçekleştiğinde sona erer: Form I-407, Abandonment of Lawful Permanent Resident Status'u doldurarak statünüzden gönüllü olarak vazgeçtiğinizde, Statünüz idari veya adli bir kararla iptal edildiğinde.

Vaka Çalışması

Demet Hanım, 2024 yılında yatırımcı vizesiyle ABD'ye gelmiş ve aynı yıl içinde EB-5 programı aracılığıyla Yeşil Kart almıştır. Ancak Türkiye'deki ailevi nedenlerden dolayı 2025 yılının tamamını İstanbul'da geçirmiştir. Demet Hanım, "Yeşil kartım var ama 2025'de hiç ABD'de yaşamadım, dolayısıyla vergi ödemem gerekmez" diye düşünmektedir. Bu, sık yapılan ancak maliyeti yüksek olabilecek bir hatadır.

Analiz: Yeşil Kart Testine göre Demet Hanım, 2025 yılının tamamında ABD vergi yerleşiğidir. Fiziksel olarak nerede bulunduğunun bir önemi yoktur. Bu nedenle, Türkiye'deki maaş, kira, faiz ve diğer tüm gelirlerini 2025 vergi yılı için ABD vergi beyannamesinde (Form 1040) bildirmek zorundadır. Tıpkı bir ABD vatandaşı gibi, Yurtdışı Kazanılan Gelir İstisnası (FEIE) veya Yabancı Vergi Kredisi gibi mekanizmalardan yararlanarak çifte vergilendirmeyi önleyebilir.

Önemli Varlık Testi (Substantial Presence Test)

Yeşil kartı olmayan ancak ABD'de önemli miktarda zaman geçiren kişiler, bu test yoluyla ABD vergi yerleşiği sayılabilirler. Test iki koşulun aynı anda sağlanmasını gerektirir:

31 Gün Kuralı: Cari yıl içinde en az 31 gün ABD'de bulunmuş olmalısınız.

183 Gün Kuralı: Aşağıdaki formülle hesaplanan gün sayısı 183'e eşit veya daha fazla olmalıdır:

(Cari yılda ABD'de geçirilen gün sayısı x 1) +

(Bir önceki yılda ABD'de geçirilen gün sayısı x 1/3) +

(İki önceki yılda ABD'de geçirilen gün sayısı x 1/6)

Testten Muaf Günler Aşağıdaki durumlarda ABD'de geçirdiğiniz günler bu test için sayılmaz:

Muaf Bireyler: Öğrenciler (F, J, M, Q vizeleri - ilk 5 takvim yılı), öğretmenler ve araştırmacılar (J, Q vizeleri - son 6 yılın 2'sinde) gibi belirli vize sahipleri.

Tıbbi Durum: ABD'de bulunurken gelişen ve seyahati engelleyen bir tıbbi durum nedeniyle ayrılamadığınız günler.

Transit Geçiş: ABD'de 24 saatten az bir süreyle transit geçiş yapıyorsanız.

Daha Yakın Bağlantı İstisnası (Closer Connection Exception):

Bu, Önemli Varlık Testi'ni geçen ancak yine de yerleşik sayılmak iste-
meyenler için önemli bir can simididir. Bu istisnadan yararlanmak için üç
koşulun tamamı sağlanmalıdır:
Cari yılda ABD'de 183 günden az bulunmuş olmak.
Cari yıl için "vergi yuvasının" (tax home) yabancı bir ülkede olması.
Bu yabancı ülke ile ABD'den daha yakın sosyal ve ekonomik bağlara
sahip olmak.

Özlem Hanım'ın durumuna geri dönersek, 2025'de 140 gün ABD'de
kalmıştır (183 günden az). Vergi yuvası Türkiye'dedir (ana ofisi, iş bağlan-
tıları orada). Ailesi, evi, banka hesapları, doktoru Türkiye'dedir. Bu du-
rumda Özlem Hanım, Form 8840, Closer Connection Exception State-
ment for Aliens'ı doldurarak yerleşik yabancı statüsünden çıkabilir ve
sadece ABD kaynaklı gelirleri üzerinden vergilendirilen bir yerleşik ol-
mayan yabancı olarak kalabilir. Bu, onun için çok büyük bir vergi avantajı
sağlar.

Tıbbi Durum İstisnası: Bu istisnadan yararlanabilmek için, tıbbi
durumun siz ABD'deyken beklenmedik bir şekilde ortaya çıkmış olması
gerekir. Mevcut bir hastalığın tedavisi için ABD'ye geldiyseniz, bu istis-
nadan yararlanamaz ve gün sayımından düşemezsiniz.

Çifte Mukimlik ve Anlaşma Tie-Breaker Kuralları

Bazen bir kişi, hem ABD yasalarına göre (Önemli Varlık Testi'ni geçerek)
hem de Türk yasalarına göre (Türkiye'de 6 aydan fazla ikamet ederek) aynı
anda iki ülkenin de vergi mukimi sayılabilir. Bu duruma "çifte mukimlik"
(dual residency) denir.

Bu karmaşık durumu çözmek için Türkiye-ABD Vergi Anlaşması'nın
4. Maddesi devreye girer ve "tie-breaker" (eşitliği bozan) kuralları adı ver-
ilen hiyerarşik bir test uygular. Bu test, kişinin hangi tek ülkede mukim
sayılacağını belirler.

Tie-Breaker Test Adımları (Sırasıyla Uygulanır):

Daimi Mesken (Permanent Home): Kişinin nerede daimi olarak
kullanabileceği bir meskeni vardır? Eğer her iki ülkede de varsa, 2. adıma
geçilir.

Hayatî Menfaatlerin Merkezi (Center of Vital Interests): Kişinin kişisel ve ekonomik bağlarının (aile, sosyal ilişkiler, iş, mal varlığı) daha yakın olduğu ülke hangisidir? Eğer belirlenemiyorsa, 3. adıma geçilir.

Kalışlarını Adet Edindiği Ev (Habitual Abode): Kişi zamanının çoğunu hangi ülkede geçirmektedir?

Vatandaşlık (Citizenship): Kişi hangi ülkenin vatandaşıdır?

Yetkili Makamların Anlaşması (Mutual Agreement): Yukarıdaki adımlarla sonuç alınamazsa, iki ülkenin vergi idareleri (IRS ve Gelir İdaresi Başkanlığı) müzakere ederek kişinin mukimliğine karar verir.

Vaka Çalışması

Selin Hanım, Yeşil Kart sahibidir (ABD mukimi) ancak yılın 200 gününü Türkiye'deki yaşlı annesine bakmak için geçirmiştir (Türkiye mukimi). Hem ABD'de hem de Türkiye'de evi vardır.

Analiz:

Adım 1 (Daimi Mesken): İki ülkede de evi var. Sonuç yok.

Adım 2 (Hayatî Menfaatler): Selin Hanım'ın eşi ve çocukları ABD'de, işi ABD'de, yatırımlarının çoğu ABD'de. Hayatî menfaatlerinin merkezi ABD'dir.

Sonuç: Tie-breaker kurallarına göre Selin Hanım, vergi anlaşması amaçları için ABD mukimi sayılır. Bu durumda, Türkiye kaynaklı gelirleri için anlaşmanın sağladığı indirimli oranlardan yararlanabilir.

Selin Hanım'ın bu durumu IRS'e bildirmek için Form 8833, Treaty-Based Return Position Disclosure doldurulması gereklidir.

2.5. İlk Yıl Seçimi (First-Year Choice)

ABD'ye yıl ortasında gelen ve o yıl için Önemli Varlık Testi'ni geçe-meyen kişiler için çok değerli bir planlama aracıdır. Bu seçim, belirli şartları sağlayan kişilerin, normalde yerleşik olmayan yabancı sayılacakları yılın bir kısmında yerleşik yabancı olarak vergilendirilmeyi seçmelerine olanak tanır.

Kimler Faydalanabilir?

ABD'ye yıl içinde gelen (örneğin, 1 Ağustos 2025).

2025 yılı için Önemli Varlık Testi'ni geçemeyen.

Ancak 2026 yılı için Önemli Varlık Testi'ni geçmesi beklenen.

En Büyük Avantaj: ABD vatandaşı veya yerleşik yabancı bir eş ile müşterek beyanname (married filing jointly) verme imkanı. Bu, çok daha düşük vergi oranları ve daha yüksek standart kesinti anlamına gelir.

Vaka Çalışması

Ali Bey, 1 Eylül 2025'te H-1B vizesiyle ABD'ye gelmiştir. Eşi ise ABD vatandaşıdır. Ali Bey 2025'te sadece 122 gün ABD'de kalmıştır ve Önemli Varlık Testi'ni geçemez.

Seçeneksiz Durum: Ali Bey 2025 için yerleşik olmayan yabancıdır. Eşiyle müşterek beyanname veremez. Eşi "Evli Ayrı Beyan" (Married Filing Separately) statüsünü kullanmak zorunda kalır ki bu en dezavantajlı statüdür.

İlk Yıl Seçimi ile: Ali Bey, İlk Yıl Seçimi'ni yaparak 1 Eylül - 31 Aralık 2025 arasını yerleşik yabancı olarak geçirir. Bu sayede eşiyle birlikte 2025 için müşterek beyanname verebilirler. Bu seçim, onlara binlerce dolar vergi tasarrufu sağlayabilir.

Bu seçim, vergi beyannamesine eklenecek özel bir bildirim ile yapılır ve belirli prosedürlere tabidir.

Yabancı Hesap Raporlama Yükümlülükleri: FBAR ve FATCA

ABD vergi yerleşiği (vatandaş veya yerleşik yabancı) olduğunuzda, sadece gelirinizi değil, aynı zamanda yabancı finansal varlıklarınızı da raporlama yükümlülüğü altına girersiniz.

FBAR (FinCEN Form 114): Yabancı finansal hesaplarınızın (banka, yatırım, emeklilik) toplam değeri yıl içinde herhangi bir anda 10,000 doları aştıysa, bu formu Hazine Bakanlığı'na elektronik olarak dosyalamanız gerekir.

FATCA (Form 8938): Belirli eşikleri aşan yabancı finansal varlıklarınız varsa (örneğin, ABD'de yaşayan bekar bir mükellef için yıl sonunda 50,000 dolar veya yıl içinde 75,000 dolar), bu formu vergi beyannamenize eklemeniz gerekir.

AĞIR CEZALAR

Bu formların doldurulmaması, ABD vergi sistemindeki en ağır cezalardan bazılarına yol açabilir. Unutkanlık veya ihmal, size on binlerce dolara mal olabilir.

FBAR Cezaları: Kasıtlı olmayan bir ihlal için her hesap başına 10,000 dolara kadar ceza. Kasıtlı bir ihlal durumunda ise ceza, hesap bakiyesinin %50'si veya 100,000 dolar (hangisi daha yüksekse) olabilir.

FATCA Cezaları: Dosyalamama için 10,000 dolardan başlayan ve devam eden ihlallerde 60,000'dolara kadar çıkabilen cezalar. Ayrıca, beyan edilmemiş varlıklardan kaynaklanan vergi borcu için %40'lık ek bir ceza alabilirsiniz. Bu riskler nedeniyle, yabancı hesaplarınız varsa profesyonel yardım almanız şiddetle tavsiye edilir.

2.4 Yerleşik Olmayan Yabancılar (Nonresident Aliens)

ABD vergi sisteminin üçüncü ve son ana kategorisi yerleşik olmayan yabancılardır. Bu statüdeki kişiler, ABD vatandaşları ve yerleşik yabancıların aksine, küresel gelirleri üzerinden değil, yalnızca ABD ile bağlantılı gelirleri üzerinden vergilendirilirler. Bu, turistler, kısa süreli iş seyahatinde bulunanlar, belirli öğrenci ve araştırmacılar veya "Daha Yakın Bağlantı İstisnası"nı başarıyla kullanan kişiler için geçerli olan statüdür.

ABD kaynaklı gelirler iki ana kategoriye ayrılır ve her biri farklı şekilde vergilendirilir:

1. ABD Ticari veya Mesleki Faaliyetlerle Etkin Bir Şekilde Bağlantılı Gelir (Effectively Connected Income - ECI):

Bu, ABD içinde yürütülen kişisel hizmetler veya bir işletme faaliyeti sonu-
cu elde edilen gelirdir. Örneğin, ABD'de bir proje için danışmanlık hizmeti
veren bir Türk mühendisin aldığı ücret ECI olarak kabul edilir. ECI, ABD
vatandaşları ve yerleşik yabancılar gibi, normal artan oranlı vergi dilimlerine
tabidir ve bu gelirden ilgili işletme giderleri düşülebilir. Bu gelirler Form
1040-NR üzerinden beyan edilir.

2. Sabit, Belirlenebilir, Yıllık veya Dönemsel Gelir (Fixed, Determinable, Annual, or Periodical - FDAP):

Bu, pasif nitelikteki yatırım gelirlerini kapsar. En yaygın örnekleri faiz,
temettü (dividend), kira gelirleri ve telif haklarıdır. FDAP geliri, brüt tu-
tar üzerinden standart %30 oranında bir stopaj (vergi kesintisi) yoluyla
vergilendirilir. Bu oran, Türkiye ve ABD arasındaki gibi vergi anlaşmaları
ile düşürülebilir. Örneğin, anlaşma uyarınca temettüler üzerindeki stopaj
oranı %20'ye, faiz gelirleri üzerindeki oran ise daha düşüğe indirilebilir.

Vaka Çalışması: Yatırımcı Recep Bey

Recep Bey, Türkiye'de yaşayan bir iş insanıdır ve ABD'de hiç zaman
geçirmemiştir (dolayısıyla yerleşik olmayan bir yabancıdır). Ancak ABD'de
bazı yatırımları bulunmaktadır. 2025 vergi yılındaki ABD kaynaklı gelirleri
şunlardır:

Apple hisselerinden elde ettiği temettü: 10,000 dolar

ABD Hazine bonolarından elde ettiği faiz: 5,000 dolar

Miami'deki bir dairesinden elde ettiği kira geliri: 30,000 dolar

Vergi Analizi:

Temettü Geliri: Bu bir FDAP geliridir. Normalde %30 stopaja tabi
olacaktır. Ancak Türkiye-ABD vergi anlaşması sayesinde bu oran %20'ye
düşer. Vergi: 10,000 x %20 = 2,000 dolar olacaktır.

Faiz Geliri: ABD Hazine bonolarından ve banka mevduatlarından
elde edilen faizler, yabancı yatırımcıları teşvik etmek amacıyla ABD ver-
gisinden muaftır ("portfolio interest exemption").

Kira Geliri: Recep Bey'in burada bir seçeneği vardır. Ya bu gelirin
FDAP olarak kabul edilip brüt tutar üzerinden %30 stopaja tabi tutul-
masını seçer (30,000 x %30 = 9,000 dolarlık vergi) ya da bu faaliyeti bir ticari

faaliyet olarak değerlendirip ECI olarak vergilendirilmesini talep edebilir ("net basis election"). İkinci seçenekte, 30,000 dolarlık kira gelirinden emlak vergisi, sigorta, bakım masrafları ve amortisman gibi giderleri düşerek net kar üzerinden artan oranlı vergi öder. Bu çok daha avantajlıdır.

2.5 Çift Statülü Yıl (Dual-Status Year)

Bir vergi yılı içinde hem yerleşik olmayan yabancı hem de yerleşik yabancı statüsüne sahip olduğunuzda, bu yıl "çift statülü yıl" olarak adlandırılır. Bu durum ABD'ye göç ettiğiniz veya ABD'den ayrıldığınız yıllarda ortaya çıkar.

Örneğin, 1 Temmuz 2026'da H-1B vizesiyle ABD'ye gelen ve Önemli Varlık Testi'ni o tarihten itibaren sağlayan bir kişi, 1 Ocak - 30 Haziran 2026 arasını yerleşik olmayan yabancı, 1 Temmuz - 31 Aralık 2026 arasını ise yerleşik yabancı olarak geçirir.

Vergilendirme:

Yerleşik Olmayan Dönem (1 Ocak - 30 Haziran): Sadece ABD kaynaklı gelirler vergilendirilir.

Yerleşik Dönem (1 Temmuz - 31 Aralık): Tüm dünya geliri vergilendirilir.

Çift statülü yıllarda beyanname hazırlamak karmaşıktır. standart kesintiyi kullanamazsınız ve beyanname üzerine "Dual-Status Return" ifadesini yazmanız gerekir. Bu yıllar için profesyonel yardım almak en doğru yaklaşımdır.

2.6 Statülerin Karşılaştırmalı Özeti ve Stratejik Planlama

Doğru vergi statüsünü anlamak ve yönetmek, ABD'deki finansal geleceğiniz için atacağınız en önemli adımlardan biridir. Aşağıdaki tablo, üç ana statü arasındaki temel farkları gmektedir.

Özellik	ABD Vatandaşı	Yerleşik Yabancı (Resident Alien)	Yerleşik Olmayan Yabancı (Nonresident Alien)
Vergi Temeli	Küresel Gelir	Küresel Gelir	Sadece ABD Kaynaklı Gelir
Ana Vergi Formu	Form 1040	Form 1040	Form 1040-NR
Standart Kesinti	Evet	Evet (Çift statülü yıl hariç)	Hayır (İstisnalar hariç)
Yabancı Vergi Kredisi	Evet	Evet	Hayır (ECI için sınırlı)
FEIE ve Konut İstisnası	Evet	Evet (Gerçek Yerleşiklik veya Fiziksel Varlık Testi sağlanırsa)	Hayır
FBAR/FATCA Raporlaması	Evet	Evet	Hayır (Genellikle)
Emlak ve Veraset Vergisi	Küresel Varlıklar ($15M+ muafiyet, 2026)	Küresel Varlıklar ($15M+ muafiyet, 2026)	Sadece ABD Varlıkları ($60,000 muafiyet)

Tablo 2.3: Statü Karşılaştırma Tablosu

Türk Profesyoneller İçin Stratejik İpuçları:

Günlerinizi Sayın: ABD'ye sık seyahat ediyorsanız, Önemli Varlık Testi'ni tetiklememek için gün sayınızı dikkatle takip edin. 120 gün civarında kalmak güvenli bir sınırdır, ancak önceki yıllara bağlıdır.

"Closer Connection" Kozunu Kullanın: Eğer 183 gün testini geçtiyseniz ancak ABD'de 183 günden az kaldıysanız, Türkiye ile olan bağlarınızı belgeleyerek (ev, aile, iş, banka hesapları) Form 8840 ile yerleşik statüsünden kaçınabilirsiniz.

Yeşil Kartın Anlamını Bilin: Yeşil kart aldığınız gün, küresel gelir beyan yükümlülüğünüzün başladığı gündür. Türkiye'deki varlıklarınızı ve gelirlerinizi raporlamaya hazır olun.

Vergi Anlaşmasını Okuyun: Türkiye-ABD vergi anlaşması, temettü, faiz ve telif hakkı gibi pasif gelirlerdeki stopaj oranlarını düşürerek önemli avantajlar sunar. Bu haklarınızı bilin ve kullanın.

Statü Değişikliklerini Planlayın: Öğrencilikten (F-1) çalışma vizesine (H-1B) veya yeşil karta geçerken vergi statünüzün nasıl değişeceğini önceden planlayın. Bu geçiş yılları "çift statülü" yıllardır ve özel dikkat gerektirir.

2.7 Detaylı Vaka Çalışmaları ve Pratik Senaryolar

Teorik bilgileri pekiştirmenin en iyi yolu, gerçek hayattan alınmış senaryoları incelemektir. Bu bölümde, farklı durumlardaki Türk profesyonellerin vergi statülerini nasıl belirlediklerini ve karşılaştıkları zorlukları adım adım analiz edeceğiz.

Vaka 1: F-1 Öğrencisinden H-1B Profesyoneline Geçiş

Can, 2021 yılında F-1 vizesiyle ABD'ye gelmiş ve Stanford Üniversitesi'nde yüksek lisans yapmıştır. 2023'te mezun olmuş ve OPT (Optional Practical Training) kapsamında bir teknoloji şirketinde çalışmaya başlamıştır. 1 Ekim 2024'te ise H-1B vizesi statüsüne geçmiştir. Can'ın 2024 yılı vergi statüsü nedir?

Analiz:

Öğrenci Muafiyeti: F-1 vizesiyle gelen öğrenciler, ilk 5 takvim yılı boyunca Önemli Varlık Testi için "muaf birey" sayılırlar. Can için bu yıllar 2021, 2022, 2023, 2024 ve 2025'tir. Bu süre zarfında ABD'de geçirdiği günler teste dahil edilmez.

    Statü Değişikliği: Ancak bu muafiyet, kişinin statüsü değiştiğinde sona erebilir. Can, 1 Ekim 2024'te H-1B statüsüne geçmiştir. H-1B vizesi sahipleri için öğrenci muafiyeti geçerli değildir.

    Çift Statülü Yıl: Bu nedenle, Can'ın 2024 yılı bir "çift statülü" yıldır.

1 Ocak 2024 - 30 Eylül 2024: Bu dönemde F-1 (OPT) statüsündedir ve öğrenci muafiyeti devam ettiği için yerleşik olmayan yabancı (Nonresident Alien) olarak kabul edilir. Bu dönemde sadece ABD kaynaklı maaş geliri üzerinden vergilendirilir.

1 Ekim 2024 - 31 Aralık 2024: H-1B statüsüne geçtiği için artık muaf değildir. Bu tarihten itibaren Önemli Varlık Testi'ne tabi olur. 2024'te 31 günden fazla ABD'de bulunduğu ve 183 gün formülünü (sadece bu 3 aylık dönem bile yeterlidir) sağladığı için bu dönemde yerleşik yabancı (Resident Alien) olur. Bu 3 aylık dönemde elde ettiği *tüm dünya gelirini* (örneğin Türkiye'deki bir banka faizi varsa) beyan etmesi gerekir.

Pratik Sonuç: Can, 2024 yılı için çift statülü bir beyanname (Dual-Status Return) hazırlamalıdır. Bu beyannamede, yılın ilk 9 ayı için sadece ABD gelirini, son 3 ayı için ise küresel gelirini raporlamalıdır. Bu karmaşık bir süreç olduğu için profesyonel yardım alması şiddetle tavsiye edilir.

Vaka 2: Yeşil Kart Başvurusu ve Bekleme Süreci

Sema Hanım, L-1A vizesiyle bir şirketin yöneticisi olarak 2022'den beri ABD'de çalışmaktadır. Şirketi, 2025 başında onun için EB-1C kategorisinden Yeşil Kart başvurusunda bulunmuştur. Başvuru henüz sonuçlanmamıştır. Sema Hanım, "Yeşil kartım çıkana kadar yerleşik sayılmam, değil mi?" diye merak etmektedir.

Analiz:

Yeşil Kart Testi: Sema Hanım'ın başvurusu onaylanıp Yeşil Kart'ı fiziksel olarak alana kadar bu teste göre yerleşik sayılmaz.

Önemli Varlık Testi: Ancak Sema Hanım, L-1A vizesiyle 2022'den beri ABD'de yaşamaktadır. 2025 vergi yılı için Önemli Varlık Testi'ni rahatlıkla geçecektir (2025'te 365 gün, 2024'te 365 gün, 2023'te 365 gün... toplam 365 + 365/3 + 365/6 = 547 günü aşar). L-1 vizesi sahipleri için öğrenci gibi bir muafiyet yoktur.

Sonuç: Sema Hanım, Yeşil Kart başvurusunun sonucunu beklemeden, Önemli Varlık Testi'ni geçtiği için 2022 yılından beri zaten bir yerleşik yabancıdır. Bu, onun 2022'den beri tüm küresel gelirini (örneğin

Türkiye'deki kira gelirleri veya Borsa İstanbul'daki hisse senedi alım satım kazançları) ABD'ye beyan etmesi gerektiği anlamına gelir. Bu gerçeği fark etmemiş olması, geçmişe dönük beyanname düzeltmeleri yapmasını ve potansiyel ceza ve faizlerle yüzleşmesini gerektirebilir.

Vaka 3: Türkiye'de Yaşayan Çifte Vatandaş

Deniz Bey, ABD'de doğmuş bir çifte vatandaştır ancak 10 yaşından beri ailesiyle birlikte Türkiye'de yaşamaktadır. Şu an 40 yaşında, başarılı bir avukattır ve hiç ABD vergi beyannamesi vermemiştir. Yakın zamanda ABD pasaportunu yenilemek istediğinde bu yükümlülüğünü öğrenmiştir.

Analiz:

Vatandaşlık Esaslı Vergilendirme: Deniz Bey, nerede yaşadığına bakılmaksızın, bir ABD vatandaşı olduğu için doğduğu günden itibaren tüm küresel gelirini ABD'ye beyan etmekle yükümlüydü.

Geçmiş Yükümlülükler: Bu, on yıllardır yerine getirilmemiş bir yükümlülük anlamına gelir. Bu durum büyük bir vergi borcu ve ceza riski taşır.

Çözüm Yolu:

IRS, Deniz Bey gibi durumlarından habersiz olan ancak iyi niyetle uyumlu hale gelmek isteyen mükellefler için özel programlar sunmaktadır. En yaygın olanı Streamlined Foreign Offshore Procedures'dır.

Şartlar: Mükellefin uyumsuzluğunun "kasıtlı olmaması" (non-willful) gerekir. Deniz Bey'in durumu (çocukken Türkiye'ye dönmesi ve yükümlülüğünden haberdar olmaması) kasıtlı olmadığını güçlü bir şekilde desteklemektedir.

Gereklilikler:
Son 3 yılın gecikmiş vergi beyannamelerini (Form 1040) hazırlayıp göndermek.

Son 6 yılın gecikmiş FBAR (Yabancı Banka ve Finansal Hesap Raporu) formlarını (FinCEN Form 114) elektronik olarak doldurmak.

Kasıtlı olmadığını açıklayan bir beyan (Certification by U.S. Person Residing Outside of the U.S.) imzalamak.

Avantajı: Bu programa kabul edilen mükelleflerden geç beyan ve geç ödeme cezaları alınmaz. Deniz Bey, bu programı kullanarak geçmişe dönük yükümlülüklerini büyük bir ceza yükü olmadan temizleyebilir. Beyannamelerinde Yabancı Vergi Kredisi'ni kullanarak Türkiye'de ödediği vergileri ABD vergi borcundan düşebilir ve muhtemelen çok az bir vergi borcu çıkar veya hiç çıkmaz.

Bu vaka, ABD vatandaşlığının getirdiği vergi yükümlülüklerinin ne kadar kalıcı ve kapsamlı olduğunu, ancak uyumlu olmak isteyenler için her zaman bir yol bulunduğunu göstermektedir.

2.8 Emlak, Veraset ve Hediye Vergisi Etkileri

Vergi mükellefi statünüz, sadece gelir verginizi değil, aynı zamanda servet transferi vergileri olarak bilinen emlak (estate), veraset (inheritance) ve hediye (gift) vergisi yükümlülüklerinizi de derinden etkiler. Bu konu, özellikle ABD'de varlıkları olan veya varlık biriktirmeyi planlayan Türk profesyoneller için uzun vadeli planlamanın en kritik parçasıdır.

Statülere Göre Emlak ve Hediye Vergisi Farklılıkları

En temel fark, vergiye tabi varlıkların kapsamı ve muafiyet tutarlarıdır.

ABD Vatandaşları ve Yerleşik Yabancılar: ABD Vatandaşları ve Yerleşik Yabancılar: Bu iki grup, vergi açısından neredeyse aynı muameleyi görür. Her ikisi de küresel varlıkları üzerinden emlak ve hediye vergisine tabidir. Ancak, çok cömert bir birleşik muafiyet hakkına sahiptirler. 2026 yılı için bu muafiyet tutarı kişi başına 15 milyon dolardır. Bu, bir kişinin hayatı boyunca veya vefatında 15 milyon dolara kadar olan varlık transferlerini vergiden muaf olarak yapabileceği anlamına gelir. Bu tutarın üzerindeki transferler, %40'a varan oranlarda vergilendirilir.

Yerleşik Olmayan Yabancılar: Bu grup için durum tamamen farklı ve çok daha risklidir. Yerleşik olmayan yabancılar, sadece ABD'de bulunan varlıkları (U.S. situs assets) üzerinden emlak vergisine tabidir. Daha da önemlisi, bu varlıklar için muafiyet tutarı sadece 60,000 dolardır. Bu, ABD'de 60,000 doları aşan bir mülkü, hisse senedi portföyü veya banka hesabı olan bir yerleşik olmayan yabancının vefatı durumunda, aşan kısmın ağır bir vergiye tabi olacağı anlamına gelir.

ABD'de Bulunan Varlıklar (U.S. Situs Assets) Nelerdir? ABD'deki gayrimenkuller (ev, arsa) ABD şirketlerine ait hisse senetleri (Apple, Google, vb.) ABD'de bulunan maddi varlıklar (sanat eserleri, arabalar) ABD'deki borç senetleri (belirli istisnalar hariç)

Vaka Çalışması: İki Kardeş, İki Farklı Kader

Ali ve Veli, Türkiye'de yaşayan iki kardeştir. İkisi de teknolojiye meraklıdır ve 2020 yılında birikimleriyle 500,000 dolar değerinde Apple (AAPL) hissesi satın almışlardır. Ali, aynı zamanda bir ABD vatandaşıdır (çifte vatandaş). Veli ise sadece Türk vatandaşıdır ve hiç ABD'de yaşamamıştır (yerleşik olmayan yabancı).

Trajik Sonuç: 2025 vergi yılında iki kardeş de beklenmedik bir trafik kazasında vefat eder. Veraset süreçlerinde ailelerini şok eden bir durum ortaya çıkar:

Ali'nin Varlıkları (ABD Vatandaşı): Ali'nin 500,000 dolar değerindeki Apple hisseleri, onun küresel varlıklarının bir parçasıdır. Ancak, 2026 yılı için geçerli olan 15,000,000'dolarlık emlak vergisi muafiyeti sayesinde, bu hisseler varislerine hiçbir ABD emlak vergisi ödenmeden devredilir.

Veli'nin Varlıkları (Yerleşik Olmayan Yabancı): Veli'nin 500,000 dolar değerindeki Apple hisseleri ise bir ABD şirketine ait olduğu için

"U.S. situs asset" olarak kabul edilir. Veli, yerleşik olmayan bir yabancı olduğu için sadece 60,000 dolarlık bir muafiyete sahiptir. Bu durumda:

Vergiye Tabi Tutar: 500,000 - 60,000 = $440,000

Vergi: 440,000 x ~%35-40 = ~$176,000

Veli'nin varisleri, hisseleri alabilmek için 176,000 dolarlık bir ABD emlak vergisi ödemek zorunda kalırlar. Aynı yatırım, farklı vergi statüleri nedeniyle tamamen farklı sonuçlar doğurmuştur.

Stratejik Planlama İpuçları

Yerleşik Olmayanlar İçin Varlık Yapılandırması: Eğer yerleşik olmayan bir yabancıysanız ve ABD'de yatırım yapmayı planlıyorsanız, doğrudan ABD hissesi almak yerine, bu hisseleri bir yabancı (örneğin, Cayman Adaları) yatırım fonu veya şirket aracılığıyla tutmayı düşünebilirsiniz. Bu, varlıkların "U.S. situs" olarak kabul edilmesini önleyebilir.

Hediye Vergisi Planlaması: Yerleşik olmayan yabancılar için yıllık hediye vergisi muafiyeti, ABD vatandaşları gibi kişi başına 19,000 dolardır (2025 Vergi Yılı). Ancak bu sadece maddi olmayan varlıklar (hisse senedi, nakit) için geçerlidir. Gayrimenkul gibi maddi varlıkların hediye edilmesi vergiye tabidir. Vefat etmeden önce varlıklarınızı hediye yoluyla devretmek bir strateji olabilir.

Sigorta Kullanımı: Özellikle yüksek değerli ABD varlıklarına sahip yerleşik olmayan yabancılar, potansiyel emlak vergisini karşılamak için bir hayat sigortası poliçesi (life insurance) yaptırmayı düşünebilirler. Sigortadan gelen tazminat, vergi borcunu ödemek için kullanılabilir.

Statü Değişikliğinin Farkında Olun: Önemli Varlık Testi'ni geçerek farkında olmadan "yerleşik yabancı" statüsüne geçtiğinizde, sadece gelir vergisi değil, aynı zamanda emlak ve hediye vergisi rejiminiz de tamamen değişir. Küresel varlıklarınız ABD vergi sisteminin radarına girer, ancak aynı zamanda 15 milyon dolarlik (bekar) veya 30 milyon dolarlik(evli çiftler) cömert muafiyetten de yararlanmaya başlarsınız. Bu geçişi bilinçli bir şekilde yönetmek, uzun vadeli servet planlamanız için hayati önem taşır.

2.9 Bölüm Özeti ve Kontrol Listesi

Bu bölümde, ABD vergi sisteminin temel taşı olan mükellef statülerini detaylı bir şekilde inceledik. Gördüğümüz gibi, statünüz sadece bir etiket değil, aynı zamanda finansal hak ve yükümlülüklerinizin DNA'sını belirleyen bir koddur.

Akılda Tutulması Gereken Ana Noktalar:

Vatandaşlık Kalıcıdır: ABD vatandaşları, nerede yaşarlarsa yaşasınlar ömür boyu küresel gelir beyanına tabidir.

Yeşil Kart = Yerleşik: Yeşil kart sahibi olmak, sizi otomatik olarak küresel gelir beyanına tabi bir vergi yerleşiği yapar.

Günler Önemlidir: Yeşil kartınız yoksa bile, ABD'de geçirdiğiniz günler sizi Önemli Varlık Testi yoluyla yerleşik yapabilir.

Yerleşik Olmayanların Riski: Yerleşik olmayan yabancılar daha az gelir vergisi ödese de, ABD'deki varlıkları için çok düşük ($60,000) bir emlak vergisi muafiyetine sahiptirler.

Kendi Statünüzü Belirlemek İçin Kontrol Listesi:

1.   **ABD Vatandaşı mısınız?** (Doğum, kan bağı veya vatandaşlığa kabul yoluyla)

–   Evet ise → **ABD Vatandaşı** statüsündesiniz. Küresel gelir ve varlık beyanına tabisiniz.

2.   **Değilse, Yeşil Kartınız var mı?**

–   Evet ise → **Yerleşik Yabancı** statüsündesiniz. Küresel gelir ve varlık beyanına tabisiniz.

3.   **Değilse, Önemli Varlık Testi'ni geçiyor musunuz?**

–   (Cari yıl günleri) + (Önceki yıl günleri / 3) + (İki önceki yıl günleri / 6) ≥ 183 mü?

–   Evet ise → **Yerleşik Yabancı** statüsündesiniz. Ancak ABD'de 183 günden az kaldıysanız ve Türkiye ile daha yakın bağlarınız varsa Form 8840 ile bu statüden çıkmayı değerlendirin.

4.   **Yukarıdakilerin hiçbiri değilse:**

–   → **Yerleşik Olmayan Yabancı** statüsündesiniz. Sadece ABD kaynaklı gelirleriniz ve ABD'de bulunan varlıklarınız üzerinden vergiye tabisiniz.

Bölüm 3: IRS Denetim Süreci

Muhasebeci Fatma Hanım, Chicago'daki ofisinde normal bir Mart sabahında postalarını kontrol ederken, İç Gelir Servisi'nden (IRS) gelen zarfı gördüğünde kalbi hızla çarpmaya başladı. Zarf üzerindeki resmi logo ve "Önemli Vergi Bildirimi" yazısı, on beş yıllık vergi mükellefi deneyimine rağmen onu endişelendirdi.

Zarfı açtığında, 2024 vergi yılı için bir yazışma denetimi (correspondence audit) başlatıldığını öğrendi. İlk tepkisi panik oldu. "Ne yanlış yaptım? Mahkemeye çıkacak mıyım? İşimi kaybeder miyim?" gibi sorular zihnini meşgul etti. Ancak vergi danışmanı ile görüştüğünde, durumun sandığından çok daha basit olduğunu öğrendi.

"Bu normal bir uyum kontrolüdür," dedi danışmanı. "IRS, yaptığınız hayırseverlik bağışlarının belgelerini görmek istiyor. Bu, milyonlarca mükellefin yaşadığı rutin bir süreçtir." Fatma Hanım, gerekli belgeleri topladı ve IRS'e gönderdi. Üç hafta sonra "Değişiklik Yok" (No Change) mektubu aldı. Denetim, hiçbir ek vergi borcu çıkmadan kapandı. Bu deneyim, ona denetim sürecinin medyada anlatıldığı kadar korkutucu olmadığını, hazırlıklı olunduğunda yönetilebilir bir süreç olduğunu öğretti. Bu hikaye, binlerce Türk mükellefin yaşayabileceği bir gerçektir. IRS denetimi, korkulacak bir süreç değil, vergi sisteminin normal işleyişinin bir parçasıdır.

3.1 IRS Denetim Sisteminin Temelleri ve İşleyişi

IRS denetimi, ABD vergi sisteminin en önemli denetleme mekanizmasıdır. Bu süreç, mükellefin vergi beyannamesinde beyan ettiği bilgilerin doğruluğunu ve yasalara uygunluğunu kontrol etmek amacıyla yapılır. Denetim, federal bir süreçtir ve İç Gelir Kanunu'nun (Internal Revenue Code) verdiği yetkiye dayanır.

Denetim Sisteminin Üç Temel Amacı:

1. **Gönüllü Uyumu Artırmak (Fostering Voluntary Compliance):** Vergi sisteminin temel taşı, mükelleflerin kendi beyanlarını doğru ve zamanında yapmasıdır. Denetim mekanizmasının varlığı, mükellefleri daha dikkatli ve dürüst olmaya teşvik eden bir caydırıcılık unsuru oluşturur.

2. **Vergi Kaybını Önlemek (Preventing Tax Loss):** IRS, kasıtlı veya kasıtsız yapılan hatalar nedeniyle devletin vergi gelirinde oluşabilecek kaybı (tax gap) en aza indirmeyi hedefler. Denetimler, bu hataları tespit edip düzelterek adil vergi tahsilatını sağlar.

3. **Vergi Sistemine Güveni Sağlamak (Ensuring Public Confidence):** Mükelleflerin, herkesin adil bir şekilde vergilendirildiğine inanması sistemin sürdürülebilirliği için kritiktir. Denetimler, vergi kaçıranların tespit edilip sorumlu tutulduğunu göstererek sisteme olan genel güveni artırır.

Denetim İstatistikleri ve Gerçek Risk Değerlendirmesi

Medyada yaratılan algının aksine, denetim riski çoğu mükellef için istatistiksel olarak oldukça düşüktür. Ancak bu risk, gelir seviyesi ve beyanname karmaşıklığına göre önemli ölçüde değişir. IRS'in en son yayınladığı 2022 yılı verilerine göre genel denetim oranı %0.38 civarındadır. Bu, her 260 mükelleften birinin denetlendiği anlamına gelir.

Ancak asıl önemli olan, gelire göre ayrıştırılmış oranlardır:

Gelir Seviyesi (AGI)	Denetim Oranı (2022 Verileri)	Risk Değerlendirmesi ve Notlar
$25,000 altı	%1.22	**Yüksek:** Genellikle Kazanılmış Gelir Vergisi Kredisi (EITC) gibi iade edilebilir kredilerin doğruluğunu kontrol etmeye yönelik yazışma denetimleridir.
$25,000 - $200,000	%0.19 - %0.25	**Çok Düşük:** Maaşlı (W-2) çalışan ve standart kesinti kullanan büyük çoğunluk bu gruptadır. Riskleri minimaldir.
$200,000 - $1 Milyon	%0.49	**Orta:** Serbest meslek sahipleri, Schedule C dolduranlar ve ayrıntılı kesinti (itemized deductions) yapanlar için risk artmaya başlar.
$1 Milyon - $5 Milyon	%1.51	**Yüksek:** Bu gelir seviyesinde denetim riski belirgin şekilde artar.
$5 Milyon - $10 Milyon	%2.59	**Çok Yüksek:** Karmaşık yatırımlar ve işletme yapıları nedeniyle IRS'in odaklandığı bir gruptur.
$10 Milyon ve üzeri	%9.21	**Aşırı Yüksek:** Bu gruptaki neredeyse her 10 mükelleften 1'i denetlenmektedir. Denetimler genellikle kapsamlı saha denetimleridir.

Tablo 3.1: Gelir Seviyesine Göre IRS Denetim Oranları (2022 Vergi Yılı).

Pratik Çıkarım: Yıllık geliri 150,000 dolar olan ve Silikon Vadisi'nde çalışan maaşlı bir mühendis olan İbrahim Bey'in denetlenme riski eğer sadece standart kesinti kullanıyorsa %0.25 civarındadır, yani oldukça düşüktür. Ancak aynı geliri serbest meslek sahibi olarak kazanan, ev ofisi ve seyahat gibi yüksek kesintiler beyan eden bir danışmanın riski, %0.49'luk orta risk grubuna ve hatta daha üzerine çıkabilir.

Denetim Türleri ve Kapsamları

IRS üç ana türde denetim yapar. Gelen denetim bildiriminin türünü anlamak, nasıl bir süreçle karşı karşıya olduğunuzu ve nasıl bir strateji izlemeniz gerektiğini belirler.

Yazışma Denetimi (Correspondence Audit):

Nedir? En basit ve en yaygın denetim türüdür (%70-75'i). Tamamen posta yoluyla yürütülür. IRS, belirli bir veya birkaç kalem hakkında (örneğin, hayırseverlik bağışları, öğrenim kredisi faizi kesintisi) ek bilgi veya belge talep eden bir mektup gönderir.

Süreç: Mükellef, istenen belgelerin kopyalarını posta veya faks yoluyla gönderir. Gerek olmadıkça doğrudan bir denetçi ile konuşulmaz.

Süre: 2-6 ay içinde sonuçlanır.

Strateji: İstenen belgelere net, düzenli ve zamanında yanıt verin. İstenenden fazla bilgi göndermeyin. Eğer belgeleriniz eksikse, durumu açıklayan bir mektup yazın.

Ofis Denetimi (Office Audit):

Nedir? Daha karmaşık konular için yapılan, mükellefin veya temsilcisinin bir IRS ofisine davet edildiği denetim türüdür (%20-25'i). Çoğunlukla küçük işletmeler, Schedule C dolduranlar ve karmaşık kesintileri olan mükellefler seçilir.

Süreç: Denetim bildiriminde hangi belgelerin getirilmesi gerektiği ve hangi konuların inceleneceği belirtilir. Bir denetçi ile yüz yüze görüşme yapılır.

Süre: 3-9 ay sürebilir.

Strateji: Profesyonel temsil (CPA, EA, Avukat) şiddetle tavsiye edilir. Temsilciniz sizin yerinize görüşmeye gidebilir. Sadece sorulan sorulara cevap verin ve görüşmeyi profesyonel bir çerçevede tutun.

Saha Denetimi (Field Audit):

Nedir? En kapsamlı ve en ciddi denetim türüdür (yaklaşık %5'i). Bir IRS denetçisi (Revenue Agent), mükellefin işyerine veya muhasebecisinin ofisine gelerek işletmenin tüm defter ve kayıtlarını detaylı bir şekilde inceler.

Süreç: Büyük işletmeler, yüksek gelirli bireyler ve karmaşık uluslararası işlemleri olan mükellefler için uygulanır. Denetim bir yıldan fazla sürebilir ve birden fazla vergi yılını kapsayabilir.

Süre: 6 aydan 2 yıla kadar uzayabilir.

Strateji: Profesyonel temsil mutlak bir gerekliliktir. Denetçiye çalışması için ayrı bir oda sağlanmalı ve denetçinin sadece talep ettiği ve ilgili olan belgelere erişimi sağlanmalıdır. Tüm iletişim temsilciniz aracılığıyla yapılmalıdır.

Form 2848: Temsil Yetkisi (Power of Attorney) Temsil Edilme Hakkı'nızı kullanmak için, seçtiğiniz profesyonelin (CPA, EA, Avukat) sizin adınıza IRS ile görüşebilmesi için Form 2848, Power of Attorney and Declaration of Representative'ı doldurmanız ve imzalamanız gerekir. Bu form olmadan, IRS temsilcinizle davanız hakkında konuşmaz ve doğrudan sizinle iletişime geçer. Bu, sizi profesyonel rehberlikten mahrum bırakarak maliyetli hatalar yapmanıza neden olabilir.

3.2 Denetim Seçim Süreci ve Risk Faktörleri Analizi

IRS'in bir beyannameyi denetim için seçmesi rastgele bir olay değildir. Bu seçim, gelişmiş bilgisayar algoritmaları, istatistiksel analizler ve belirli risk faktörlerinin bir araya gelmesiyle gerçekleşir. Hangi beyannamelerin "kırmızı bayrak" (red flag) kaldırdığını anlamak, kendi risk profilinizi yönetmenize yardımcı olabilir.

Ayrımcı Bilgi Fonksiyonu (Discriminant Information Function - DIF) Sistemi

Denetim seçim sürecinin kalbinde, DIF adı verilen ve son derece gizli tutulan bir bilgisayar programı bulunur. Bu sistem, IRS'in her yıl aldığı yüz milyonlarca beyannameyi tarar ve her birine bir risk puanı atar. Puan ne kadar yüksekse, beyannamenin denetim sonucu ek vergi çıkarma ihtimali o kadar yüksek demektir.

DIF sistemi, on binlerce geçmiş denetim sonucundan elde edilen verilerle eğitilmiş bir yapay zeka modelidir. Bir beyannamedeki gelir, gider ve kesinti kalemlerini, benzer gelir seviyesindeki ve aynı sektördeki diğer mükelleflerin ortalamalarıyla karşılaştırır. Ortalamadan önemli ölçüde sapan beyannameler, daha yakından incelenmek üzere bir denetçinin önüne gönderilir.

Vaka Çalışması: Teknoloji Girişimcisi Ayşe Hanım

San Francisco'da bir yazılım şirketi kuran Ayşe Hanım, yıllık geliri 1.2 milyon dolar olan başarılı bir girişimcidir. 2025 yılında bir saha denetimi bildirimi aldığında şaşırdı, çünkü vergilerini her zaman bir muhasebeci aracılığıyla beyan ediyordu.

DIF Sisteminin Gözünden Ayşe Hanım'ın Risk Profili:

Yüksek Gelir Seviyesi: 1 milyon dolar üzeri gelir, otomatik olarak en yüksek risk grubuna girer.

Schedule C Geliri: Maaşlı (W-2) gelire göre serbest meslek geliri, daha fazla inceleme oranı taşır.

Yüksek İş Giderleri Oranı: Ayşe Hanım, gelirinin %40'ını iş gideri olarak beyan etmiştir. Bu oran, yazılım danışmanlığı sektörü ortalamasının (%20-25) oldukça üzerindedir. Bu durum, DIF sisteminin en çok dikkatini çeken anormalliktir.

Büyük Ev Ofisi Kesintisi: Evinin 250 metrekarelik bir bölümünü sadece iş için kullandığını beyan etmiştir. Bu, tipik bir ev ofisi kesintisinden çok daha büyüktür.

Uluslararası Müşteriler: Gelirlerinin bir kısmının Türkiye'deki müşterilerden gelmesi, uluslararası işlemlerin varlığını gösterir ve bu da ek bir risk faktörüdür.

Sonuç: Bu faktörlerin birleşimi, Ayşe Hanım'ın beyannamesine çok yüksek bir DIF puanı atamış ve kapsamlı bir saha denetimi için seçilmesine neden olmuştur. Denetim, özellikle iş giderlerinin "sıradan ve gerekli" (ordinary and necessary) olup olmadığına ve ev ofisi kesintisinin doğruluğuna odaklanacaktır.

En Yaygın Denetim Tetikleyicileri

Yüksek Gelir: Geliriniz arttıkça denetim riskiniz de artar. Bu en temel kuraldır.

Büyük Miktarda Kesinti veya Zarar Beyan Etmek: Özellikle gelirine oranla çok yüksek iş gideri, hayırseverlik bağışı veya işletme zararı beyan edenler dikkat çeker.

Nakit Yoğun İşletmeler: Restoranlar, barlar, kuaförler, taksi şoförleri ve inşaat müteahhitleri gibi nakit işlemlerin yaygın olduğu işletmeler, gelirin eksik raporlanması riski nedeniyle mercek altındadır.

Ev Ofisi Kesintisi (Home Office Deduction): Bu, en sık suistimal edilen kesintilerden biridir. IRS, evin bir bölümünün "münhasıran ve düzenli olarak" iş için kullanılıp kullanılmadığını sıkı bir şekilde denetler.

Araç Giderleri: İş için kullanılan aracın giderlerini beyan ederken, gerçek masraflar ve standart kilometre oranı arasında yapılan seçim ve tutulan kayıtların (kilometre defteri) doğruluğu önemlidir.

Yemek ve Eğlence Giderleri: İşle ilgili yemek ve eğlence giderlerinin %50'si düşülebilir, ancak bu giderlerin işle doğrudan ilgili olduğunun kanıtlanması gerekir.

Yurtdışı Finansal Hesaplar: FBAR (Form 114) ve FATCA (Form 8938) gibi yurtdışı hesap bildirimlerini yapmamak veya eksik yapmak, sadece yüksek para cezalarına değil, aynı zamanda ciddi denetimlere de yol açar.

Matematiksel Hatalar ve Yuvarlak Rakamlar: Beyannamede sürekli yuvarlak rakamlar kullanmak (örneğin, reklam gideri 5,000 dolar seyahat gideri 10,000 dolar gibi beyannameler) kayıtların düzgün tutulmadığına dair bir işaret olabilir. Gerçekçi rakamlar küsuratlıdır.

Diğer Denetim Seçim Yöntemleri

Ulusal Araştırma Programı (National Research Program - NRP): IRS, vergi uyum oranlarını ölçmek ve DIF sistemini kalibre etmek için her yıl binlerce mükellefi tamamen rastgele seçerek çok kapsamlı bir denetime tabi tutar. Bu bir piyango gibidir ve beyannamenizde hiçbir risk faktörü olmasa bile seçilebilirsiniz.

İhbar Sistemi (Whistleblower Program): Eski eşler, memnuniyetsiz çalışanlar veya iş ortakları gibi kişiler tarafından yapılan ihbarlar, IRS için önemli bir denetim kaynağıdır. Özellikle detaylı ve kanıt sunulan ihbarlar ciddiye alınır.

İlgili Denetimler (Related Audits): Bir iş ortağınız veya şirketiniz denetime girerse, bu durum sizin de denetlenme olasılığınızı artırabilir. IRS, birbiriyle bağlantılı mükelleflerin beyannamelerini çapraz kontrol edebilir.

3.3 Denetim Sürecine Hazırlık ve Yönetim Stratejileri

Bir IRS denetim bildirimi almak stresli olabilir, ancak panik yapmak yerine sistematik ve proaktif bir yaklaşım benimsemek, süreci kontrol altına almanızı sağlar. Başarılı bir denetim yönetimi, bildirim geldiği anda başlar.

Adım 1: Bildirimi Anlamak ve Sakin Kalmak

IRS'ten gelen mektubu dikkatlice okuyun. Mektup size şu kritik bilgileri verecektir:

Denetim Türü: Yazışma mı, ofis mi, yoksa saha denetimi mi olacak?

İncelenen Vergi Yılı: Hangi yıla ait beyannamenizin inceleniyor?

İncelenen Konular: Denetimin hangi kalemlere odaklanıyor? (örneğin, sadece araç giderleri mi, yoksa tüm işletme giderleri mi?).

İstenen Belgeler: Hangi belgeleri hazırlamanız gerekiyor?

Son Tarih: Yanıt vermeniz veya randevuya gitmeniz için son tarih nedir?

Bu aşamada en önemli şey sakin kalmaktır. Bir denetim bildirimi, suçlu olduğunuz anlamına gelmez. Bu, sadece IRS'in beyan ettiğiniz bilgileri doğrulamak istediği bir süreçtir.

Adım 2: Profesyonel Yardım Almayı Değerlendirmek

Denetimin türüne ve karmaşıklığına bağlı olarak profesyonel yardım alıp almayacağınıza karar verin.

Yazışma Denetimi: Eğer konu basitse (örneğin, bir 1099 formunu beyan etmeyi unutmak) ve gerekli belgelere sahipseniz, süreci kendiniz yönetebilirsiniz. Ancak, belgeleriniz eksikse veya konu karmaşıksa, bir vergi profesyoneline danışmak faydalı olabilir.

Ofis ve Saha Denetimleri: Bu tür denetimler için mutlaka bir Enrolled Agent (EA), Certified Public Accountant (CPA) veya Vergi Avukatı

(Tax Attorney) tutmalısınız. Bu profesyoneller, Mükellef Hakları Bildirgesi kapsamındaki temsil hakkınızı kullanarak sizin adınıza IRS ile iletişim kurabilir, denetim toplantılarına katılabilir ve sizin doğrudan denetçi ile muhatap olmanızı engelleyebilirler. Bu, hem sizi stresten korur hem de yanlışlıkla gereksiz bilgi vermenizi önler.

Temsilcinin Rolü: Temsilciniz, denetimin kapsamını daraltmaya çalışır, sadece ilgili sorulara yanıt verir, haklarınızı korur ve süreci sizin için en avantajlı şekilde yönetir.

Adım 3: Belge Yönetimi ve Organizasyon

Denetimin özü, beyan ettiğiniz her gelir ve gider kalemini belgelerle kanıtlayabilmektir. "Kanıtlayamazsan, düşülemez" (If you can't prove it, you can't deduct it) prensibi geçerlidir.

İstenen Belgeleri Toplayın: IRS'in talep ettiği belgelerin bir listesini yapın ve bunları düzenli bir şekilde bir araya getirin. Banka ekstreleri, iptal edilmiş çekler, faturalar, makbuzlar, kilometre defterleri, yasal sözleşmeler vb.

Sadece İstenenleri Verin: IRS'e asla istenenden fazla belge vermeyin. Örneğin, denetim sadece 2024 yılı araç giderlerinize odaklanmışsa, diğer yıllara veya diğer giderlere ait belgeleri sunmayın. Bu, denetimin kapsamının genişlemesine ("scope creep") neden olabilir.

Kopyalarını Gönderin: IRS'e her zaman belgelerin kopyalarını gönderin, asıllarını asla vermeyin. Belgelerin kaybolma riskine karşı asılları sizde kalmalıdır.

Dijital Kayıtlar: Günümüzde çoğu kayıt dijitaldir. Banka ve kredi kartı ekstrelerinizi PDF olarak indirin, e-postaları ve dijital makbuzları düzenli klasörlerde saklayın. Dijital kayıtlar, fiziksel kayıtlar kadar geçerlidir.

Adım 4: Denetim Sürecinde İletişim ve Davranış

Eğer bir temsilciniz varsa, tüm iletişimi onun yapması en doğrusudur. Ancak süreci kendiniz yönetiyorsanız veya bir toplantıya katılmanız gerekiyorsa, aşağıdaki kurallara uyun:

Profesyonel ve Nazik Olun: Denetçi düşmanınız değildir, sadece işini yapmaktadır. Nazik ve işbirlikçi bir tutum, süreci daha olumlu bir atmosfere taşıyabilir.

Sadece Sorulan Sorulara Cevap Verin: Kısa, net ve dürüst cevaplar verin. Gereksiz detaylara girmeyin veya tahminlerde bulunmayın. Bir sorunun cevabını bilmiyorsanız, "Bilmiyorum ama araştırıp size döneceğim" demek en doğrusudur.

Asla Yalan Söylemeyin: Bir denetçiye yalan söylemek veya sahte belge sunmak, sivil bir vergi denetimini bir anda cezai vergi soruşturmasına (criminal tax investigation) dönüştürebilir. Sonuçları çok daha ağır olur.

Görüşmeleri Kayıt Altına Alın: Temsilciniz, IRS ile yapılan tüm telefon görüşmelerini ve toplantıları yazılı olarak özetlemelidir. Bu, söylenenlerin ve anlaşılan konuların bir kaydını tutmak için önemlidir.

Vaka Çalışması: Restoran Sahibi Kemal Bey

New York'ta bir Türk restoranı işleten Kemal Bey, bir saha denetimi bildirimi alır. Denetim, nakit satışlar ve çalışanların bahşiş gelirleri üzerine odaklanmıştır.

Kemal Bey'in Yönetim Stratejisi:

Hemen Temsilci Tuttu: Konunun ciddiyetini anlayan Kemal Bey, vergi denetimleri konusunda uzman bir CPA (Yeminli Mali Müşavir) ile anlaştı.

İletişimi Devretti: CPA, IRS'e bir vekaletname (Form 2848, Power of Attorney) göndererek denetçi ile tüm iletişimi kendi üzerine aldı. Kemal Bey'in denetçi ile doğrudan görüşmesi engellendi.

Denetim Alanı Belirlendi: CPA, denetçi ile görüşerek denetimin restoranın içinde değil, kendi ofisinde yapılması konusunda anlaştı. Bu, denetçinin restoranın günlük işleyişini gözlemlemesini ve çalışanlarla rastgele konuşmasını engelledi.

Belge Hazırlığı: CPA, Kemal Bey'den sadece denetimin odaklandığı konularla ilgili belgeleri istedi: Satış noktası (POS) sistemi raporları, kredi kartı işlem dökümleri, banka mevduatları ve çalışanların imzaladığı bahşiş raporlama formları.

Sonuç: CPA, belgeleri analiz ederek Kemal Bey'in beyanları ile kayıtları arasında küçük bir fark tespit etti. Bu farkı proaktif olarak denetçiye sundu ve makul bir düzeltme üzerinde anlaşıldı. Denetim, büyük bir ceza olmadan, yönetilebilir bir ek vergi ödemesi ile sonuçlandı.

Kemal Bey'in durumu, proaktif ve profesyonel bir denetim yönetiminin böylesine hasar verici bir süreci nasıl kontrol altında ve yönetilebilir bir sonuca ulaştırabileceğinin mükemmel bir örneğidir.

3.4 Denetim Sonuçları, İtiraz Süreçleri ve Cezalar

Bir IRS denetimi üç olası sonuçla bitebilir. Sonucu anladıktan sonra, mükellefin önündeki seçenekleri değerlendirmesi ve stratejik bir karar vermesi gerekir.

Denetimin Üç Olası Sonucu

1. **Değişiklik Yok (No Change):** Bu en ideal sonuçtur. Denetçi, beyannamenizin doğru olduğuna karar verir ve hiçbir ek vergi borcu çıkmaz. IRS size denetimin kapandığını bildiren bir mektup gönderir.

2. **Anlaşma (Agreed):** Denetçi, beyannamenizde değişiklik yapılması gerektiğine karar verir ve siz de bu değişiklikleri kabul edersiniz. Denetçi size bir rapor (Form 4549, Income Tax Examination Changes) sunar. Bu raporu imzalayarak önerilen ek vergi, faiz ve cezaları kabul etmiş olursunuz. Bu aşamada bir ödeme planı da oluşturulabilir.

3. **Anlaşmazlık (Unagreed):** Denetçinin önerdiği değişikliklere katılmazsınız. Bu durumda, raporu imzalamayı reddedersiniz ve itiraz haklarınızı kullanma sürecini başlatırsınız.

İtiraz Süreci: Haklarınızı Kullanmak

Denetim sonuçlarına katılmıyorsanız, pes etmek zorunda değilsiniz. IRS, mükelleflere kararlara itiraz etmeleri için yapılandırılmış bir süreç sunar.

Adım 1: Denetçi ile Görüşme

İlk olarak, anlaşmazlığınızın nedenlerini denetçinin yöneticisi (Group Manager) ile görüşmeyi talep edebilirsiniz. Bazen farklı bir bakış açısı, konunun bu erken aşamada çözülmesini sağlayabilir.

Adım 2: İdari İtiraz (Administrative Appeal)

Eğer yönetici ile yapılan görüşme sonuç vermezse, davanızı IRS içinde bağımsız bir birim olan **İtiraz Ofisi**'ne (Office of Appeals) taşıyabilirsiniz. Bu, mahkemeye gitmeden önceki en önemli adımdır.

Süreç: IRS size 30 günlük bir mektup (30-Day Letter) gönderir. Bu mektuba yanıt olarak, itirazınızı detaylandıran resmi bir protesto mektubu (protest letter) hazırlamanız gerekir.

İtiraz Konferansı: İtiraz Ofisi, davanızı bir İtiraz Görevlisine (Appeals Officer) atar. Bu görevlinin amacı, davayı her iki taraf için de adil bir şekilde ve mahkemeye gitmeden çözmektir. Bu görevliler, denetçilerin aksine, "dava risklerini" (hazards of litigation) değerlendirme ve buna göre uzlaşma yapma yetkisine sahiptir. Yani, IRS'in davayı mahkemede kaybetme olasılığını göz önünde bulundurarak size bir teklif sunabilirler.

Avantajı: İtiraz süreci, mahkemeden daha hızlı, daha ucuz ve daha az resmidir. Davaların büyük bir çoğunluğu bu aşamada çözüme kavuşur.

Adım 3: Mahkeme Süreci (Litigation)

Eğer İtiraz Ofisi ile de bir anlaşmaya varamazsanız, IRS size bir Yasal Bildirim Mektubu (Statutory Notice of Deficiency) veya bilinen adıyla 90 Günlük Mektup (90-Day Letter) gönderir. Bu mektubu aldıktan sonra 90 gün içinde davanızı üç mahkemeden birine taşıma hakkınız vardır:

ABD Vergi Mahkemesi (U.S. Tax Court): En yaygın seçenektir. Bu mahkemenin en büyük avantajı, dava açmak için önce tartışmalı vergiyi ödemenizin gerekmemesidir.

ABD Federal Bölge Mahkemesi (U.S. District Court): Bu mahkemede dava açmak için önce vergiyi ödemeniz, sonra geri ödeme talebinde bulunmanız gerekir. Jüri ile yargılanma hakkı sunar.

ABD Federal Talepler Mahkemesi (U.S. Court of Federal Claims): Bölge mahkemesi gibi, önce ödeme yapmanızı gerektirir. Jüri hakkı yoktur.

Yaygın Cezalar ve Faizler

Denetim sonucu ek vergi borcu çıkarsa, bu borca ek olarak faiz ve cezalar da uygulanır.

Faiz (Interest): Faiz, verginin son ödeme tarihinden itibaren ödenene kadar geçen süre için hesaplanır. Faiz oranı değişkendir ve üç ayda bir güncellenir. Faiz, hem eksik ödenen vergiye hem de cezalara uygulanır.

Geç Beyan Cezası (Failure to File Penalty): Beyannamenizi zamanında vermediyseniz, borçlu olduğunuz verginin her ay için %5'i oranında, maksimum %25'e kadar ceza uygulanır.

Geç Ödeme Cezası (Failure to Pay Penalty): Verginizi zamanında ödemediyseniz, borçlu olduğunuz verginin her ay için %0.5'i oranında, maksimum %25'e kadar ceza uygulanır.

Doğrulukla İlgili Ceza (Accuracy-Related Penalty): En yaygın denetim cezalarından biridir. İhmal (negligence) veya kuralları hiçe sayma (disregard of the rules) nedeniyle verginizi eksik beyan ettiyseniz, eksik beyan edilen vergi tutarının %20'si oranında bir ceza uygulanır. Eğer eksik beyanınız "önemli ölçüde" ise (substantial understatement), bu ceza otomatik olarak uygulanabilir.

Vergi Sahtekarlığı Cezası (Civil Fraud Penalty): Eğer IRS, vergi kaçırmak için kasıtlı olarak sahtekarlık yaptığınıza karar verirse, ceza çok daha ağırlaşır. Bu durumda, sahtekarlıkla ilgili eksik ödemenin %75'i oranında bir ceza uygulanır ve bu durum cezai soruşturmaya da yol açabilir.

Ceza Azaltma (Penalty Abatement): Belirli durumlarda, IRS'ten cezaları kaldırmasını veya azaltmasını talep edebilirsiniz. Bunun için "makul bir neden" (reasonable cause) göstermeniz gerekir. Örneğin, ciddi bir hastalık, doğal afet veya güvenilir bir vergi danışmanının yanlış yönlendirmesi gibi durumlar makul neden olarak kabul edilebilir.

3.5 Zamanaşımı, Ceza Hesaplamaları ve Kendini Koruma

Denetim sürecini tam olarak anlamak, sadece sürecin nasıl işlediğini değil, aynı zamanda IRS'in yetkilerinin sınırlarını ve mükellefin sorumluluklarının derinliğini de bilmeyi gerektirir. Bu bölümde, zamanaşımı süreleri, ceza hesaplamalarının incelikleri ve denetime karşı proaktif olarak nasıl korunabileceğiniz gibi ileri düzey konuları ele alacağız.

Zamanaşımı Süreleri (Statutes of Limitations)

IRS'in bir vergi beyannamesini denetlemek veya ek vergi tarh etmek için sonsuz bir süresi yoktur. Bu süreler, zamanaşımı (statute of limitations) olarak bilinir ve mükellefleri belirsizlikten korur. Ancak, bu süreler duruma göre değişiklik gösterebilir.

Genel Kural: 3 Yıl

Normal şartlar altında, IRS'in bir beyannameyi denetlemek için beyannamenin verildiği tarihten (veya son verilme tarihinden, hangisi daha geç ise) itibaren **üç yılı** vardır. Örneğin, 2023 yılı vergi beyannamenizi 15 Nisan 2024'te verdiyseniz, IRS'in bu beyannameyi denetlemek için 15 Nisan 2027'ye kadar süresi vardır. Bu tarihten sonra, normal şartlarda bu beyanname için ek vergi talep edemez.

Önemli Ölçüde Eksik Gelir Beyanı: 6 Yıl

Eğer brüt gelirinizin %25'inden fazlasını beyan etmeyi unutursanız, zamanaşımı süresi altı yıla çıkar. Bu kural, büyük hatalar veya ihmaller için geçerlidir.

Vaka Örneği: Bir danışman olan Can Bey, 2023 yılında $100,000 brüt gelir elde etmiş ancak sadece $70,000'ını beyan etmiştir. Eksik beyan edilen $30,000, brüt gelirin %30'una tekabül eder. Bu, %25'lik sınırı aştığı için, IRS'in Can Bey'in 2023 beyannamesini denetlemek için altı yılı olacaktır.

Sahte veya Hileli Beyanname / Beyanname Vermeme: Süre Yok

Eğer bir mükellef, vergi kaçırmak amacıyla kasıtlı olarak sahte veya hileli bir beyanname verirse veya hiç beyanname vermezse, zamanaşımı süresi hiçbir zaman işlemez. Bu, IRS'in bu tür durumları herhangi bir zamanda, ne kadar eski olursa olsun, denetleyebileceği ve vergi tarh edebileceği anlamına gelir. Bu, vergi sahtekarlığına karşı en güçlü caydırıcı unsurdur.

Form 872 - Zamanaşımını Uzatma Onayı Denetim sürecinde, IRS denetçisi sizden Form 872, Consent to Extend the Time to Assess Tax'ı imzalamanızı isteyebilir. Bu form, IRS'e denetimi tamamlaması için ek süre tanır. Bu formu imzalamadan önce mutlaka bir vergi profesyoneline danışın. Bu formu imzalamak, size de ek bilgi sunma zamanı tanıyabilir, ancak aynı zamanda IRS'in daha fazla sorun bulma riskini de artırır.

Yabancı Gelir ve Varlıklarla İlgili Durumlar

Yurtdışı ile ilgili belirli durumlar da zamanaşımı süresini uzatabilir. Örneğin, belirli yabancı finansal varlıklardan elde edilen gelirin eksik beyan edilmesi durumunda süre 6 yıla çıkabilir.

Durum	Zamanaşımı Süresi	Notlar
Normal Beyanname	3 Yıl	En yaygın durum.
%25'ten Fazla Eksik Gelir	6 Yıl	Önemli ihmaller için geçerlidir.
Sahte Beyanname	Süresiz	Kasıtlı vergi kaçakçılığı.
Beyanname Vermeme	Süresiz	En riskli durum.
Belirli Yabancı Gelirler	6 Yıl	Yurtdışı uyumuna verilen önemi gösterir.

Tablo 3.2: IRS Denetimleri İçin Zamanaşımı Süreleri.

Ceza Hesaplamalarının Detaylı Analizi

Cezalar, mükellefleri kurallara uymaya teşvik etmek için tasarlanmıştır. En yaygın cezaların nasıl hesaplandığını anlamak ve olası maliyetleri öngörmenize yardımcı olur.

Vaka Analizi:

Sema Hanım, 2023 yılı vergi beyannamesini 15 Nisan 2024'te vermesi gerekirken unutmuş ve 15 Temmuz 2024'te vermiştir. Denetim sonucu, ihmal nedeniyle $10,000 ek vergi borcu olduğu tespit edilmiştir. Ödemeyi ise 15 Ağustos 2024'te yapmıştır.

Ceza ve Faiz Hesaplaması:

1. Geç Beyan Cezası (Failure to File):

- Gecikme: 3 ay (Mayıs, Haziran, Temmuz - her ayın bir kısmı tam ay sayılır).

- Oran: Aylık %5.

- Hesaplama: $10,000 x %5/ay x 3 ay = $1,500.

1. Geç Ödeme Cezası (Failure to Pay):

- Gecikme: 4. ay (Ağustos).

- Oran: Aylık %0.5.

- Hesaplama: $10,000 x %0.5/ay x 1 ay = $50.

Not: Geç beyan ve geç ödeme cezaları aynı ay için birlikte uygulandığında, toplam ceza oranı %5 ile sınırlıdır.

1. Doğrulukla İlgili Ceza (Accuracy-Related Penalty):

- Neden: İhmal.

- Oran: %20.

- Hesaplama: $10,000 (eksik beyan edilen vergi) x %20 = $2,000.

1. Faiz (Interest):

- Faiz, hem 10,000 dolarlık vergi borcuna hem de yukarıdaki cezalara, son ödeme tarihinden ödemenin yapıldığı güne kadar işler. Faiz oranı değişkendir (örneğin, yıllık %8 varsayalım).

- Hesaplama: (10,000 + 1,500 + 200 + 2,000 dolar) üzerinden 4 aylık faiz.

Toplam Maliyet: Sema Hanım'ın 10,000 dolarlık vergi hatası, cezalar ve faizle birlikte ona 14,000 dolara mal olacaktır. Bu örnek, kurallara uymanın ve zamanında beyan/ödeme yapmanın finansal önemini açıkça göstermektedir.

Denetime Karşı Kendini Koruma Stratejileri

Hiçbir beyanname %100 denetimden muaf olmasa da, belirli adımlar atarak denetim riskinizi önemli ölçüde azaltabilir ve bir denetim durumunda pozisyonunuzu güçlendirebilirsiniz.

Kusursuz Kayıt Tutma: Bu en temel ve en önemli kuraldır. Her gelir ve gider kalemini destekleyen belgelere sahip olun. Modern muhasebe yazılımları (QuickBooks, Xero vb.) ve makbuz tarama uygulamaları (Dext, Expensify) bu süreci otomatikleştirmenize yardımcı olabilir.

Banka Hesaplarını Ayırma: Kişisel ve iş harcamalarınız için ayrı banka ve kredi kartı hesapları kullanın. Bu, iş giderlerini takip etmeyi ve kanıtlamayı çok daha kolaylaştırır.

Kırmızı Bayraklardan Kaçınma:

Orantılı Olun: Giderleriniz, geliriniz ve sektörünüz için makul ve orantılı olmalıdır.

Yuvarlak Rakamlardan Kaçının: Gerçek masraflarınızı yansıtan küsuratlı rakamlar kullanın.

Ev Ofisi ve Araç Giderleri: Bu kesintileri talep ediyorsanız, IRS'in katı kurallarına uyduğunuzdan ve detaylı kayıtlar (kilometre defteri, evin özel kullanım alanı krokisi vb.) tuttuğunuzdan emin olun.

Beyannameyi Gözden Geçirin: Beyannameniz bir profesyonel tarafından hazırlansa bile, imzalamadan önce mutlaka gözden geçirin. Anlamadığınız veya yanlış görünen bir şey varsa sorun. Unutmayın, beyannamenin nihai sorumluluğu size aittir.

Zamanında Beyan ve Ödeme: Basit görünse de, beyannamenizi ve ödemelerinizi zamanında yapmak, gereksiz yere dikkat çekmenizi ve ceza almanızı önler. Ödeme yapamıyorsanız bile, beyannamenizi mutlaka zamanında verin ve bir ödeme planı talep edin. Geç beyan cezası, geç ödeme cezasından 10 kat daha yüksektir.

Uluslararası Denetim Konuları: Türk Mükellefler İçin Özel Notlar

Türk mükelleflerin denetimleri, yerli mükelleflere göre ek karmaşıklıklar içerir:

Yabancı Vergi Kredisi (FTC) Kanıtı: Türkiye'de ödediğiniz vergileri kanıtlamak için vergi dairesinden alınmış resmi ödeme makbuzları ve banka dekontları gereklidir.

FEIE Kanıtı: Yurtdışı Kazanılan Gelir İstisnası için Fiziksel Varlık Testi'ni (uçak biletleri, pasaport damgaları) veya Gerçek Yerleşiklik Testi'ni (yurtdışı kira sözleşmesi, faturalar) kanıtlayan belgeler sunmalısınız.

Anlaşma Pozisyonları (Form 8833): Türkiye-ABD vergi anlaşmasının bir maddesine dayanarak bir vergi avantajı talep ediyorsanız (örneğin, emekli maaşının vergilendirilmemesi), bu pozisyonu Form 8833, Treaty-Based Return Position Disclosure ile beyannamenize eklemeniz gerekir. Aksi takdirde, bu pozisyon reddedilebilir ve ceza uygulanabilir.**P ara Birimi Çevirileri:** Gelir ve giderlerinizi ABD dolarına çevirirken, IRS tarafından kabul edilen yıllık ortalama döviz kurunu veya işlem günündeki kuru tutarlı bir şekilde kullanmalısınız.

Denetim Sonrası Haklar ve Çözüm Yolları

Denetim sonuçlarına katılmazsanız, önünüzde birçok seçenek vardır:

1. İdari İtiraz (Administrative Appeal) ve Form 12203

Denetim raporuna katılmıyorsanız, davanızı bağımsız bir birim olan IRS İtiraz Ofisi'ne (Office of Appeals) taşıyabilirsiniz. Bu, mahkemeye gitmeden önceki en önemli adımdır. İtiraz talebinizi Form 12203, Request for Appeals Review ile yapabilirsiniz. İtiraz Ofisi, dava risklerini değerlendirerek uzlaşma yetkisine sahiptir ve davaların çoğu bu aşamada çözülür.

2. Masum Eş Yardımı (Innocent Spouse Relief) ve Form 8857

Müşterek beyanname verdiyseniz ve eşinizin kasıtlı veya kasıtsız hatalarından sorumlu tutuluyorsanız, Masum Eş Yardımı talep edebilirsiniz. Bu, özellikle boşanma sonrası ortaya çıkan vergi borçları için kritik bir korumadır. Başvuru Form 8857, Innocent Spouse Relief ile yapılır.

3. Uzlaşma Teklifi (Offer in Compromise - OIC) ve Form 656

Eğer tespit edilen vergi borcunu ödeme gücünüz yoksa, IRS'e borcunuzu daha düşük bir tutarla kapatmak için bir Uzlaşma Teklifi sunabilirsiniz. Bu teklif, Form 656, Offer in Compromise ve mali durumunuzu detaylandıran Form 433-A, Collection Information Statement ile yapılır. IRS, bu teklifleri sıkı bir şekilde inceler ve sadece gerçekten ödeme gücü olmayan mükelleflerin tekliflerini kabul eder.

4. Ceza Azaltma (Penalty Abatement)

IRS, belirli durumlarda cezaları azaltabilir veya tamamen kaldırabilir. En yaygın olanı İlk Kez Ceza Azaltma (First-Time Penalty Abatement - FTA) programıdır. Eğer son 3 yıldır vergi uyumunuz tam ise ve mevcut tüm beyannamelerinizi verdiyseniz, geç beyan ve geç ödeme cezalarınızın kaldırılmasını talep edebilirsiniz. Bunun için "makul bir neden" (reasonable cause) göstermeniz gerekir.

5. Vergi Mükellefi Savunuculuk Servisi (Taxpayer Advocate Service - TAS) ve Form 911

Eğer IRS ile yaşadığınız bir sorunu normal kanallarla çözemiyorsanız ve bu durum size ciddi bir mali sıkıntı yaşatıyorsa, IRS içinde bağımsız bir kuruluş olan Vergi Mükellefi Savunuculuk Servisi'nden yardım isteyebilirsiniz. Başvuru Form 911, Request for Taxpayer Advocate Service Assistance ile yapılır.

6. Denetimin Yeniden Değerlendirilmesi (Audit Reconsideration)

Denetim kapandıktan sonra, denetim sırasında sunamadığınız yeni ve önemli belgeler bulursanız, IRS'ten denetimi yeniden değerlendirmesini talep edebilirsiniz. Bu bir itiraz süreci değildir, sadece yeni kanıtların değerlendirilmesi talebidir.

3.6 Pratik Senaryolar ve Sektörel Vaka İncelemeleri

Teorik bilgiyi gerçek dünya bağlamına oturtmak, denetim sürecinin karmaşıklığını anlamanın en etkili yoludur. Bu bölümde, farklı sektörlerden ve durumlardan Türk profesyonellerin karşılaşabileceği denetim senaryolarını inceleyeceğiz.

Vaka 1: Silikon Vadisi Yazılım Mühendisi - Hisse Senedi Opsiyonları (Stock Options)

Metehan Bey, Google'da çalışan bir yazılım mühendisidir. Yıllık 250,000 dolarlık maaşının yanı sıra, şirketin kendisine verdiği Hisse Senedi Opsiyonları (Incentive Stock Options - ISOs) ve Kısıtlı Hisse Senedi Birimleri (Restricted Stock Units - RSUs) bulunmaktadır. 2024 yılında, opsiyonlarını kullanarak ve RSU'ları hak ederek önemli bir gelir elde etmiştir.

Denetim Tetikleyicisi: Alternatif Minimum Vergi (Alternative Minimum Tax - AMT). ISO'ların kullanılması (exercise edilmesi), normal vergiye tabi bir olay olmasa da, AMT hesaplamasında bir "düzeltme kalemi" olarak dikkate alınır. Bu durum, normal vergisi düşük olan yüksek gelirli kişilerin AMT ödemesine neden olabilir. Bu karmaşık hesaplama, IRS'in dikkatini çekebilir.

Denetim Odak Noktası: IRS, Metehan Bey'in ISO ve RSU işlemlerini doğru raporlayıp raporlamadığını kontrol edecektir. Özellikle, ISO'ların kullanıldığı tarihteki piyasa değeri ile kullanım fiyatı arasındaki farkın Form 6251 (Alternative Minimum Tax) üzerinde doğru bir şekilde beyan edilip edilmediğine odaklanılacaktır.

Korunma Stratejisi:

1. **Uzman Yardımı:** Hisse senedi bazlı ücretlendirme konusunda deneyimli bir vergi danışmanıyla çalışmak esastır.

2. **Detaylı Kayıt:** Tüm opsiyon kullanım ve RSU hak ediş belgelerini (grant agreements, exercise confirmations, release schedules) saklamak.

3. **AMT Planlaması:** Yıl içinde opsiyonları kullanırken AMT etk-

isini hesaplamak ve gerekirse vergi ödemeleri için nakit ayırmak.

Vaka 2: New Jersey'deki Türk Restoranı - Nakit İşlemler ve Bahşişler

Hasibe Hanım, New Jersey'de popüler bir Türk restoranının sahibidir. İşletme, hem kredi kartı hem de önemli miktarda nakit ödeme kabul etmektedir. Çalışanlar (garsonlar) nakit bahşiş almaktadır.

Denetim Tetikleyicisi: Nakit yoğun bir işletme olması ve sektör ortalamasına göre düşük brüt kar marjı beyan edilmesi. IRS, restoranların gelirlerini eksik bildirme eğiliminde olduğunu varsayar.

Denetim Odak Noktası: IRS, beyan edilen gelirin gerçekçiliğini test etmek için dolaylı yöntemler kullanabilir. Örneğin, restoranın bir haftalık satışlarını gözlemleyebilir (gizli veya açıkça) ve bu veriyi yıllık gelire yansıtabilir. Tedarikçilerden alınan mal faturalarını (et, sebze, içecek) inceleyerek bu maliyetlerle ne kadar gelir elde edilmesi gerektiğini (markup analysis) hesaplayabilir. Çalışanların bahşiş gelirlerini doğru raporlayıp raporlamadığı da (Form 8027, Employer's Annual Information Return of Tip Income) incelenecektir.

Korunma Stratejisi:

Sağlam Satış Noktası (POS) Sistemi: Tüm siparişleri ve ödemeleri (nakit dahil) kaydeden güvenilir bir POS sistemi kullanmak.

Günlük Mutabakat: Her günün sonunda POS raporları ile kasadaki nakit ve kredi kartı sliplerini karşılaştırarak mutabakat yapmak.

Bahşiş Raporlama Prosedürü: Çalışanları, aldıkları bahşişleri düzenli olarak raporlamaları konusunda eğitmek ve bu süreci belgelemek.

Gerçekçi Kar Marjı: Muhasebeci ile çalışarak, sektör ortalamalarıyla uyumlu ancak işletmenin kendi gerçeklerini yansıtan bir kar marjı beyan etmek.

Vaka 3: Miami'de Emlak Yatırımcısı

Hasan Bey, Türkiye'de yaşayan ancak yatırım amacıyla Miami'de üç dairesi bulunan bir iş insanıdır. Bu daireleri kiraya vererek gelir elde etmektedir.

Denetim Tetikleyicisi: Arka arkaya birkaç yıl boyunca kira faaliyetlerinden zarar beyan edilmesi. IRS, gayrimenkul yatırımlarının kar amacı gütmesi gerektiğini varsayar ve sürekli zarar beyan edilmesi, kişisel harcamaların işletme gideri gibi gösterildiği şüphesini uyandırabilir.

Denetim Odak Noktası: Denetçi, beyan edilen giderlerin gerçekliğini ve işle ilgili olup olmadığını sorgulayacaktır. Özellikle şu kalemler incelenir:

Seyahat Giderleri: Hasan Bey'in Türkiye'den Miami'ye yaptığı seyahatlerin gerçekten mülkleri kontrol etmek için mi, yoksa kişisel tatil amaçlı mı olduğu.

Tamir ve Bakım Giderleri: Yapılan harcamaların, normal bakım mı (hemen gider yazılır) yoksa mülkün değerini artıran bir iyileştirme mi (amortisman yoluyla yıllara yayılarak gider yazılır) olduğu.

Kişisel Kullanım: Dairelerin yılın herhangi bir bölümünde Hasan Bey veya ailesi tarafından kişisel olarak kullanılıp kullanılmadığı.

Korunma Stratejisi:

Ayrı Hesaplar: Her mülk için ayrı bir banka hesabı açmak ve tüm kira gelirlerini ve giderlerini bu hesap üzerinden yapmak.

Detaylı Gider Kayıtları: Her harcama için fatura ve makbuzları saklamak. Faturanın üzerine hangi mülk için ve ne amaçla yapıldığını not almak.

Seyahatleri Belgelemek: Miami'ye yapılan iş seyahatleri sırasında, mülklerle ilgili yapılan işlerin (emlakçıyla toplantı, tamirciyle görüşme vb.) bir ajandasını tutmak.

Pasif Faaliyet Kaybı Kuralları: Gayrimenkul faaliyetlerinden kaynaklanan zararların diğer gelir türlerinden (maaş, faiz vb.) düşülmesini sınırlayan "pasif faaliyet kaybı" (passive activity loss) kurallarını anlayan bir vergi profesyoneli ile çalışmak.

Bu vakalar, farklı sektörlerdeki ve durumlardaki mükelleflerin, kendi özel koşullarına bağlı olarak farklı denetim riskleriyle karşı karşıya olduğunu göstermektedir. Başarının anahtarı, risklerin farkında olmak ve bu riskleri yönetmek için proaktif, belgelere dayalı ve profesyonel bir yaklaşım benimsemektir.

3.7 Mükellef Hakları Bildirgesi: Detaylı Bir Bakış

1998 yılında yasalaşan Mükellef Hakları Bildirgesi (Taxpayer Bill of Rights), IRS ile mükellefler arasındaki güç dengesini sağlamak için tasarlanmış on temel haktan oluşur. Bu hakları sadece bilmek değil, aynı zamanda bir denetim sırasında nasıl kullanılacağını anlamak da kritik öneme sahiptir. Her hak, mükellefe somut bir koruma kalkanı sunar.

1. Bilgilendirilme Hakkı (The Right to be Informed)

- **Anlamı:** IRS'in ne yapacağını ve neden yapacağını açık ve anlaşılır bir dilde öğrenme hakkınızdır. Bu, denetimin neden başlatıldığını, hangi konuların inceleneceğini ve sürecin nasıl işleyeceğini kapsar.

- **Pratikte Kullanımı:** Denetim bildiriminde belirsiz bir ifade varsa veya denetçi denetimin kapsamını genişletmeye çalışırsa, bu hakkınızı kullanarak yazılı bir açıklama talep edebilirsiniz. Örneğin,

"Temsilciniz,"Denetimin kapsamı başlangıçta sadece 2024 yılı seyahat giderleri olarak belirtilmişti. Şimdi 2023 yılı kayıtlarını ve yemek giderlerini de talep ediyorsunuz. Lütfen bu kapsam genişletmenin nedenini ve yasal dayanağını yazılı olarak tarafımıza bildirin," diyerek süreci kontrol altında tutabilir.

2. Kaliteli Hizmet Alma Hakkı (The Right to Quality Service)

- **Anlamı:** IRS çalışanlarından nazik, profesyonel ve hızlı hizmet bekleme hakkınızdır. Bu, telefonlara cevap verilmesi, sorularınızın anlaşılması ve size saygılı davranılması anlamına gelir.

- **Pratikte Kullanımı:** Eğer bir denetçi size karşı kaba, tehditkar veya profesyonel olmayan bir tavır sergilerse, durumu hemen denetçinin yöneticisine bildirme hakkınız vardır. IRS'in size verdiği talimatlar çelişkili veya anlaşılmaz ise, netleştirme talep edebilirsiniz.

3. Vergi Borcundan Fazlasını Ödememe Hakkı (The Right to Pay No More than the Correct Amount of Tax)

- **Anlamı:** Sadece yasal olarak borçlu olduğunuz doğru vergi tutarını ödeme hakkınızdır. IRS, yasaların size tanıdığı tüm kesinti, kredi ve muafiyetleri uygulamanıza izin vermek zorundadır.

- **Pratikte Kullanımı:** Bir denetçi, bir giderin düşülmesine izin vermediğinde, temsilciniz bu kararın dayandığı yasa maddesini veya içtihadı sorgulayabilir. Eğer denetçinin yorumunun hatalı olduğunu düşünüyorsanız, bu hakkınıza dayanarak İtiraz Ofisi'ne başvurabilirsiniz.

4. IRS Kararlarına İtiraz Etme ve Gerekçeli Yanıt Alma Hakkı (The Right to Challenge the IRS's Position and Be Heard)

- **Anlamı:** IRS'in pozisyonuna katılmadığınızda, ek belgeler ve tanıklar sunarak kendi durumunuzu açıklama ve IRS'ten gerekçeli bir yanıt alma hakkınızdır.

- **Pratikte Kullanımı:** Denetim raporunda bir giderinizin reddedildiğini ve gerekçe olarak "belge yetersiz" dendiğini varsayalım. Siz ise yeterli belge sunduğunuza inanıyorsunuz. Bu hakkınızı kullanarak, "Sunduğumuz A, B ve C belgelerinin neden yetersiz kabul edildiğine dair detaylı ve yasal gerekçelere dayanan bir açıklama talep ediyoruz," diyebilirsiniz.

5. İdari Olarak İtiraz Etme Hakkı (The Right to Appeal an IRS Decision in an Independent Forum)

- **Anlamı:** Bu, en güçlü haklarınızdan biridir. Denetim bölümünün kararına katılmıyorsanız, davanızı IRS içinde tamamen bağımsız bir birim olan İtiraz Ofisi'ne taşıma hakkınızdır.

- **Pratikte Kullanımı:** Denetçi ile uzlaşamadığınızda, IRS size bir 30 günlük mektup gönderir. Bu mektuba yanıt vererek resmi bir itiraz süreci başlatırsınız. İtiraz Ofisi'ndeki görevli, denetçiden farklı olarak, davanın mahkemede kazanılma olasılığını değerlendirerek sizinle uzlaşma yetkisine sahiptir. Bu, pazarlık ve orta yolu bulma şansı demektir.

6. Kesinlik Hakkı (The Right to Finality)

- **Anlamı:** Bir vergi konusunun ne zaman sonuçlanacağını bilme hakkınızdır. IRS, bir denetimi kapattıktan sonra, çok istisnai durumlar (sahtekarlık gibi) dışında aynı konuyu tekrar açamaz. Zamanaşımı süreleri de bu hakkın bir parçasıdır.

- **Pratikte Kullanımı:** 2022 yılı beyannameniz denetlenmiş ve "Değişiklik Yok" mektubu ile kapanmış olsun. Bir yıl sonra başka bir denetçi aynı beyannameyi tekrar incelemek isterse, bu hakkınıza dayanarak denetimin zaten sonuçlandığını ve yeniden açılamayacağını belirtebilirsiniz.

7. Gizlilik Hakkı (The Right to Privacy)

- **Anlamı:** IRS'in sorgulamalarının gereksiz yere müdahaleci olmamasını ve sadece konuyla ilgili bilgileri talep etmesini bekleme hakkınızdır. IRS, topladığı bilgileri yasal olarak zorunlu olmadıkça üçüncü taraflarla paylaşamaz.

- **Pratikte Kullanımı:** Bir denetçi, denetimin konusuyla ilgisiz kişisel sorular sormaya başlarsa (örneğin, siyasi görüşünüz, kişisel yaşam tarzınız), temsilciniz bu soruların denetimle ilgisi olmadığını ve gizlilik hakkınızı ihlal ettiğini belirterek cevap vermeyi reddedebilir.

8. Mahremiyet Hakkı (The Right to Confidentiality)

- **Anlamı:** IRS'e verdiğiniz tüm bilgilerin yasa tarafından sıkı bir şekilde korunacağına ve gizli tutulacağına güvenme hakkınızdır.

- **Pratikte Kullanımı:** Bu hak, vergi bilgilerinizin sızdırılmasına karşı sizi korur. Eğer bir IRS çalışanı bilgilerinizi yasa dışı bir şekilde ifşa ederse, bu ciddi bir suçtur ve hem kuruma hem de çalışana karşı yasal işlem başlatma hakkınız doğar.

9. Temsil Edilme Hakkı (The Right to Retain Representation)

- **Anlamı:** Denetim sürecinin herhangi bir aşamasında sizi temsil etmesi için yetkili bir profesyonel (EA, CPA, Avukat) tutma hakkınızdır. Bir temsilci tuttuğunuzda, IRS sizinle değil, temsilcinizle iletişim kurmak zorundadır.

- **Pratikte Kullanımı:** Bir ofis denetimi randevusu aldınız. Kendinize güvenmiyorsunuz veya strese girmek istemiyorsunuz. Bir CPA ile anlaşıp Form 2848 vekaletnamesini imzalarsınız. Artık denetim toplantısına sizin gitmenize gerek kalmaz, tüm süreci sizin adınıza temsilciniz yürütür.

10. Adil ve Hakkaniyetli Bir Vergi Sistemi Hakkı (The Right to a Fair and Just Tax System)

- **Anlamı:** Vergi sisteminin sizi adil bir şekilde değerlendirmesini, tüm gerçekleri ve koşulları dikkate almasını bekleme hakkınızdır. Bu, ceza affı (penalty abatement) için makul bir nedeniniz olduğunda veya ödeme güçlüğü çektiğinizde taksitlendirme anlaşması gibi seçeneklerin size sunulmasını içerir.

- **Pratikte Kullanımı:** Ciddi bir hastalık nedeniyle kayıtlarınızı kaybettiğinizi ve bu sebeple beyannamenizde hata yaptığınızı varsayalım. Denetim sonucu çıkan cezalar için bu hakkınıza dayanarak "makul neden" (reasonable cause) talebinde bulunabilir ve cezaların kaldırılmasını isteyebilirsiniz.

Bu on hak, denetim sürecinde sizin anayasanızdır. Onları anlamak ve doğru zamanda kullanmak, sürecin kontrolünü elinizde tutmanızı sağlar.

3.8 Denetleme için Eylem Planı

Bir IRS denetimi, hazırlıklı ve bilgili bir mükellef için yönetilebilir bir süreçtir. Korku ve panik yerine, süreci anlamak ve stratejik adımlar atmak, en iyi sonucu elde etmenin anahtarıdır.

Denetim Süreci Eylem Planı:

ÖNLEME:
- Kayıtlarınızı düzenli ve eksiksiz tutun.

- Denetim risk faktörlerini (kırmızı bayraklar) bilin ve beyannamenizi hazırlarken bunlara dikkat edin.

- Karmaşık bir vergi durumunuz varsa mutlaka profesyonel yardım alın.

BİLDİRİM GELDİĞİNDE:
- Sakin olun ve mektubu dikkatlice okuyun.

- Son tarihleri not alın.

- Hemen bir vergi profesyoneli (EA, CPA, Avukat) ile iletişime geçin, özellikle ofis veya saha denetimi ise.

HAZIRLIK ve YÖNETİM:
- Temsilcinizin IRS ile tüm iletişimi yönetmesine izin verin.

- Sadece istenen belgelerin kopyalarını düzenli bir şekilde hazırlayın.

- Asla tahminlerde bulunmayın veya yalan söylemeyin.

SONUÇ ve İTİRAZ:
- Denetim raporunu dikkatlice inceleyin.

- Sonuçlara katılmazsanız, İtiraz Ofisi'ne başvurma hakkınızı kullanın.

- Anlaşmaya varırsanız, ödeme seçeneklerini değerlendirin (Taksitlendirme Anlaşması, Uzlaşma Teklifi vb.).

Unutmayın, denetim sürecindeki en büyük gücünüz, bilgi ve hazırlıktır. Bu bölümdeki bilgileri kullanarak, potansiyel bir denetim sürecini korkulu bir rüya olmaktan çıkarıp, yönetilebilir bir finansal kontrole dönüştürebilirsiniz.

Bölüm 4: Kaçınılması Gereken Hatalar ve Proaktif Stratejiler

Yazılım mühendisi Fatma Hanım, üç yıl önce H-1B vizesi ile New York'a taşındığında, ABD vergi sisteminin sadece maaşından kesilen stopajdan ibaret olduğunu düşünüyordu. İlk yıl, basit bir Form 1040 vererek işini bitirdiğini sanıyordu. Ancak ikinci yıl, Türkiye'deki banka hesaplarını bildirmesi gerektiğini öğrendi.

"Sadece 8.000 dolar var, önemli değil" diye düşündü ve raporlamayı ihmal etti. Üçüncü yıl, İç Gelir Servisi'nden (IRS) gelen mektup hayatını değiştirdi: "Yabancı Banka ve Finansal Hesaplar Raporu (FBAR) yükümlülüğünüzü yerine getirmemişsiniz. Kasıtlı olmayan ihmal için ceza: 16,117 dolar. (2025 vergi yılı için geçerli tutar)."

Bu mektup, Fatma Hanım'ın ABD vergi uyumunun ciddiyetini anlamasına neden oldu. Hemen bir vergi uzmanı ile çalışmaya başladı. Uzman, durumu açıkladı: "ABD vergi sistemi, dünya çapındaki gelir ve varlıklarınızı kapsar. Türkiye'deki hesaplarınızın toplam değeri yıl içinde herhangi bir anda 10,000 doları aştığı için FBAR raporlaması zorunluydu."

Fatma Hanım, kapsamlı bir uyum programı başlattı. Geçmiş yıllar için düzeltme beyannameleri verdi, tüm yabancı hesaplarını bildirdi ve sistematik bir belge yönetimi sistemi kurdu. Bu süreç, ona vergi uyumunun sadece vergi ödemek olmadığını, kapsamlı bir raporlama ve belgelendirme sistemi olduğunu öğretti.

4.1 ABD Vergi Uyum Sisteminin Temelleri ve Kapsamı

ABD vergi uyumu, sadece vergi ödemekten çok daha kapsamlı bir kavramdır. Bu sistem, mükelleflerden doğru beyanname verme, zamanında ödeme yapma, gerekli raporlamaları tamamlama ve belgeleri saklama yükümlülükleri getirir. Türk mükellefler için bu uyum, hem ABD hem de Türkiye kaynaklı gelir ve varlıkların koordineli şekilde yönetilmesi anlamına gelir.

Türk Mükellefler İçin Özel Zorluklar:

Çifte Vergilendirme Riski: Aynı gelir için hem Türkiye'de hem de ABD'de vergi ödeme riski. Çözüm, Türkiye-ABD Vergi Anlaşması'nın doğru uygulanması ve Yabancı Vergi Kredisi (Foreign Tax Credit) veya Yurtdışı Kazanılan Gelir İstisnası (Foreign Earned Income Exclusion) gibi mekanizmaların etkin kullanılmasıdır.

Döviz Kuru Hesaplamaları: Türk Lirası ile yapılan işlemlerin ABD Doları'na çevrilmesi gerekliliği. IRS, yıllık ortalama kurun veya işlemin yapıldığı günkü kurun kullanılmasını kabul eder. Bu konuda tutarlı bir yöntem izlemek önemlidir.

Farklı Vergi Yılları ve Tarihleri: Türkiye ve ABD'nin farklı beyanname son tarihlerine sahip olması, vergi planlaması ve belge hazırlığında dikkatli bir takvim yönetimi gerektirir.

Belge ve Dil Bariyeri: Türkiye'den alınan belgelerin (tapu, banka ekstresi, vb.) IRS tarafından talep edildiğinde İngilizce'ye çevrilmesi gerekebilir.

Uyum Bileşenleri ve Risk Değerlendirme Çerçevesi

Etkili vergi uyumu, beş temel bileşenin koordineli yönetimini gerektirir. Her mükellef, kendi durumuna göre bu bileşenlerin risk seviyesini değerlendirmeli ve kaynaklarını en kritik alanlara yönlendirmelidir.

Uyum Bileşeni	Potansiyel Riskler	Önleme Stratejileri
1. Beyanname Doğruluğu	Eksik gelir beyanı, yanlış kesinti talebi, yanlış statü seçimi.	Çifte kontrol sistemi, profesyonel yardım, yazılım kullanma.
2. Ödeme Zamanlaması	Geç ödeme, eksik tahmini vergi ödemesi, nakit akışı sorunları.	Otomatik ödeme planı, çeyreklik vergi projeksiyonu, likidite planlaması.
3. Raporlama Eksiksizliği	FBAR/FATCA ihmali, yabancı şirket/ortaklık raporlamama (Form 5471/8865).	Yıllık uyum kontrol listesi, uluslararası vergi uzmanı ile çalışma.
4. Belge Yönetimi	Kayıtların kaybolması, yetersiz belgelendirme, dağınık sistem.	Dijital arşivleme, bulut tabanlı yedekleme, makbuz tarama uygulamaları.
5. Sürekli Güncelleme	Vergi kanunlarındaki değişiklikleri kaçırma, yeni kurallara uymama.	Sürekli eğitim (CPE), profesyonel bültenlere üyelik, düzenli danışmanlık.

Tablo 4.1: Vergi Uyum Bileşenleri ve Risk Yönetimi Stratejileri.

4.2 Vergi Beyannamesi Türleri ve Stratejik Seçim Kriterleri

Doğru beyanname formunu seçmek, uyum sürecinin ilk ve en temel adımıdır. Seçim, tamamen vergi mükellefi statünüze bağlıdır.

Form 1040: Kapsamlı Vergi Yerleşiği Beyannamesi

Kimler İçin? ABD vatandaşları ve yerleşik yabancılar (Green Card Testi veya Önemli Varlık Testi'ni geçenler).

Temel Özellik: Küresel gelir raporlama yükümlülüğü. Mükellefin dünya çapındaki tüm gelirleri (maaş, serbest meslek, yatırım, kira vb.) bu formda beyan edilir.

Avantajları: Standart veya ayrıntılı kesintiler, tüm vergi kredileri (Çocuk Vergi Kredisi, Eğitim Kredileri vb.), Yabancı Vergi Kredisi ve Yurtdışı Kazanılan Gelir İstisnası gibi vergi yükünü azaltan tüm mekanizmalardan tam olarak yararlanma imkanı sunar.

Form 1040-NR: Yerleşik Olmayan Yabancı Beyannamesi

Kimler İçin? ABD'de vergi yerleşiği olmayan yabancılar (örneğin, F-1 vizesinin ilk 5 yılında olan öğrenciler, kısa süreli iş ziyareti yapanlar).

Temel Özellik: Sınırlı kapsam. Sadece ABD kaynaklı gelirler beyan edilir. Türkiye'deki veya başka bir ülkedeki gelirler bu beyannameye dahil edilmez.

Sınırlamaları:

Standart kesinti kullanılamaz.

Evli olarak müşterek beyanname verilemez.

Çoğu vergi kredisi kullanılamaz.

Ancak, Türkiye-ABD Vergi Anlaşması'nın sağladığı indirimli vergi oranlarından (örneğin, temettüler için) yararlanılabilir.

Çifte Statü Beyannamesi (Dual-Status Return)

Kimler İçin? Vergi yılı içinde statü değiştirenler (örneğin, yıl ortasında ABD'ye taşınan veya Yeşil Kart alan bir kişi).

Temel Özellik: Yıl iki döneme ayrılır. Yılın bir bölümü için Form 1040-NR kurallarına göre (sadece ABD geliri), diğer bölümü için ise Form 1040 kurallarına göre (küresel gelir) vergilendirme yapılır.

Karmaşıklık: Bu, en karmaşık beyanname türlerinden biridir ve profesyonel yardım gerektirir. Beyannamenin üzerine "Dual-Status Return" yazılması ve özel hesaplama tablolarının eklenmesi gerekir.

Stratejik Seçim: Eğer bir yıl içinde hem yerleşik hem de yerleşik olmayan statüye uyuyorsanız (örneğin, Önemli Varlık Testi'ni geçtiniz ama 183 günden az kaldınız), bazen tüm yıl için yerleşik olmayı seçmek (Form 1040 ile) daha avantajlı olabilir. Bu seçim, tüm yıl boyunca standart kesinti ve diğer kredilerden yararlanmanızı sağlar, ancak tüm yıl için küresel gelirinizi beyan etmenizi gerektirir. Bu karar dikkatli bir analiz yapılarak verilmelidir.

4.3 Kritik Tarihler ve Etkili Zaman Yönetimi

ABD vergi sisteminde tarihler katıdır ve kaçırılan son tarihler otomatik olarak ceza ve faiz doğurur. Başarılı bir uyum yönetimi, bu tarihleri bir takvime işlemek ve proaktif olarak takip etmekle başlar.

Yıllık Vergi Takvimi

Yıllık Vergi Takvimi

Tarih	Açıklama	Kimler İçin Önemli?
15 Ocak	4. Çeyrek Tahmini Vergi Son Ödeme Tarihi	Serbest meslek sahipleri, işletme sahipleri, kira/yatırım geliri olanlar.
31 Ocak	W-2 ve 1099 Formlarının Gönderilmesi İçin Son Tarih	İşverenler ve işletmeler için. Çalışanlar ve yükleniciler bu tarihten sonra formlarını beklemelidir.
15 Nisan	**Ana Vergi Beyannamesi Son Tarihi (Form 1040)** ve 1. Çeyrek Tahmini Vergi Ödemesi	Tüm bireysel vergi mükellefleri.
15 Haziran	Yurtdışında Yaşayan ABD Vatandaşları/Yerleşikleri İçin Otomatik 2 Aylık Uzatma Son Tarihi ve 2. Çeyrek Tahmini Vergi Ödemesi	Yurtdışında yaşayanlar. Ayrıca FBAR raporlaması için de son tarihtir (ancak otomatik olarak 15 Ekim'e uzar).
15 Eylül	3. Çeyrek Tahmini Vergi Son Ödeme Tarihi	Serbest meslek sahipleri ve diğer W-2 dışı geliri olanlar.
15 Ekim	**Uzatma (Extension) İçin Son Tarih**	Form 4868 ile uzatma talebinde bulunanlar için beyanname verme son tarihidir. **Bu, ödeme için bir uzatma değildir!**

Tablo 4.2: Bireysel Mükellefler İçin Temel Vergi Takvimi.

Önemli Not: Eğer 15 Nisan veya diğer son tarihler hafta sonuna veya resmi tatile denk gelirse, son tarih bir sonraki iş gününe kayar.

Uzatma Stratejisi: Form 4868

Eğer 15 Nisan'a kadar beyannamenizi hazırlamak için yeterli zamanınız yoksa, Form 4868, Application for Automatic Extension of Time To File

U.S. Individual Income Tax Return'ü doldurarak otomatik olarak 6 aylık bir uzatma (15 Ekim'e kadar) alabilirsiniz. Bu, ceza almadan beyanname vermek için size ek zaman tanır.

Ancak dikkat: Bu, sadece beyanname vermek için bir uzatmadır, vergi ödemek için değil. Eğer 15 Nisan itibarıyla bir vergi borcunuz çıkacağını tahmin ediyorsanız, bu borcu Form 4868 ile birlikte ödemeniz gerekir. Aksi takdirde, 15 Nisan'dan itibaren ödenmemiş bakiye üzerinden geç ödeme cezası ve faiz işlemeye başlar.

Tahmini Vergi Ödemeleri: Sürprizlerden Kaçınmak

Maaşlı çalışanların vergileri işverenleri tarafından stopaj yoluyla kesilir. Ancak serbest meslek, kira, yatırım gibi gelirleriniz varsa, vergi borcunuzu yıl boyunca dört taksitte (15 Nisan, 15 Haziran, 15 Eylül, 15 Ocak) ödemeniz gerekir. Buna tahmini vergi ödemeleri (estimated tax payments) denir.

Kimler Ödemeli? Yıl sonunda 1,000 dolardan fazla vergi borcu çıkacağını tahmin eden ve stopaj yoluyla ödenen vergileri toplam vergi yükümlülüğünün %90'ını karşılamayan herkes.

Hesaplama: Yıllık beklenen gelirinizi ve kesintilerinizi tahmin ederek toplam vergi borcunuzu hesaplarsınız. Bu tutarı dörde bölerek her çeyrekte ödeme yaparsınız. Bir önceki yılın vergisinin %100'ünü (veya yüksek gelirliler için %110'unu) ödemek, cezalardan kaçınmak için güvenli bir liman (safe harbor) sağlar.

4.4 En Yaygın Vergi Hataları ve Önleme Yolları

IRS'e göre, her yıl milyonlarca mükellef basit ve önlenebilir hatalar nedeniyle ceza ödemekte veya geri ödemelerini geciktirmektedir. Bu hataları bilmek, onlardan kaçınmanın ilk adımıdır.

Matematiksel Hatalar: Basit toplama, çıkarma hataları. (Çözüm: Vergi yazılımı kullanmak bu hatayı neredeyse tamamen ortadan kaldırır.)

Yanlış Sosyal Güvenlik Numarası (SSN): Mükellefin veya bakmakla yükümlü olduğu kişilerin SSN'lerinin yanlış yazılması. (Çözüm: Beyannameyi göndermeden önce tüm numaraları iki kez kontrol etmek.)

Yanlış Beyan Statüsü Seçimi: Bekar (Single) yerine Hane Reisi (Head of Household) seçmek gibi. Her statünün kendine özgü kuralları vardır ve yanlış seçim, yanlış vergi hesaplamasına yol açar.

Gelirleri Eksik Beyan Etmek: Bir 1099 formunu veya diğer gelir kaynaklarını beyan etmeyi unutmak. IRS, bu formların bir kopyasını da alır ve beyannamenizle otomatik olarak karşılaştırır (automated matching). Uyuşmazlık, otomatik bir denetim bildirimi (CP2000) tetikler.

Kayıt Tutmama: Özellikle serbest meslek sahipleri için, giderleri destekleyecek makbuz, fatura veya kilometre kaydı gibi belgelerin olmaması. *Unutmayın: Kanıt yoksa, kesinti de yok.*

Yurtdışı Raporlama Yükümlülüklerini İhmal Etmek: Bu, özellikle Türk mükellefler için en maliyetli hatalardan biridir. FBAR ve FATCA formlarını zamanında vermemek, vergi borcunuz olmasa bile on binlerce dolarlık cezalara yol açabilir.

Vaka Çalışması: Freelance Yazılımcı Kemal Bey

Kemal Bey, serbest çalışan bir yazılımcıdır. Yıl boyunca çeşitli müşterilerden 1099-NEC formları almıştır. Beyannamesini hazırlarken, bir müşterisinden gelen 5,000 dolarlık bir 1099 formunu gözden kaçırmıştır. Altı ay sonra, IRS'ten bir CP2000 bildirimi almıştır. Bildirim, eksik beyan edilen 5,000 dolarlık gelir üzerinden ek vergi, geç ödeme cezası ve faiz talep etmektedir. Basit bir gözden kaçırma, Kemal Bey'e yüzlerce dolara mal olmuştur.

Önleme Stratejisi: Yıl sonunda tüm gelir formlarınızı (W-2, 1099'lar) bir araya getirin ve beyannamenizdeki gelir toplamının bu formlardaki toplamla eşleştiğinden emin olun.

4.5 Yurtdışı Raporlama: FBAR ve FATCA ve Ötesi

ABD vergi sisteminin en karmaşık ve en yüksek riskli alanlarından biri, yurtdışı varlık ve hesapların raporlanmasıdır. IRS, vergi mükelleflerinin yurtdışında tuttukları varlıkları gizlemesini önlemek için çok katı kurallar ve ağır cezalar uygulamaktadır. Türk mükellefler için bu, Türkiye'deki banka hesapları, emeklilik fonları, hisse senetleri ve diğer varlıkların ABD hükümetine bildirilmesi anlamına gelir. Bu bölümde, FBAR ve FATCA başta olmak üzere, tüm kritik uluslararası raporlama yükümlülüklerini ve bunlardan kaçınmanın yollarını detaylandıracağız.

FBAR (Report of Foreign Bank and Financial Accounts)

Nedir? FBAR, bir vergi formu değil, Hazine Bakanlığı'na bağlı Finansal Suçları Araştırma Ağı'na (FinCEN) yapılan bir bilgilendirme raporudur.
   Kimler Raporlamalı? Herhangi bir ABD kişisi (vatandaş, yerleşik yabancı), eğer takvim yılı içinde tüm yabancı finansal hesaplarının toplam değeri herhangi bir anda 10,000 doları aşarsa.
   Form ve Son Tarih: FinCEN Form 114, BSA E-Filing System üzerinden elektronik olarak doldurulur. Son tarih 15 Nisan'dır, ancak otomatik olarak 15 Ekim'e kadar uzar.
   FBAR Dosyalama Sistemi Farklıdır!FBAR, vergi yazılımınız (TurboTax vb.) veya IRS.gov üzerinden dosyalanamaz. Mükellefler, FinCEN'in kendi web sitesi olan fincen.gov adresinde ayrı bir hesap oluşturmalıdır. Birçok mükellef, vergi yazılımı aracılığıyla FBAR dosyaladığını sanarak büyük bir hataya düşmekte ve aslında hiçbir beyanda bulunmamış olmaktadır.

FATCA (Foreign Account Tax Compliance Act)

Nedir? FATCA, IRS'in bir vergi uyum yasasıdır ve Form 8938 ile vergi beyannamenize eklenir.
   Kimler Raporlamalı? Belirli eşik değerleri aşan yabancı finansal varlıklara sahip olan ABD mükellefleri.

Özellik	FBAR (FinCEN Form 114)	FATCA (Form 8938)
Yetkili Kurum	Hazine Bakanlığı (FinCEN)	IRS
Raporlama Eşiği	Toplamda > $10,000	İkamet yerine göre > $50,000+
Değerleme	Yıl içindeki maksimum bakiye	Yıl sonu bakiye VE yıl içi maksimum bakiye
Ortak Hesaplar	Her iki eş de ayrı ayrı FBAR dosyalamalıdır	Müşterek beyannamede tek bir Form 8938 yeterlidir
Cezalar	İstiflenebilir! Aynı hesap için hem FBAR hem de FATCA cezası alabilirsiniz.	Temel ceza $10,000

Tablo 4.3 FBAR ve FATCA Karşılaştırması

Form 8938 Eşik Değerleri KRİTİK HATA!

En yaygın ve en maliyetli hatalardan biri, Form 8938 raporlama eşiklerini yanlış bilmektir. Eşikler, ABD'de mi yoksa yurtdışında mı yaşadığınıza göre değişir:

Mükellef Durumu	Yıl Sonunda Varlık Değeri	Yıl İçinde Herhangi Bir Anda
ABD'de Yaşayan Bekar	$50,000'dan fazla	$75,000'dan fazla
ABD'de Yaşayan Evli (Müşterek)	$100,000'dan fazla	$150,000'dan fazla
Yurtdışında Yaşayan Bekar	$200,000'dan fazla	$300,000'dan fazla
Yurtdışında Yaşayan Evli (Müşterek)	$400,000'dan fazla	$600,000'dan fazla

Tablo 4.4 Form 8938 Eşik Değerleri

Form 8621: Pasif Yabancı Yatırım Şirketleri (PFIC)

PFIC Nedir? Gelirinin %75'inden fazlası pasif (faiz, temettü, sermaye kazancı vb.) olan veya varlıklarının %50'sinden fazlası pasif gelir üreten herhangi bir yabancı şirkettir.

Neden Kritik? Türkiye'deki neredeyse tüm yatırım fonları (yatırım fonları) ve birçok Bireysel Emeklilik Sistemi (BES) fonu bu tanıma uyar.

Cezalandırıcı Vergilendirme: PFIC kazançları, %15-20'lik sermaye kazancı oranları yerine, %37'ye varan normal gelir vergisi oranları üzerinden vergilendirilir.

Faiz Cezası: Geçmiş yıllara ait vergi borcu üzerinden ek bir faiz cezası uygulanır.

Form 8621 Zorunluluğu: Sahip olunan her bir PFIC fonu için ayrı ayrı Form 8621 doldurulmalıdır.

Ağır Ceza: Doldurulmayan her form için yıllık 10,000 dolar ceza uygulanır.

Form 2555 ve Form 1116: Yurtdışı Gelirleri İçin Vergi Avantajları

Form 2555 (Foreign Earned Income Exclusion): Yurtdışında yaşayan ve çalışan mükelleflerin, 2025 yılı için 130,000 dolara kadar olan maaş gelirini ABD vergisinden istisna etmelerini sağlar. Bu istisnayı talep etmek için Form 2555 doldurmak zorunludur.

Form 1116 (Foreign Tax Credit): Türkiye'de ödediğiniz gelir vergilerini, ABD vergi borcunuzdan düşmenizi sağlar. Bu kredi çifte vergilendirmeyi önleyen en önemli mekanizmadır. Yabancı ülke vergi kredisini talep etmek için Form 1116 doldurmak zorunludur.

Form 8833: Anlaşmaya Dayalı Pozisyonların Bildirimi

Nedir? Türkiye-ABD Vergi Anlaşması'nın standart kurallardan farklı bir hükmünden yararlanıyorsanız, bu durumu IRS'e bildirmek için kullanılır.

Ne Zaman Gerekir?

Türkiye'den alınan emekli maaşının ABD'de vergiden muaf olduğunu iddia ederken.

Anlaşmanın "tie-breaker" kurallarını kullanarak ABD'de yerleşik olmadığınızı iddia ederken.

Anlaşmanın sağladığı daha düşük stopaj oranlarından (temettü, faiz) yararlanırken.

Ceza: Bu formu doldurmamanın cezası, her bir pozisyon için 1,000 dolardır.

4.6 Uyumsuzluk Durumunda Çözüm Yolları: Af Programları

Eğer geçmişte FBAR veya diğer raporlama yükümlülüklerinizi yerine getirmediğinizi fark ederseniz, panik yapmayın. IRS, durumu fark edip kendi isteğiyle düzeltmek isteyen iyi niyetli mükellefler için çeşitli "af" programları sunmaktadır.

Streamlined Filing Compliance Procedures (Kolaylaştırılmış Uyum Prosedürleri): Bu, en yaygın ve en avantajlı programdır. Özellikle uyumsuzluğun "kasıtlı olmadığını" (non-willful) kanıtlayabilen, yani vergi kanunlarını bilmediği veya yanlış anladığı için hata yapan mükellefler içindir.

Yurtdışında Yaşayanlar İçin (Streamlined Foreign Offshore):

Gereklilikler: Son 3 yılın gecikmiş veya düzeltilmiş vergi beyannamelerini ve son 6 yılın gecikmiş FBAR'larını göndermek. Ve uyumsuzluğunuzun neden kasıtlı olmadığını açıklayan bir beyan (Form 14653) imzalamak.

En Büyük Avantaj: Bu programa kabul edilirseniz, FBAR ihmali için uygulanan tüm cezalar tamamen kaldırılır. Sadece varsa, normal vergi borcunuzu ve faizini ödersiniz.

ABD'de Yaşayanlar İçin (Streamlined Domestic Offshore):

Gereklilikler: Yukarıdakilerle aynıdır, ancak ek olarak, yurtdışı varlıklarınızın en yüksek değerinin %5'i kadar bir ceza ödemeniz gerekir.

Bu programlar, IRS sizi bulmadan önce sizin harekete geçmeniz koşuluyla potansiyel olarak yüz binlerce dolarlık cezalardan kurtulmak için bir can simididir. Eğer uyumsuz bir durumunuz olduğundan şüpheleniyorsanız, derhal bu konuda deneyimli bir vergi avukatı veya uzmanı ile görüşmelisiniz.

4.7 Detaylı Vaka Çalışmaları

Teorik bilgileri somutlaştırmanın en iyi yolu, gerçek hayattan alınmış senaryolar üzerinden gitmektir. Bu bölümde, farklı profillerdeki Türk mükelleflerin karşılaştığı uyum zorluklarını ve bu zorlukları nasıl aştıklarını inceleyeceğiz.

Vaka 1: Tahmini Vergi Ödemeleri

Can Bey, Austin, Teksas'ta yaşayan serbest bir pazarlama danışmanıdır. Geliri proje bazlı olduğu için aydan aya önemli ölçüde değişiklik göstermektedir. Bazı aylar 20,000 dolar kazanırken, bazı aylar hiç geliri olmayabilir.

Uyum Zorluğu: Değişken gelir nedeniyle yıllık vergi borcunu tahmin etmek ve düzenli çeyreklik tahmini vergi ödemeleri yapmakta zorlanmaktadır. Yıl sonunda sürekli olarak büyük bir vergi borcu ve eksik ödeme cezası ile karşılaşmaktadır.

Çözüm Stratejisi: Yıllıklandırılmış Gelir Yöntemi (Annualized Income Method)

Standart tahmini vergi yöntemi (yıllık geliri tahmin edip 4'e bölmek), Can Bey gibi düzensiz geliri olanlar için iyi çalışmaz. Bunun yerine, IRS'in izin verdiği Yıllıklandırılmış Gelir Yöntemi'ni kullanabilir. Bu yöntem, her ödeme dönemi için gelirinizi o ana kadar kazandığınız tutara göre yeniden hesaplamanıza olanak tanır.

Süreç:

1. Çeyrek (1 Ocak - 31 Mart): Bu dönemdeki gelirinizi yıllıklandırarak (x4) verginizi hesaplar ve 15 Nisan'da bu tutarı ödersiniz.

2. Çeyrek (1 Ocak - 31 Mayıs): İlk 5 aydaki gelirinizi yıllıklandırarak (x12/5) tüm yıl için yeni bir vergi tahmini yaparsınız. Bu tutardan ilk çeyrekte ödediğinizi düşerek 15 Haziran'da ödemeniz gereken tutarı bulursunuz.

Bu süreç 3. ve 4. çeyrekler için de tekrarlanır.

Avantajı: Bu yöntem, geliri kazandıkça vergi ödemenizi sağlar ve nakit akışınızı daha iyi yönetmenize yardımcı olur. Gelirinizin düşük olduğu dönemlerde daha az, yüksek olduğu dönemlerde daha fazla ödeme yaparsınız. Bu yöntemin kullanıldığını göstermek için beyanname ile birlikte Form 2210, Underpayment of Estimated Tax'ın doldurulması gerekir.

Vaka 2: Çifte Vatandaş Öğrenci - FBAR ve Form 8938 Karmaşası

Turan hem Türk hem de ABD vatandaşıdır. California'da bir üniversitede okumaktadır. Ailesi, Türkiye'deki birikimlerinden onun adına açtıkları ve okul masrafları için kullandıkları bir banka hesabına para göndermektedir. Bu hesabın bakiyesi yıl içinde 50,000 dolara ulaşmıştır.

Uyum Zorluğu: Turan öğrenci olduğu ve ABD'de bir geliri olmadığı için vergi beyannamesi vermesi gerekmediğini düşünmektedir. Dolayısıyla, Türkiye'deki hesaptan da haberdar değildir veya raporlaması gerektiğini bilmemektedir.

Risk: Turan bir ABD vatandaşı olduğu için, geliri olmasa bile belirli durumlarda raporlama yükümlülüklerine tabidir. Türkiye'deki hesabın değeri 10,000 doları aştığı için FBAR raporlaması yapmak zorundadır.

Eğer ailesi onun adına Türkiye'de başka yatırımlar da yapmışsa (örneğin, bir yatırım fonu) ve bu varlıkların toplam değeri belirli eşikleri aşıyorsa, vergi beyannamesi verip Form 8938 (FATCA) doldurması da gerekebilir.

Çözüm Stratejisi:

Farkındalık: ABD vatandaşlığının, gelirden bağımsız olarak raporlama yükümlülükleri getirebileceğini anlamak.

Durum Tespiti: Ailesiyle konuşarak Türkiye'de kendi adına olan tüm finansal hesap ve varlıkların bir listesini ve yıllık maksimum değerlerini çıkarmak.

Geçmişe Dönük Uyum: Eğer önceki yıllarda FBAR yükümlülüğünü yerine getirmediyse, durumu kasıtlı olmadığı için Delinquent FBAR Submission Procedures (Gecikmiş FBAR Beyan Prosedürleri) veya Streamlined Procedures aracılığıyla cezasız bir şekilde düzeltmek.

İleriye Yönelik Sistem: Her yıl düzenli olarak Türkiye'deki varlıklarının değerini kontrol etmek ve FBAR/FATCA raporlamalarını zamanında yapmak için bir takvim oluşturmak.

Vaka 3: Emekli ve Türkiye'ye Taşınan Yeşil Kart Sahibi

Mehmet Bey, 20 yıl ABD'de çalıştıktan sonra emekli olmuş ve Yeşil Kart sahibi olarak Türkiye'ye kesin dönüş yapmıştır. ABD'den Social Security emekli maaşı ve bir 401(k) emeklilik hesabından düzenli dağıtım almaktadır. Türkiye'de ise bir evi ve banka hesapları vardır.

Uyum Zorluğu: Mehmet Bey, artık Türkiye'de yaşadığı için sadece ABD'den gelen emeklilik gelirini beyan etmesi gerektiğini, Türkiye'deki hayatıyla ilgili bir raporlama yapmasına gerek olmadığını düşünmektedir.

Risk: Bu, çok yaygın ve maliyetli bir hatadır. Mehmet Bey, Yeşil Kart sahibi olduğu sürece, fiziksel olarak nerede yaşadığına bakılmaksızın bir ABD vergi yerleşiğidir. Bu, onun:

ABD'den aldığı emekli maaşı ve 401(k) dağıtımlarını,

Türkiye'deki banka hesaplarından elde ettiği faiz gelirlerini,

Türkiye'deki evini kiraya verirse kira gelirini,

Tüm küresel gelirini Form 1040 üzerinden beyan etmesi gerektiği anlamına gelir.

Ayrıca, Türkiye'deki finansal hesapları için FBAR ve FATCA raporlaması yapması gerekir.

Çözüm Stratejisi:

Statünün Anlaşılması: Yeşil Kart'ın vergi açısından ömür boyu bir küresel vergi yükümlülüğü getirdiğini kabul etmek.

Vergi Anlaşmasından Yararlanma: Türkiye-ABD Vergi Anlaşması, Social Security gibi emeklilik gelirlerinin vergilendirilmesi konusunda özel kurallar içerebilir. Anlaşmaya göre, bu gelirin sadece ikamet edilen ülkede (Türkiye) vergilendirilmesi mümkün olabilir. Bu, ABD beyannamesinde bu gelirin raporlanacağı ancak anlaşma uyarınca vergiden muaf tutulabileceği anlamına gelir (Form 8833, Treaty-Based Return Position Disclosure).

Yeşil Karttan Vazgeçme (Expatriation) Kararı: Eğer Mehmet Bey, ABD ile bağlarını tamamen koparmak ve bu küresel vergi yükümlülüğünden kurtulmak istiyorsa, Yeşil Kartından resmi olarak vazgeçmeyi düşünebilir. Ancak bu kararın da kendi vergi sonuçları vardır. Belirli bir net varlığa veya gelir seviyesine sahip olan "kapsam dahilindeki gurbetçiler" (covered expatriates), ABD vergi sisteminden çıkarken bir "çıkış vergisi" (exit tax) ödemek zorunda kalabilirler. Bu, tüm varlıklarının satılmış gibi kabul edilip değer artış kazancı üzerinden vergilendirilmesi anlamına gelir. Bu, çok ciddi bir karar olup mutlaka bir vergi avukatıyla planlanmalıdır.

Bu vakalar, ABD vergi uyumunun kişisel durumlara ne kadar bağlı olduğunu ve "herkese uyan tek bir çözüm" olmadığını göstermektedir. Uyum, kişinin vatandaşlık durumu, ikamet yeri, gelir türleri ve varlık yapısının bir fonksiyonudur. Bu nedenle, en güvenli yaklaşım, kendi durumunuzu bir profesyonelle değerlendirmek ve size özel bir uyum stratejisi oluşturmaktır.

Bu bölümde ele aldığımız gibi, ABD vergi uyum sistemi karmaşık ve katı kurallarla doludur. Kritik tarihler, çok sayıda form, ağır cezalar ve özellikle uluslararası unsurlar, süreci göz korkutucu hale getirebilir.

Ancak, bu sisteme farklı bir perspektiften bakmak da mümkündür. Uyum, sadece bir yükümlülükler listesi değil, aynı zamanda finansal hayatınız üzerinde tam bir kontrol ve netlik sağlayan bir çerçevedir. Uyumlu olmak demek:

Finansal Farkındalık: Tüm gelir kaynaklarınızı, giderlerinizi ve varlıklarınızı nct bir şekilde bilmek demektir.

Risk Yönetimi: Beklenmedik cezalar, faizler ve denetimlerle karşılaşma riskini ortadan kaldırmak demektir.

Fırsatları Yakalama: Vergi sisteminin sunduğu yasal avantajları (kesintiler, krediler, istisnalar) tam olarak kullanarak vergi yükünüzü optimize etmek demektir.

Geleceği Planlama: Emeklilik, yatırım ve servet transferi gibi uzun vadeli finansal hedeflerinizi sağlam bir temel üzerine inşa etmek demektir.

4.8 Diğer Kritik Uluslararası Raporlama Formları

FBAR ve FATCA, uluslararası uyumun en bilinen parçaları olsa da, resmin tamamı değildir. IRS, ABD mükelleflerinin yurtdışındaki daha karmaşık finansal yapılarını ve faaliyetlerini izlemek için bir dizi başka özel form da talep etmektedir. Bu formları ihmal etmek, FBAR/FATCA ihmali kadar ağır cezalara yol açabilir. Özellikle yurtdışında bir iş kuran, bir aile şirketine ortak olan veya yurtdışından hediye/miras alan Türk mükellefler için bu formlar hayati önem taşır.

Form 5471: Belirli Yabancı Şirketlere İlişkin Bilgi Beyanı

Nedir? Bu form, ABD kişilerinin kontrol ettiği veya belirli bir oranda hissesine sahip olduğu yabancı şirketler hakkında detaylı finansal bilgi (bilanço, gelir tablosu vb.) sağlamak için kullanılır. Bu, IRS'in yurtdışı şirketler aracılığıyla vergi erteleme veya kaçırma girişimlerini izlemesine olanak tanır.

Kimler Doldurmalı? Çok karmaşık kuralları vardır, ancak genel olarak, bir yabancı şirketin oy hakkının veya değerinin %10 veya daha fazlasına sahip olan veya şirketi kontrol eden (toplamda %50'den fazla ABD'li hissedar) bir ABD kişisi.

Vaka Örneği: ABD'de yaşayan ve aynı zamanda Türkiye'deki aile şirketinin %25 hissesine sahip olan bir mühendis, her yıl Form 5471 doldurmak zorundadır. Bu form, neredeyse tam bir şirket vergi beyannamesi kadar karmaşıktır.

Ceza: Zamanında doldurulmaması için temel ceza 10,000 dolardır. IRS bildiriminden sonra devam eden ihmal, cezayı her 30 gün için ek 10,000 dolar (maksimum 50,000 dolara kadar) artırabilir.

Form 8865: Belirli Yabancı Ortaklıklara İlişkin Beyanname

Nedir? Form 5471'in şirketler için olan versiyonunun, yabancı ortaklıklar (partnerships) için olan karşılığıdır.

Kimler Doldurmalı? Bir yabancı ortaklığı kontrol eden veya ortaklıkta %10 veya daha fazla payı olan ABD'li ortaklar.

Ceza: Form 5471 ile aynıdır (10,000 dolar temel ceza).

Form 3520: Yabancı Vakıflarla İşlemleri ve Yabancılardan Belirli Hediyeleri Raporlama

Bu form iki ana durumu kapsar ve Türk mükellefler için çok yaygındır.

1. Yabancılardan Alınan Hediyeler veya Miraslar:

Kimler Doldurmalı? Bir takvim yılı içinde, yerleşik olmayan bir yabancı kişiden veya kuruluştan toplamda 100,000 doları aşan bir hediye veya miras alan bir ABD kişisi bu formu doldurmalıdır.

Vaka Örneği: Türkiye'de yaşayan ailesi, ABD'de ev alması için kızları Ayşe'ye 150,000 dolar gönderir. Ayşe'nin bu parayı gelir olarak beyan etmesi gerekmez, ancak bu işlemi Form 3520 ile IRS'e bildirmesi zorunludur.

Ceza: Raporlanmayan hediye veya miras tutarının %5'i oranında aylık ceza uygulanır, maksimum ceza tutarın %25'ine ulaşabilir. Ayşe'nin durumunda bu, 37,500 dolara kadar bir ceza anlamına gelebilir.

2. Yabancı Vakıflarla (Trusts) İşlemler:

Bir yabancı vakfın sahibi olmak veya bu vakıftan dağıtım almak gibi durumlar da bu formla raporlanır. Bu, özellikle servet planlaması için yurtdışında trust yapıları kuran aileler için geçerlidir.

Form 3520-A: Yabancı bir Vakfın ABD'li Sahiplerine İlişkin Yıllık Bilgi Beyanı

Nedir? Bir ABD kişisinin sahibi olduğu kabul edilen herhangi bir yabancı vakfın (foreign grantor trust) kendisi tarafından doldurulması gereken bir bilgi beyanıdır.

Ceza: Zamanında doldurulmaması durumunda ceza, vakfın brüt varlıklarının %5'i kadardır.

Bu formlar, ABD vergi sisteminin küresel erişiminin ne kadar derin olduğunu göstermektedir. "Bilmiyordum" demek, IRS için geçerli bir mazeret değildir ve bu formların ihmali, basit bir vergi borcundan çok daha büyük finansal cezalara yol açabilir. Uluslararası bağlantıları olan her mükellefin, yıllık olarak bir vergi profesyoneli ile durumunu gözden geçirerek bu raporlama yükümlülüklerinden herhangi birine tabi olup olmadığını kontrol etmesi kritik bir zorunluluktur.

4.9 Sık Yapılan Hatalar: Derinlemesine Vaka Analizleri

Teoride bir hatayı bilmek ile o hatanın gerçek dünyada nasıl bir finansal çığa dönüşebileceğini görmek arasında büyük bir fark vardır. Bu bölümde, en yaygın ve en maliyetli uyum hatalarını, detaylı vaka analizleri üzerinden inceleyerek somut dersler çıkaracağız.

Vaka Analizi 1: Eksik Gelir Beyanı ve IRS'in Otomatik Eşleştirme Sistemi (CP2000)

Serap Hanım, bir şirkette tam zamanlı pazarlama müdürü olarak çalışmakta (W-2 geliri) ve aynı zamanda hafta sonları bir online platform üzerinden freelance grafik tasarım hizmetleri vermektedir. 2024 yılında, W-2 maaşı 90,000 dolar ve freelance işlerinden toplam 15,000 dolar kazanmıştır. Bu 15,000 dolarlık gelir, üç farklı müşteriden gelmiş ve her biri için ayrı 1099-NEC formu düzenlenmiştir.

Hata: Serap Hanım, vergi beyannamesini hazırlarken sadece ana işinden gelen W-2 formunu kullanmış ve freelance gelirini beyan etmeyi tamamen unutmuştur. "Bu küçük bir ek gelir, zaten platform komisyon kesiyor, önemli değildir" diye düşünmüştür.

Sonuç (8-12 Ay Sonra): Serap Hanım, IRS'ten CP2000 Bildirimi alır. Bu, bir denetim bildirimi değildir, ancak IRS'in bilgisayar sistemlerinin, kendisine raporlanan gelir (müşterilerin gönderdiği 1099 formları) ile Serap Hanım'ın beyan ettiği gelir arasında bir uyuşmazlık tespit ettiğini bildiren otomatik bir mektuptur.

Bildirimin İçeriği:

Eksik Beyan Edilen Gelir: 15,000 dolar

Bu Gelir Üzerinden Hesaplanmış Ek Gelir Vergisi: 3,300 dolar (Serap Hanım'ın %22'lik vergi diliminde olduğu varsayılarak)

Bu Gelir Üzerinden Hesaplanmış Ek Serbest Meslek Vergisi (Social Security & Medicare): 15,000 x %92.35 x %15.3 = $2,120

Toplam Ek Vergi: 3,300 + 2,120 = $5,420.

Geç Ödeme Cezası: 5,420 dolar üzerinden, 15 Nisan 2025'ten bildirimin gönderildiği tarihe kadar (örneğin 10 ay) aylık %0.5 ceza (5,420 x %0.5 x 10 ay = $271).

Faiz: Hem ek vergiye hem de cezaya işleyen faiz (örneğin, 350 dolar)

Toplam Maliyet: Serap Hanım'ın beyan etmeyi unuttuğu 15,000 dolarlık gelir, ona 6,041 dolar (5,420 + 271 + 350) tutarında bir borç olarak geri dönmüştür. Unutulan gelirin neredeyse %40'ı kadar bir ek maliyet.

Önleme Stratejisi ve Ders:

Gelir Takip Sistemi: Yıl boyunca gelen tüm ödemeleri (W-2, 1099, veya form olmadan gelenler) bir Excel tablosunda veya muhasebe yazılımında takip edin.

Tüm Formları Bekleyin: Beyannamenizi hazırlamadan önce, 31 Ocak sonrasını bekleyerek tüm gelir formlarınızın elinize ulaştığından emin olun.

"Küçük Gelir" Diye Bir Şey Yoktur: ABD vergi sisteminde, yasal olarak istisna tutulmadığı sürece her türlü gelir vergiye tabidir. Bir gelir için 1099 formu almasanız bile, o geliri beyan etme yasal yükümlülüğünüz devam eder.

Vaka Analizi 2: Yanlış Beyan Statüsü - Hane Reisi (Head of Household) Hatası

Ali Bey, boşanmış bir babadır ve 10 yaşındaki oğlu haftanın üç günü kendisiyle kalmaktadır. Oğlu için tüm masraflara ortak olmaktadır. Yıllık geliri 80,000 dolardır.

Hata: Ali Bey, oğluyla birlikte yaşadığı ve masraflarına katıldığı için, kendisine daha yüksek bir standart kesinti ve daha avantajlı vergi dilimleri sunan "Hane Reisi" (Head of Household - HoH) statüsünü seçmiştir. Ancak, boşanma anlaşmasına göre çocuğun "velayetinin" (custodial parent) annesinde olduğu ve çocuğun yılın çoğunluğunu (183 günden fazla) annesiyle geçirdiği belirtilmiştir.

Sonuç: IRS, Ali Bey'in eski eşinin de aynı çocuk için beyanda bulunduğunu (muhtemelen Çocuk Vergi Kredisi için) fark eder. Sistem, aynı çocuğun iki farklı beyannamede "hak kazandıran çocuk" (qualifying child) olarak kullanıldığını tespit eder ve her iki beyannameyi de incelemeye alır. Ali Bey'e bir yazışma denetimi bildirimi gönderilir.

Denetimin Bulgusu: HoH statüsü için temel gerekliliklerden biri, hak kazandıran kişinin yılın yarısından fazlasını (183 günden fazla) sizinle birlikte yaşamasıdır. Ali Bey bu kuralı sağlamamaktadır. Ayrıca, çocuğun velayetine sahip olan ebeveyn HoH statüsünü talep etme hakkına sahiptir.

Vergisel Etki:

Ali Bey'in statüsü HoH'den Bekar (Single) statüsüne çevrilir. 2026 yılı değerleriyle, HoH için standart kesinti (23,625 dolar) yerine Bekar için standart kesinti (15,750 dolar) kullanması gerekir. Bu, vergiye tabi gelirini 8,050 dolar artırır. Hane Reisi için daha geniş olan alt vergi dilimlerinden yararlanamaz.

Sonuç: Bu statü değişikliği, Ali Bey için 1,500 dolar ile 2,000 dolar arasında bir ek vergi borcu, artı faiz ve doğrulukla ilgili %20'lik bir ceza anlamına gelir.

Önleme Stratejisi ve Ders:

Kuralları Detaylı Okuyun: Her beyan statüsünün çok spesifik kuralları vardır. Özellikle Hane Reisi ve Bakmakla Yükümlü Olunan Kişi (Qualifying Child/Relative) tanımlarını dikkatlice okuyun.

Boşanma ve Velayet Anlaşmalarını İnceleyin: Boşanmış ebeveynler için, vergi amaçlı hakların (çocuğu kimin bakmakla yükümlü olarak göstereceği, kimin HoH olacağı vb.) boşanma anlaşmasında net bir şekilde belirtilmesi en temiz yoldur.

IRS İnteraktif Vergi Asistanı (Interactive Tax Assistant - ITA): IRS'in web sitesindeki bu araç, size bir dizi soru sorarak doğru beyan statüsünü belirlemenize yardımcı olabilir.

Vaka Analizi 3: Belge Eksikliği - Ev Ofisi ve Araç Giderleri

Mine Hanım, bir mimarlık firmasındaki işinden ayrılarak kendi iç mimarlık danışmanlık işini kurmuştur. Evinin bir odasını ofis olarak kullanmakta ve müşteri ziyaretleri için kişisel arabasını kullanmaktadır.

Hata: Mine Hanım, yıl sonunda vergi beyannamesini hazırlarken, evinin %20'sini ofis olarak kullandığını tahmin ederek buna göre ev ofisi kesintisi (kira, elektrik, internet giderlerinin %20'si) talep etmiştir. Ayrıca, yıl boyunca iş için 10,000 mil yol yaptığını tahmin ederek standart kilometre oranı üzerinden araç gideri kesintisi beyan etmiştir. Ancak, bu tahminlerini destekleyecek hiçbir yazılı kayıt tutmamıştır.

Sonuç: Mine Hanım'ın beyannamesi, yeni bir Schedule C işletmesi olması ve yüksek oranda gider beyan etmesi nedeniyle bir ofis denetimi için seçilir. Denetçi, ev ofisi ve araç giderleri için destekleyici belgeleri talep eder.

Denetimin Bulgusu: Mine Hanım, denetçiye ne bir kilometre defteri (logbook) ne de evinin ofis olarak kullanılan bölümünün münhasıran iş için kullanıldığını kanıtlayan fotoğraflar veya bir kat planı sunamamıştır. Sadece kredi kartı ekstrelerindeki benzin ve ofis malzemesi harcamalarını gösterebilmiştir.

Vergisel Etki: Denetçi, yeterli kanıt olmadığı için hem ev ofisi kesintisinin tamamını hem de araç giderleri kesintisinin tamamını reddeder. Bu, Mine Hanım'ın vergiye tabi gelirini on binlerce dolar artırır ve önemli bir ek vergi, faiz ve %20'lik doğrulukla ilgili ceza ile sonuçlanır.

Önleme Stratejisi ve Ders:

Çağdaş Kayıtlar (Contemporaneous Records): IRS, denetim sırasında en çok "çağdaş kayıtlara" değer verir. Yani, olayın gerçekleştiği sırada tutulan kayıtlara. Yıl sonunda yapılan tahminler geçerli değildir.

Kilometre Takibi: Araç kullanmaya başladığınız anda bir kilometre takip uygulaması (MileIQ, Everlance vb.) kullanın veya arabada basit bir defter tutun. Her iş seyahati için tarih, başlangıç/bitiş kilometresi, toplam mil ve seyahatin amacı kaydedilmelidir.

Ev Ofisi Kanıtı: Ev ofisinizin fotoğraflarını çekin. Odanın sadece iş için kullanıldığını (içinde kişisel bir TV veya yatak olmadığını) gösterin. Evinizin toplam metrekaresini ve ofis olarak kullanılan alanın metrekaresini ölçerek kesinti oranınızı belgeleyin.

Basitleştirilmiş Yöntem: Eğer detaylı kayıt tutmak zorsa, ev ofisi için "basitleştirilmiş yöntemi" (simplified method) kullanmayı düşünün. Bu yöntem, kanıtlanmış giderler yerine, ofis olarak kullanılan alanın her metrekaresi için belirli bir dolar tutarında (örneğin, her square feet için 5 dolar maksimum 300 sq ft için 1,500 dolar) kesinti yapmanıza olanak tanır. Bu daha az kesinti hakkı verse de, denetim riskini ve belge yükünü önemli ölçüde azaltır.

4.10 Proaktif Vergi Planlaması: Uyumun Ötesine Geçmek

Vergi uyumu, kurallara uymak ve cezalardan kaçınmak anlamına gelir. Vergi planlaması ise, bu kurallar çerçevesinde yasal olarak mümkün olan en az vergiyi ödemek için stratejiler geliştirmektir. Uyum reaktif, planlama ise proaktiftir. Gerçek finansal başarı, uyumun ötesine geçip proaktif planlama aşamasına ulaşmakla mümkündür.

Yıl Sonu Vergi Planlama Hamleleri

Takvim yılının son çeyreği (Ekim-Aralık), vergi durumunuzu önemli ölçüde etkileyebilecek hamleler yapmak için son fırsattır.

Gelir ve Gider Zamanlaması (Income and Expense Timing):

Geliri Erteleme: Eğer bu yılki vergi diliminizin gelecek yıl daha düşük olacağını öngörüyorsanız (örneğin, bir iş değişikliği veya emeklilik nedeniyle), mümkünse bazı gelirlerinizi (örneğin, bir müşteri faturasını) Ocak ayına kadar ertelemeyi düşünebilirsiniz. Bu planlama gelirin daha düşük bir oranda vergilendirilmesini sağlar.

Giderleri Hızlandırma: Tam tersi bir şekilde, bu yıl vergi diliminiz yüksekse, gelecek yıl yapmayı planladığınız bazı giderleri (örneğin, yeni bir iş bilgisayarı satın almak, mesleki bir eğitime kaydolmak, hayırseverlik bağışı yapmak) 31 Aralık'tan önce yaparak bu yılki vergi matrahınızı düşürebilirsiniz.

Sermaye Kazançlarını Yönetme (Capital Gain Harvesting):

Yatırım portföyünüzde, yıl içinde sattığınız ve kar ettiğiniz hisse senetleri varsa, bu sermaye kazançlarını dengelemek için portföyünüzdeki zararda olan bazı hisseleri satmayı düşünebilirsiniz. Bu işleme "vergi kaybı hasadı" (tax-loss harvesting) denir. Gerçekleşen zararlar, gerçekleşen kazançları netleştirir. Yıllık olarak 3,000 dolara kadar olan net sermaye zararı, normal gelirinize (maaş gibi) karşı da kullanılabilir.

Emeklilik Hesaplarını Maksimuma Çıkarma:

Yıl sonu, 401(k) veya IRA gibi vergi avantajlı emeklilik hesaplarınıza yaptığınız katkıları gözden geçirmek için mükemmel bir zamandır. Eğer yıllık limitin altındaysanız, son aylarda katkı payınızı artırarak hem emekliliğiniz için daha fazla birikim yapabilir hem de bu yılki vergiye tabi gelirinizi düşürebilirsiniz.

İşletme Yapısı Optimizasyonu

Serbest meslek sahipleri için, işletme yapısı seçimi en önemli vergi planlama kararlarından biridir. Başlangıçta "şahıs işletmesi" (sole proprietorship) olarak başlanır, ancak gelir arttıkça bu yapı vergi açısından verimsiz hale gelebilir.

Şahıs İşletmesi (Sole Proprietorship): Tüm net kar, hem gelir vergisine hem de %15.3'lük serbest meslek vergisine tabidir.

S Corporation (S-Corp) Seçimi: Geliriniz belirli bir seviyeyi aştığında (net kar 60,000 doları geçince) işletmeniz için IRS'e Form 2553 doldurarak S-Corp olarak vergilendirilmeyi seçebilirsiniz. Bu yapıda, kendinize "makul bir maaş" (reasonable salary) ödersiniz. Sadece bu maaş serbest meslek vergisine tabidir. Maaşın üzerindeki kar ise sadece gelir vergisine tabidir, bu kar üzerinden serbest meslek vergisi ödemezsiniz.

Vaka Karşılaştırması:

Profil: Net karı 150,000 dolar olan bir danışman.

Şahıs İşletmesi Olarak: 150,000 doların tamamı serbest meslek vergisine tabidir. (23,000 dolar vergi)

S-Corp Olarak: Kendisine 80,000 dolar makul maaş öder. Sadece bu 80,000 dolar FICA vergisine tabidir (12,240 dolar vergi). Geriye kalan 70,000 dolar kar, FICA vergisinden muaftır.

Yıllık Tasarruf: 10,760 dolar Bu, sadece bir form doldurarak elde edilen yasal bir vergi tasarrufudur.

Hayırseverlik Bağışlarının Stratejik Planlanması

Ayrıntılı kesintileri (itemized deductions) seçen mükellefler için hayırse-verlik bağışları önemli bir vergi kalkanı olabilir. Ancak bu bağışları planla-mak, etkinliğini artırır.

Giderleri Birleştirme (Bunching): Standart kesinti tutarları son yıl-larda oldukça yükseldiği için, birçok mükellef her yıl ayrıntılı kesinti yapma sınırını aşamaz. "Bunching" stratejisi, birkaç yıl boyunca yapmayı plan-ladığınız hayırseverlik bağışlarını tek bir yıla yığmaktır. Bu şekilde, o yıl standart kesintiyi önemli ölçüde aşarak büyük bir vergi avantajı elde eder-siniz. Sonraki bir veya iki yıl ise standart kesintiyi kullanırsınız.

Değerlenmiş Varlıkları Bağışlama (Donating Appreciated As-sets): Nakit bağışlamak yerine, bir yıldan uzun süredir elinizde tuttuğunuz ve değeri artmış olan hisse senetleri veya yatırım fonları gibi varlıkları doğrudan bir hayır kurumuna bağışlamak, en verimli vergi stratejilerinden biridir. Bu durumda iki büyük avantaj elde edersiniz:

Varlığın bugünkü piyasa değeri üzerinden tam bir kesinti hakkı kazanırsınız.

Bu varlığı satsaydınız ödemeniz gerekecek olan sermaye kazancı vergisi-ni hiçbir zaman ödemezsiniz.

Bu proaktif stratejiler, vergi uyumunu bir zorunluluktan bir fırsata dönüştürür. Vergi kanunlarının sadece ne yapmamanız gerektiğini değil, aynı zamanda finansal hedeflerinize ulaşmak için size hangi yasal yolları sunduğunu da anlamanızı sağlar. Bu, bir vergi mükellefi olarak en üst düzeyde finansal olgunluğa ulaşmak demektir.

4.11 Federal Uyumun Ötesi: Eyalet Vergisi Yükümlülük-leri

ABD vergi sisteminin karmaşıklığı, federal düzeyde (IRS) bitmez. ABD, 50 farklı eyaletten oluşan bir federasyondur ve bu eyaletlerin büyük çoğunluğunun kendi vergi kanunları, kendi vergi daireleri ve kendi beyanname formları vardır. Federal vergi uyumunu mükemmel bir şekilde sağlasanız bile, eyalet yükümlülüklerini ihmal etmek ciddi finansal ve yasal sorunlara yol açabilir. Türk mükellefler için bu, özellikle birden fazla eyalette çalıştıklarında veya yaşadıklarında önemli bir karmaşıklık katmanı ekler.

Eyalet Gelir Vergisi: Genel Bakış

Eyaletler, gelir vergisi konusunda temel olarak üçe ayrılır:

Gelir Vergisi Olmayan Eyaletler: Alaska, Florida, Nevada, New Hampshire, Güney Dakota, Tennessee, Teksas, Washington ve Wyoming. Bu eyaletlerde yaşamak, eyalet düzeyinde bir gelir vergisi beyannamesi verme veya ödeme yapma zorunluluğunuz olmadığı anlamına gelir. Bu durum, bu eyaletleri vergi açısından cazip hale getirir, ancak bu daha yüksek emlak vergileri veya satış vergileri ile dengelenir.

Not: New Hampshire ve Tennessee daha önce sadece faiz ve temettü gelirini vergilendiriyordu. Ancak her iki eyalet de bu vergileri kaldırmıştır. (Tennessee 2021'de, New Hampshire ise 1 Ocak 2025'te) Artık her iki eyalet de tamamen gelir vergisi almamaktadır.

Gelir Vergisi Olan Eyaletler: Geriye kalan 41 eyalet ve Washington D.C., çeşitli oranlarda gelir vergisi uygular. Bu oranlar, California, New York, New Jersey gibi eyaletlerde %10'u aşabilirken, diğerlerinde daha düşüktür.

İkamet (Residency) ve Kaynak (Source): İki Temel Kavram

Bir eyalete vergi borcunuz olup olmadığını iki temel ilke belirler: ikamet ve kaynak.

İkamet (Residency): Eğer bir eyaletin "vergi mukimi" (tax resident) iseniz, o eyalet tıpkı IRS'in yaptığı gibi, dünya çapındaki tüm gelirinizi vergilendirme hakkına sahip olduğunu iddia eder. İkamet, o eyalette daimi bir evinizin olması (domicile) veya yılın belirli bir süresinden (183 günden) fazla zaman geçirmenizle belirlenir.

Kaynak (Source): Bir eyaletin mukimi olmasanız bile, o eyaletteki bir "kaynaktan" gelir elde ederseniz, o gelir üzerinden o eyalete vergi ödemeniz gerekebilir. Buna "yerleşik olmayan" (nonresident) beyannamesi denir.

Vaka Analizi:

Profil: Levent Bey, gelir vergisi olmayan Teksas'ta yaşamaktadır. Ancak, bir yönetim danışmanı olarak, yılın üç ayını California'daki bir müşteri için çalışarak geçirmiştir. Bu projeden 50,000 dolar kazanmıştır.

Vergi Durumu:

Federal (IRS): Levent Bey, tüm gelirini Form 1040 üzerinden federal hükümete beyan eder.

Teksas Eyaleti: Teksas'ta gelir vergisi olmadığı için, Teksas'a herhangi bir gelir vergisi beyannamesi vermez.

California Eyaleti: Levent Bey, California'da ikamet etmemektedir. Ancak, California'daki bir kaynaktan 50,000 dolar gelir elde etmiştir. Bu nedenle, California'ya bir "Yerleşik Olmayan Beyannamesi" (Nonresident Tax Return - Form 540NR) vermek ve bu 50,000 dolar üzerinden California gelir vergisi ödemek zorundadır.

Hata: Levent Bey'in, "Ben Teksas'ta yaşıyorum, vergi yok" diyerek California'daki yükümlülüğünü göz ardı etmesi. Bu, California Vergi Dairesi'nin (Franchise Tax Board - FTB) birkaç yıl sonra kendisini faiz ve cezalarla bulmasına neden olabilir.

Taşınma ve Çifte Vergilendirme Riski

Yıl içinde bir eyaletten diğerine taşınmak, en karmaşık eyalet vergisi senaryolarından birini yaratır. Her iki eyalete de bir "Kısmi Yıl Mukimi" (Part-Year Resident) beyannamesi vermeniz gerekir.

Süreç: Yılı ikiye ayırmanız gerekir. İlk eyalette yaşadığınız dönemde elde ettiğiniz tüm geliri o eyalete beyan edersiniz. İkinci eyalete taşındıktan sonra elde ettiğiniz tüm geliri ise ikinci eyalete beyan edersiniz.

Çifte Vergilendirme Riski: Bazı durumlarda, özellikle bir eyaletten ayrıldıktan sonra bile orada gelir elde etmeye devam ederseniz (örneğin, eski evinizi kiraya vermek), aynı gelirin hem yeni ikamet eyaletiniz (ikamet ilkesi gereği) hem de eski eyaletiniz (kaynak ilkesi gereği) tarafından vergilendirilmesi riski ortaya çıkar. Bu durumu çözmek için ikamet ettiğiniz eyalet, diğer eyalete ödediğiniz vergiler için bir kredi (credit for taxes paid to another state) almanıza izin verir. Ancak bu kredinin kuralları ve hesaplaması karmaşıktır.

4.12 Belge Yönetimi Sanatı: Denetime Hazır Bir Sistem Kurmak

ABD vergi sisteminde temel bir ilke vardır: "Eğer kanıtlayamazsan, o gideri düşemezsin." Bu ilke, belge yönetimini vergi uyumunun temel taşı haline getirir. IRS denetiminde başarı veya başarısızlık beyan ettiğiniz rakamların doğruluğundan çok, bu rakamları destekleyen belgelere sahip olup olmamanıza bağlıdır. İyi bir belge yönetim sistemi, sadece bir denetim sırasında sizi kurtarmakla kalmaz, aynı zamanda vergi hazırlık sürecini basitleştirir, finansal farkındalığınızı artırır ve size huzur verir.

Hangi Belgeler, Ne Kadar Süreyle Saklanmalı?

IRS, belgelerin ne kadar süreyle saklanması gerektiği konusunda net kurallar belirlemiştir. Bu süre, "zamanaşımı süresi" (statute of limitations) olarak bilinir ve IRS'in o vergi yılı için bir denetim başlatabileceği veya ek vergi talep edebileceği zaman aralığını ifade eder.

Temel Kural (3 Yıl): Çoğu durum için, beyannameyi verdiğiniz tarihten veya beyannamenin son tarihinden (hangisi daha geç ise) itibaren en az 3 yıl boyunca belgelerinizi saklamanız gerekir. Örneğin, 15 Nisan 2025'te verdiğiniz 2024 yılı beyannamenizin belgelerini en az 15 Nisan 2028'e kadar saklamalısınız.

Geliri %25'ten Fazla Eksik Beyan Etme Durumu (6 Yıl): Eğer brüt gelirinizi %25'ten fazla eksik beyan ettiyseniz, IRS'in denetim yapma süresi 6 yıla çıkar. Bu nedenle, tüm belgeleri 6 yıl saklamak daha güvenli bir yaklaşımdır.

Hileli Beyanname veya Beyanname Vermeme Durumu (Süresiz): Eğer IRS, hileli bir beyanname verdiğinizi kanıtlarsa veya hiç beyanname vermediyseniz, zamanaşımı süresi hiçbir zaman başlamaz. IRS, istediği zaman geriye dönük olarak denetim yapabilir.

Varlık Kayıtları (Mülkiyet Süresi + 3/6 Yıl): Ev, hisse senedi, yatırım amaçlı gayrimenkul gibi varlıkların alım-satımına ilişkin belgeler (alım sözleşmeleri, tapular, iyileştirme faturaları, satış sözleşmeleri) sadece 3 veya 6 yıl değil, varlığı elinizde tuttuğunuz süre boyunca VE sattıktan sonraki 3 veya 6 yıl boyunca saklanmalıdır. Çünkü bu belgeler, varlığı sattığınızda kar veya zararı doğru hesaplamak için gereklidir.

Saklanması Gereken Temel Belgeler:

Gelir Belgeleri: W-2 formları, 1099 formları (NEC, MISC, INT, DIV, B), K-1 formları, banka ekstreleri, müşteri faturaları.

Gider Belgeleri (Kesintiler ve Krediler İçin):

Makbuzlar ve Faturalar: Özellikle iş giderleri, tıbbi harcamalar, hayırseverlik bağışları için.

İptal Edilmiş Çekler ve Kredi Kartı Ekstreleri: Ödemenin yapıldığını kanıtlar, ancak tek başına giderin ne için yapıldığını kanıtlamaz. Bu nedenle makbuzla birlikte saklanmalıdır.

Kilometre Kayıtları: İş, tıbbi veya hayırseverlik amaçlı araç kullanımı için tarih, amaç ve mil içeren detaylı kayıtlar.

Ev Ofisi Giderleri: Kira/mortgage faizi, emlak vergisi, sigorta, elektrik, su, internet faturaları.

Vergi Beyannameleri: Verdiğiniz tüm federal, eyalet ve yerel vergi beyannamelerinin kopyaları.

Dijital Belge Yönetimi: Modern ve Güvenli Bir Yaklaşım

Fiziksel makbuz ve belgelerle dolu ayakkabı kutuları devri sona erdi. Dijital bir belge yönetim sistemi kurmak, hem daha güvenli hem de çok daha verimlidir.

Adım 1: Dijitalleştirme Alışkanlığı Edinin

Tarayıcı Uygulamaları: Akıllı telefonunuzu bir tarayıcıya dönüştürün. Expensify, Zoho Expense, veya hatta telefonunuzun kendi notlar uygulamasının tarama özelliğini kullanarak her makbuzu veya belgeyi elinize geçtiği anda tarayın.

İsimlendirme Kuralı Oluşturun: Dosyaları kaydederken tutarlı bir isimlendirme kuralı kullanın. Örneğin: YYYY-AA-GG_SatıcıAdı_Tutar .pdf (örn: 2024-11-20_Staples_OfisMalzemesi_150.pdf). Bu, daha sonra arama yapmayı çok kolaylaştırır.

Adım 2: Bulut Tabanlı Depolama Kullanın

Belgelerinizi bilgisayarınızın sabit diskinde saklamak risklidir (çökme, çalınma, yangın vb.). Google Drive, Dropbox, OneDrive gibi bulut tabanlı bir depolama hizmeti kullanın.

Adım 3: Yedeklemenin Yedeklemesini Yapın (3-2-1 Kuralı)

Profesyonellerin kullandığı 3-2-1 yedekleme kuralı, verilerinizin asla kaybolmamasını sağlar:

Verilerinizin en az ÜÇ kopyasını bulundurun.

Bu kopyaları en az İKİ farklı medya türünde saklayın (örn: bulut depolama VE harici bir sabit disk).

Bu kopyalardan en az BİR tanesini iş yeri/ev dışında (off-site) saklayın (bulut depolama bu kuralı otomatik olarak karşılar).

Bu sistem, başlangıçta biraz çaba gerektirse de, bir kez kurulduğunda hayatınızı inanılmaz derecede kolaylaştırır. Bir denetim bildirimi aldığınızda, panik içinde ayakkabı kutularını karıştırmak yerine, ilgili yılın klasörünü açıp denetçiye organize, okunaklı ve eksiksiz belgeleri sunabilirsiniz. Bu, denetçiye sizin organize ve uyumlu bir mükellef olduğunuz mesajını verir ve hem sizin hem de sizi temsil edenler için sürecin daha sorunsuz geçmesini sağlar.

4.13 Vergi Kanunlarındaki Değişikliklere Uyum: TCJA ve OBBBA

ABD vergi sistemi dinamiktir ve büyük vergi reformları, mükelleflerin stratejilerini yeniden değerlendirmelerini gerektirir. Son yılların en önemli iki yasası, 2017 tarihli Tax Cuts and Jobs Act (TCJA) ve 2025 tarihli One Big Beautiful Bill Act (OBBA) olmuştur.

TCJA'nın Etkileri (2018-2025)

TCJA, vergi oranlarını düşürmüş, standart kesintiyi artırmış, ancak kişisel muafiyetleri kaldırmış ve özellikle SALT kesintisine 10,000 dolarlık bir sınır getirmiştir. Bu, yüksek vergili eyaletlerdeki mükellefler için önemli bir dezavantaj yaratmıştır.

OBBA'nın Getirdiği Yenilikler (2026 ve Sonrası)

OBBA, TCJA'nın bazı hükümlerini değiştirmiş ve yeni düzenlemeler getirmiştir. Kitabın bu bölümü yazılırken en önemli değişiklikler şunlardır:

SALT Kesintisi: OBBBA'nın en dikkat çekici hükmü, 2025 vergi yılından itibaren 10,000 dolarlık SALT kesintisi sınırının 40,000 dolara yükseltmesidir. Bu, özellikle New York, California ve New Jersey gibi eyaletlerde yaşayan ve yüksek emlak ve gelir vergisi ödeyen mükellefler için büyük bir vergi avantajı sağlayacaktır. Bu mükellefler artık 40,000 dolara kadar eyalet ve yerel vergilerini federal vergilerinden düşebilecek-lerdir (yüksek gelirli mükellefler için aşamalı azalma uygulanır). Bu durum, standart kesinti yerine ayrıntılı kesinti yapmayı çok daha cazip hale getirecektir.

Bonus Amortisman Oranlarının Güncellenmesi: İşletmeler için önemli bir teşvik olan bonus amortisman, OBBBA ile yeniden düzenlenmiştir. 2025 vergi yılı için bonus amortisman oranı %100'e yükseltilmiştir. Bu, işletmelerin yeni makine ve teçhizat alımlarını teşvik etmeye devam edecektir.

Bu değişiklikler, vergi planlaması stratejilerini doğrudan etkilemekte-dir. Özellikle SALT kesintisi sınırının kalkması, on binlerce dolar vergi tasarrufu potansiyeli sunmaktadır. Bu nedenle, 2026 ve sonrası için vergi stratejilerinizi oluştururken bir vergi profesyoneli ile çalışarak OBBA'nın getirdiği yeni fırsatları değerlendirmeniz kritik öneme sahiptir.

4.14 Bölüm Özeti ve Uyum Kontrol Listesi

Vergi uyumu, bir defalık bir görev değil, sürekli bir süreçtir. Sistematik bir yaklaşım, stresi azaltır ve maliyetli hataları önler.

Yıllık Uyum Kontrol Listesi:

1. **Ocak-Şubat:**

Tüm W-2 ve 1099 formlarını toplayın.
Yıllık giderlerinizi (iş, tıbbi, hayırseverlik) toplayın.
Vergi danışmanınızdan randevu alın.

1. **Mart-Nisan:**

Beyannamenizi hazırlayın ve gözden geçirin.
Gerekirse uzatma (Form 4868) başvurusunda bulunun.
15 Nisan'a kadar vergi borcunuzu ödeyin veya tahmini vergi ödemesi yapın.

1. **Haziran-Eylül:**

Yıl ortası vergi projeksiyonu yapın. Geliriniz veya giderlerinizde büyük bir değişiklik oldu mu?
Gerekirse tahmini vergi ödemelerinizi ayarlayın.
15 Haziran ve 15 Eylül tahmini vergi ödemelerini yapın.

1. **Ekim-Aralık:**

Uzatma başvurusunda bulunduysanız, 15 Ekim'e kadar beyannamenizi verin.
FBAR raporlamasını 15 Ekim'e kadar tamamlayın.

Yıl sonu vergi planlama stratejilerini (emeklilik katkıları, bağışlar vb.) değerlendirin.

Bu kontrol listesini takip etmek, vergi sezonunun karmaşasını yönetilebilir adımlara böler ve hiçbir kritik tarihin veya yükümlülüğün gözden kaçmamasını sağlar. Unutmayın, en iyi vergi stratejisi, proaktif ve sürekli uyumdur.

Bölüm 5: Bireysel Gelir Vergisi:

Evrim Hanım, New York'ta yaşayan bir yazılım mühendisi olarak, vergi sezonu geldiğinde kendini karmaşık bir bulmaca karşısında bulmuştu. Elinde W-2 formu, Türkiye'deki banka ekstresi, freelance projelerinden kazandığı gelir belgeleri ve bir sürü fatura vardı. "Bu karmaşıklığı nasıl Form 1040'a sığdıracağım?" diye düşünmekteydi.

Evrim Hanım'ın yaşadığı bu kafa karışıklığı, ABD vergi sistemini ilk kez deneyimleyen binlerce Türk mükellefin ortak deneyimidir. Ancak görünürdeki karmaşıklığın altında, mantıklı ve sistematik bir yapı bulunmaktadır. ABD bireysel gelir vergisi sistemi, temel olarak üç aşamalı bir hikaye anlatır: gelirlerinizi toplar, kesintilerinizi çıkarır ve verginizi hesaplar.

5.1 ABD Bireysel Vergi Sistemini Anlamak

ABD bireysel gelir vergisi sistemi, artan oranlı vergi (progressive tax) prensibi üzerine kurulmuştur. Bu sistem, daha fazla kazanan kişilerin, gelirlerinin daha büyük bir yüzdesini vergi olarak ödemesini öngörür. Temel mantık şudur: gelir arttıkça, vergi oranı da artar. Ancak bu artış, tüm gelir üzerinden değil, sadece belirli bir gelir dilimini (tax bracket) aşan kısım üzerinden uygulanır.

"Sistemdeki temel mantık şudur: Gelir artıkça, vergi oranı da artar."

Vergi Dilimi	Gelir Aralığı (Taxable Income)	Vergi Oranı
1. Dilim	$0 – $11,925	%10
2. Dilim	$11,926 – $48,475	%12
3. Dilim	$48,476 – $103,350	%22
4. Dilim	$103,351 – $197,300	%24
5. Dilim	$197,301 – $250,525	%32
6. Dilim	$250,526 – $626,350	%35
7. Dilim	$626,351 ve üzeri	%37

Tablo 5.1: 2025 Vergi Yılı Federal Vergi Dilimleri (Bekar Mükellefler İçin Örnek)

Beyan Durumu ve Vergi Yükümlülüğü Üzerindeki Etkisi

Beyan durumunuz (filing status), vergi hesaplamanızın temel parametrelerinden biridir. ABD vergi sistemi mükelleflere beş farklı beyan durumu sunar:

1. **Bekar (Single)**

2. **Evli Müşterek Beyan (Married Filing Jointly - MFJ)**

3. **Evli Ayrı Beyan (Married Filing Separately - MFS)**

4. **Hane Reisi (Head of Household - HoH)**

5. **Nitelikli Dul/Dullar (Qualifying Widow(er))**

Türk mükellefler için en karmaşık durum eşlerden birinin ABD yerleşiği olmadığı (nonresident alien) durumlardır. Genel kural, bir eş yerleşik değilse, diğer eşin MFS olarak beyanname vermesidir. Ancak bu en dezavantajlı vergi statüsüdür.

Nonresident Eşi Yerleşik Olarak Kabul Etme Hakkı IRS, bu durumda çiftlere bir seçim hakkı sunar: Eğer isterseniz, yerleşik olmayan eşinizi tüm vergi yılı için bir ABD yerleşiği olarak kabul edebilir ve MFJ olarak beyanname verebilirsiniz. Bu seçim daha yüksek standart kesinti ve daha avantajlı vergi dilimleri nedeniyle önemli bir vergi tasarrufu sağlar.

Vaka Çalışması

Chicago'da yaşayan bir yazılım mühendisi olan Ali Bey'in (ABD yerleşiği) eşi Türkiye'de yaşamaktadır (yerleşik olmayan yabancı). Ali Bey'in geliri 120,000 dolardır.

Seçenek 1 (MFS): Eğer Ali Bey ayrı beyanname vermeyi seçerse alacağı standart kesinti 15,750 dolar olacaktır. Bunun sonucu olarak hesaplanan vergi borcu 18,500 dolar dolacaktır.

Seçenek 2 (MFJ Seçimi): Eğer yerleşik olmayan eşi ile birlikte beyanname vermek isterse beyannamede evli çiftler için olan standart kesintiyi gösterebilir. Bu miktar 2025 vergi yılı için 31,500 dolardır ve bunun sonucu olaran da hesaplanan vergi borcu 10,500 dolar olacaktır.

Tasarruf: 8,000 dolar

> **Ancak Dikkat:** Bu seçimi yaptığınızda, eşinizin de küresel geliri ABD beyannamesine dahil edilir. Bu seçim yapıldıktan sonra geri alınamaz. Bu karar, eşin geliri ve diğer faktörler dikkate alınarak verilmelidir.

Gelir, Kesinti ve Kredi İlişkisi

ABD vergi sisteminin temel formülü şöyledir:

Toplam Gelir (Gross Income): Tüm kaynaklardan elde ettiğiniz gelirlerin toplamı.

Eksi: Belirli Kesintiler (Above-the-line deductions): Toplam gelirden düşülerek Düzeltilmiş Brüt Gelir (Adjusted Gross Income - AGI) bulunur.

Düzeltilmiş Brüt Gelir (AGI): Vergi planlamasının merkezidir. Birçok kesinti ve kredinin limiti AGI'ye bağlıdır.

Eksi: Standart Kesinti VEYA Ayrıntılı Kesintiler: AGI'den düşülerek Vergilendirilebilir Gelir (Taxable Income) bulunur.

Vergilendirilebilir Gelir: Vergi dilimlerinin uygulandığı tutardır. Bu tutar üzerinden Vergi Borcu (Tax Liability) hesaplanır.

Eksi: Vergi Kredileri (Tax Credits): Vergi borcundan doğrudan düşülür.

Sonuç: Nihai Vergi Borcu veya Geri Ödeme

Bu formüldeki her bir adımı anlamak ve optimize etmek, vergi planlamasının özünü oluşturur.

5.2 1040 Formu Nedir?

Form 1040, bir yıllık finansal hikayenizi IRS'e anlattığınız belgedir. Bu formun mantıksal akışını anlamak, vergi hazırlığını basitleştirir ve optimizasyon fırsatlarını ortaya çıkarır.

Form 1040'ın Mantıksal Akışı

Kişisel Bilgiler ve Beyan Durumu: Formun başlangıcı, tüm hesaplamanın temelini oluşturur.

Gelir Raporlaması: Tüm gelir kaynaklarınız (W-2, 1099, Schedule C, sermaye kazançları vb.) burada toplanır.

Düzeltilmiş Brüt Gelir (AGI) Hesaplaması (Schedule 1): Toplam gelirden, IRA katkıları, öğrenci kredisi faizi gibi "above-the-line" kesintiler düşülür.

Kesinti Seçimi: AGI'den, ya standart kesintiyi ya da Schedule A'da detaylandırılan ayrıntılı kesintileri düşersiniz.

Vergi ve Krediler: Vergilendirilebilir gelir üzerinden vergi hesaplanır ve ardından Çocuk Vergi Kredisi, Yabancı Vergi Kredisi gibi çeşitli krediler bu vergiden düşülür.

Form 1040 Yapısı

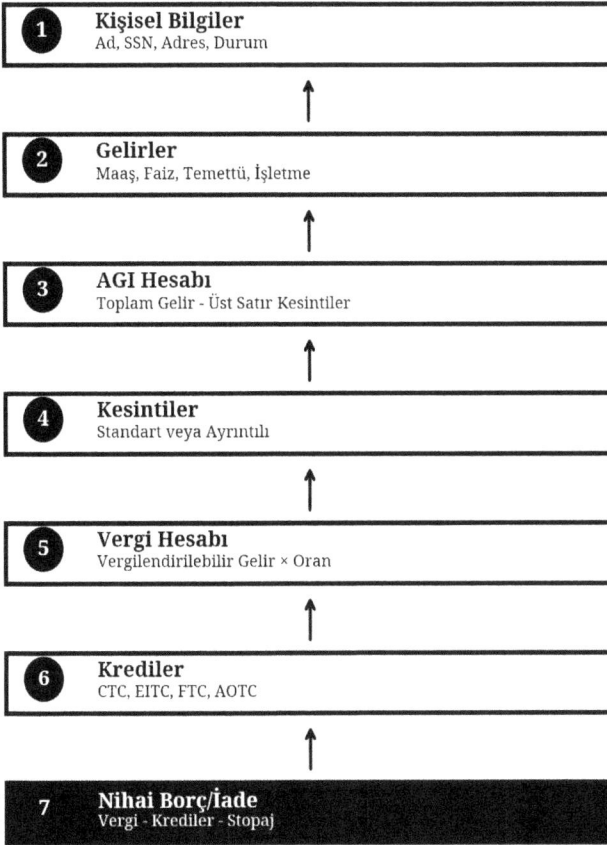

```
┌─────────────────────────────────────────┐
│ ① Kişisel Bilgiler                       │
│    Ad, SSN, Adres, Durum                 │
└─────────────────────────────────────────┘
                    ↑
┌─────────────────────────────────────────┐
│ ② Gelirler                               │
│    Maaş, Faiz, Temettü, İşletme          │
└─────────────────────────────────────────┘
                    ↑
┌─────────────────────────────────────────┐
│ ③ AGI Hesabı                             │
│    Toplam Gelir - Üst Satır Kesintiler   │
└─────────────────────────────────────────┘
                    ↑
┌─────────────────────────────────────────┐
│ ④ Kesintiler                             │
│    Standart veya Ayrıntılı               │
└─────────────────────────────────────────┘
                    ↑
┌─────────────────────────────────────────┐
│ ⑤ Vergi Hesabı                           │
│    Vergilendirilebilir Gelir × Oran      │
└─────────────────────────────────────────┘
                    ↑
┌─────────────────────────────────────────┐
│ ⑥ Krediler                               │
│    CTC, EITC, FTC, AOTC                   │
└─────────────────────────────────────────┘
                    ↑
┌─────────────────────────────────────────┐
│ ⑦ Nihai Borç/İade                        │
│    Vergi - Krediler - Stopaj             │
└─────────────────────────────────────────┘
```

Tablo 5.2: 1040 Formu Hesaplama Sırası

Düzeltilmiş Brüt Gelirin (AGI) Stratejik Önemi

AGI, sadece bir ara toplam değildir; vergi planlamasının stratejik merkezidir. Çünkü birçok önemli vergi avantajının (veya sınırlamasının) eşiği AGI'ye bağlıdır.

Tıbbi Gider Kesintisi: Sadece AGI'nizin %7.5'ini aşan tıbbi harcamaları düşebilirsiniz.

IRA Kesintisi: Eğer iş yerinde bir emeklilik planınız varsa, Geleneksel IRA'ya yaptığınız katkıların vergi indiriminden yararlanıp yararlanamayacağınız AGI'nize bağlıdır.

Vergi Kredileri: Birçok kredi (Eğitim Kredileri, Emeklilik Tasarruf Katkı Kredisi vb.) belirli bir AGI seviyesinin üzerinde azalmaya başlar ve sonunda tamamen ortadan kalkar.

AGI Optimizasyon Stratejileri:

Emeklilik Katkıları: Geleneksel 401(k) ve Geleneksel IRA'ya yapılan katkılar, AGI'nizi doğrudan düşürür.

Sağlık Tasarruf Hesabı (HSA) Katkıları: Yüksek indirilebilir sağlık planına (HDHP) sahipseniz, HSA'ya yaptığınız katkılar AGI'nizi düşürür ve üçlü vergi avantajı sunar (vergisiz katkı, vergisiz büyüme, vergisiz çekim).

Serbest Meslek Sahipleri İçin: Serbest meslek vergisinin yarısı, kendi adınıza ödediğiniz sağlık sigortası primleri ve SEP IRA gibi emeklilik planlarına yapılan katkılar AGI'yi düşüren güçlü araçlardır.

Döviz Kuru Hesaplamaları ve Belgelendirme

Türk mükellefler için en karmaşık konulardan biri, Türkiye'deki gelir ve giderlerinin ABD dolarına çevrilmesidir. IRS, tutarlı ve belgelenebilir bir yöntem kullanılmasını bekler.

Genel Kural: Gelirin elde edildiği veya giderin yapıldığı günkü döviz kurunu kullanın.

Pratik Yöntem: Yıl boyunca düzenli olarak elde edilen gelirler (maaş, kira vb.) için, IRS tarafından yayınlanan yıllık ortalama kuru kullanmak kabul edilebilir bir yöntemdir.

Belgelendirme: Hangi yöntemi kullanırsanız kullanın, hesaplamalarınızı bir Excel tablosunda detaylı bir şekilde göstermeniz ve kullandığınız kur kaynağını (örneğin, ABD Hazine Bakanlığı'nın web sitesi) belirtmeniz, olası bir denetimde elinizi güçlendirir.

5.3 Gelir Türleri ve Kesintiler

Gelir Türü	Raporlama Formu	Türk Mükellefler İçin Notlar
Maaş ve Ücret	Form W-2	Türkiye'deki maaş gelirleri için W-2 olmaz; bu gelirler Form 1040'ta "Diğer Gelirler" olarak raporlanmalı ve dövize çevrilmelidir.
Serbest Meslek	Schedule C	Türkiye'deki serbest meslek faaliyetlerinden elde edilen kar/zarar da Schedule C'de raporlanmalıdır. Türkiye'de ödenen vergiler için Yabancı Vergi Kredisi talep edilebilir.
Faiz ve Temettü	Form 1099-INT/DIV	Türkiye'deki banka ve yatırım hesaplarından elde edilen faiz/temettüler için form gelmez; bu gelirleri kendi kayıtlarınızdan takip edip beyan etmelisiniz.
Sermaye Kazanç/Zarar	Form 8949 & Schedule D	Türkiye'deki hisse senedi, gayrimenkul gibi varlıkların satışından doğan kar/zararlar da bu formlarda raporlanmalıdır.
Kira Geliri	Schedule E	Türkiye'deki mülklerden elde edilen kira gelirleri ve bu mülklerle ilgili giderler (emlak vergisi, bakım, amortisman vb.) Schedule E'de raporlanır.

Tablo 5.3: Yaygın Gelir Türleri ve Raporlama Gereklilikleri.

Standart Kesinti ve Ayrıntılı Kesinti Arasında Karar Verme

Bu, her mükellefin vermesi gereken temel bir karardır. Hangi seçeneğin daha avantajlı olduğunu görmek için ayrıntılı kesintilerinizin toplamının, durumunuza uygun standart kesinti tutarını aşıp aşmadığını hesaplamanız gerekir.

2025 Vergi Yılı Standart Kesinti Tutarları: *(Basitleştirilmiş)*
- Bekar: $15,750

- Evli Müşterek Beyan: $31,500

- Hane Reisi: $23,625

Yaygın Ayrıntılı Kesintiler (Schedule A):

Tıbbi Giderler: AGI'nizin %7.5'ini aşan kısmını ayrıntılı kesim olarak düşebilirsiniz.

Eyalet ve Yerel Vergiler (SALT): Eyalet ve yerel yönetimlere ödediğiniz vergileri belirli sınırlara kadar burada düşebilirsiniz.

Eyalet gelir vergisi veya satış vergisi ile emlak vergilerinin toplamı 2017 TCJA tarafından getirilen ve 2025 yılına kadar geçerli olan yıllık 10,000 dolarlık sınırlama (SALT Cap), 2025 yılında kabul edilen One Big Beautiful Bill Act (OBBBA) ile 2025 vergi yılından itibaren 40,000 dolara yükseltilmiştir.

Konut Kredisi Faizi (Mortgage Interest): Belirli limitler dahilinde, ana konutunuz ve ikinci bir konutunuz için ödediğiniz faizleri burada düşebilirsiniz.

Hayırseverlik Bağışları: Nitelikli hayır kurumlarına yapılan nakit veya ayni bağışlar.

Karar Anı: Eğer ayrıntılı kesintilerinizin toplamı (örneğin, 40,000 SALT + 8,000 mortgage faizi + 3,000 hayırseverlik bağışı toplamda 21,000 dolar eder), standart kesintinizden (örneğin birlikte beyanname verenler için bu sayı 31,500 dolardır) daha az ise, standart kesintiyi seçmek daha mantıklıdır.

Türkiye'deki Hayır Kurumlarına Bağışlar: Genel kural, sadece ABD'deki nitelikli hayır kurumlarına yapılan bağışların kesilebileceğidir. Ancak, Türkiye-ABD Vergi Anlaşması, belirli koşullar altında Türkiye'deki bazı kurumlara yapılan bağışların da kesinti olarak kabul edilmesine izin verebilir. Bağış yaptığınız kuruluşun 501© olduğundan emin olun. Bu konu ileriki bölümlerde daha detaylı işlenecektir.

5.4 Vergi Kredileri: Vergi Borcunuzu Doğrudan Azaltan Güç

Kesintiler vergiye tabi gelirinizi azaltırken, krediler doğrudan vergi borcunuzdan düşülür. Bu yüzden bir dolarlık bir kredi, bir dolarlık bir kesintiden çok daha değerlidir.

Kredi Türleri: İade Edilebilir ve Edilemez

İade Edilemez Krediler (Nonrefundable Credits): Vergi borcunuzu sıfıra indirebilir, ancak sıfırın altına düşüremez. Yani, bu krediler size bir geri ödeme (refund) sağlamaz. Örnek: Çocuk ve Bakmakla Yükümlü Olunan Kişi Bakım Kredisi, Eğitim Kredileri (AOTC ve LLC), Yabancı Vergi Kredisi.

İade Edilebilir Krediler (Refundable Credits): Vergi borcunuzu sıfıra indirdikten sonra arta kalan kısım size nakit olarak geri ödenir. Örnek: Kazanılmış Gelir Vergisi Kredisi (EITC), Çocuk Vergi Kredisi'nin bir kısmı, Amerikan Fırsat Vergi Kredisi'nin (AOTC) bir kısmı.

Türk Mükellefler İçin En Önemli Krediler

Yabancı Vergi Kredisi (Foreign Tax Credit - FTC) - Form 1116

Amaç: Çifte vergilendirmeyi önlemek. Türkiye'de veya başka bir yabancı ülkede ödediğiniz gelir vergilerini, ABD vergi borcunuzdan düşmenizi sağlar.

Kimler İçin Kritik? Türkiye'de maaş, serbest meslek, kira veya yatırım geliri elde eden ve bu gelirler için Türkiye'de vergi ödeyen herkes.

Hesaplama: FTC, ödediğiniz yabancı verginin tamamını kullanmanıza her zaman izin vermeyebilir. Bir sınırlamaya tabidir. Bu sınırlama, kabaca, yabancı kaynaklı gelirinizin toplam gelirinize oranıyla ABD vergi borcunuzun çarpılmasıyla bulunur. Kullanılmayan krediler, 10 yıla kadar ileriye taşınabilir.

Seçim: FTC yerine, yurtdışı kazanılan gelir istisnasını (FEIE) seçme hakkınız da olabilir, ancak FTC daha avantajlıdır.

Çocuk Vergi Kredisi (Child Tax Credit - CTC):

Tutar: Hak kazandıran her çocuk için 2,200 dolardır. (2025 itibarıyla ve bu kredi her sene enflasyon oranında artırılır) Bu tutarın 1,700 dolara kadarlık kısmı iade edilebilir olabilir. Yani hiç vergi borcunuz olmasa bile kredi olarak alabilirsiniz.

Kimler Yararlanabilir? ABD'de yaşayan ve Sosyal Güvenlik Numarası (SSN) olan çocukları olan mükellefler bu krediye başvurabiirler. Çocuğun ABD vatandaşı olması gerekir.

Not: Sosyal güvenlik numarası olmayan çocuklar bu krediyi alamazlar ama ITIN sahibi çocuklar için daha düşük tutarlı bir kredi (Credit for Other Dependents) mevcuttur.

Amerikan Fırsat Vergi Kredisi (American Opportunity Tax Credit - AOTC):

Amaç: Yükseköğrenimin ilk dört yılı için yapılan masraflara destek olmak.

Tutar: Hak kazanan her öğrenci için yıllık 2,500 dolara kadar. Bu kredinin %40'ı (1,000 dolara kadar) iade edilebilirdir.

Kimler Yararlanabilir? Kendisi, eşi veya bakmakla yükümlü olduğu kişi için üniversite masrafı yapan ve belirli gelir limitlerinin altında olan mükellefler.

5.5 Kapsamlı Vaka Çalışması: Bir Ailenin Vergi Beyannamesi

Bu bölümde, Hasan ve Elif çiftinin vergi beyannamesi sürecini adım adım inceleyerek, teorik bilgilerin pratikte nasıl uygulandığını göreceğiz. Bu vaka, gelir, AGI optimizasyonu, kesinti seçimi ve kredilerin bir araya gelerek nihai vergi borcunu nasıl şekillendirdiğini göstermektedir.

2025 Gelir ve Giderleri:

Hasan'ın W-2 Maaşı: 150,000 dolar
  Elif'in W-2 Maaşı: 40,000 dolar
  Türkiye'deki bir bankadan faiz geliri: 2,000 dolar
  Hasan'ın 401(k)'ya katkısı: 23,500 dolar
  Elif'in 403(b)'ye katkısı: 5,000 dolar
  Ödedikleri Eyalet Gelir Vergisi: 12,000 dolar
  Ödedikleri Emlak Vergisi: 8,000 dolar
  Konut Kredisi Faizi: 15,000 dolar
  Hayırseverlik Bağışları: 4,000 dolar
  Türkiye'deki faiz geliri için ödedikleri vergi: 300 dolar

Vergi Beyannamesi Süreci:

Toplam Gelir: 150,000 + 40,000 + 2,000 = 192,000 dolardır.

AGI Hesaplaması: Toplam gelirden, vergi öncesi emeklilik katkıları düşülür. Bu, AGI'yi optimize etmenin en etkili yollarından biridir.
  192,000 - 23,500 (Hasan 401k) - 5,000 (Elif 403b) = $163,500

Kesinti Seçimi:

Standart Kesinti (MFJ): 31,500 dolar
  Ayrıntılı Kesintiler:
  SALT (12K eyalet + 8K emlak) = 20,000 dolarlık toplam kesinti (OB-BBA ile yükseltilen 40,000 dolar sınırının altında)
  Konut Kredisi Faizi = 15,000 dolar
  Hayırseverlik Bağışları = 4,000 dolar
  Toplam Ayrıntılı Kesinti: 39,000 dolar
  Karar: Toplam ayrıntılı kesinti (39,000 dolar), standart kesintiden (Birlikte beyanname verenler için 31,500 dolardır) daha yüksek olduğu

için, aile ayrıntılı kesintiyi seçmeleri onlar için daha mantıklıdır. Bu seçim onlara 9,000 dolar daha fazla kesinti hakkı tanır.

Vergilendirilebilir Gelir: 163,500 (AGI) - 39,000 (Ayrıntılı Kesintiler) = $124,500

Vergi Borcu Hesabı: 124,500 dolar üzerinden MFJ vergi dilimleri kullanılarak vergi hesaplanır.

%10 (0 - 23,850 dolar aralığı): $2,385
%12 (23,851 - 96,950 dolar aralığı): $8,772
%22 (96,951 - 124,500 dolar aralığı): $6,061
Toplam Vergi Borcu: $17,218

Krediler:

Çocuk Vergi Kredisi: 2 çocuk x 2,200 = $4,400
Yabancı Vergi Kredisi: Türkiye'ye ödenen 300 dolar verginin tamamı kredi olarak kullanılabilir.

Toplam Kredi: $4,700
Nihai Vergi Borcu: 17,218 (Vergi Borcu) - 4,700 (Toplam Kredi) = $12,518

Yukarıdaki örnek AGI optimizasyonu, kesinti seçimi ve kredilerin bir araya gelerek nihai vergi borcunu nasıl şekillendirdiğini göstermektedir. Her adımda alınan kararlar, ailenin ödeyeceği vergi miktarını yüzlerce dolar etkilemiştir.

5.6 İleri Düzey Konular ve Stratejik Planlama

Temel gelir, kesinti ve kredi hesaplamalarının ötesinde, vergi yükünü önemli ölçüde etkileyebilen daha karmaşık konular bulunmaktadır. Bu konuları anlamak, vergi planlamasını bir üst seviyeye taşır.

Alternatif Minimum Vergi (AMT)

Nedir? AMT, çok sayıda kesinti ve vergi avantajı kullanarak normal vergi borcunu çok düşüren yüksek gelirli mükelleflerin, yine de asgari düzeyde bir vergi ödemesini sağlamak için tasarlanmış paralel bir vergi sistemidir.

Nasıl Çalışır? Normal vergi hesaplamanıza ek olarak, Form 6251 üzerinde ayrı bir AMT hesaplaması yapılır. Bu hesaplamada, normal vergide izin verilen bazı kesintiler (örneğin, eyalet ve yerel vergi kesintisi, bazı ayrıntılı kesintiler) geri eklenir. Hangi vergi borcu daha yüksekse, onu ödersiniz.

Kimler Risk Altında?

Yüksek gelirli mükellefler (AGI geliri 200,000 doların üzerinde olanlar).

Yüksek vergili eyaletlerde yaşayanlar (büyük SALT kesintileri nedeniyle).

Teşvik Edici Hisse Senedi Opsiyonları (Incentive Stock Options - ISOs) kullananlar. ISO kullanımı, normal vergide bir gelir olayı olmasa da, AMT hesaplamasında bir gelir kalemi olarak eklenir ve bu, AMT'yi tetikleyen en yaygın nedenlerden biridir.

Planlama: Eğer AMT riski altında olduğunuzu düşünüyorsanız, yıl sonu planlaması yaparken hem normal vergi hem de AMT sonuçlarını göz önünde bulundurmanız gerekir. Bazen normal verginizi düşüren bir hamle (örneğin, eyalet vergisini erken ödemek), AMT borcunuzu artırarak net bir fayda sağlamayabilir.

Net Yatırım Geliri Vergisi (Net Investment Income Tax - NIIT)

Nedir? Yüksek gelirli mükelleflerin yatırım gelirleri üzerinden alınan %3.8 oranında ek bir vergidir. Bu vergi, normal gelir verginize ve/veya sermaye kazancı verginize ek olarak uygulanır.

Kimler Öder?

Bekar veya Hane Reisi: Eğer geliriniz 200,000 doların üzerindeyse,

Evli Müşterek Beyan: Eğer geliriniz 250,000 doların üzerindeyse bu vergiye tabisinizdir.

Hangi Gelire Uygulanır? Faiz, temettü, sermaye kazançları, kira geliri gibi pasif yatırım gelirlerine uygulanır. Maaş, serbest meslek geliri veya emeklilik hesabı dağıtımları bu vergiye tabi değildir.

Hesaplama: Vergi, şu iki tutardan daha düşük olanına uygulanır:

Net yatırım geliriniz.

AGI'nizin yukarıdaki eşik değerleri aşan kısmı.

Vaka Örneği: AGI'si 280,000 dolar olan ve 50,000 dolar net yatırım geliri elde eden evli bir çifti ele alalım. Bu çiftin AGI'leri 250,000 eşiğini 30,000 dolar aşmıştır. Net yatırım gelirleri ise 50,000 dolardır. Vergi, bu iki tutardan daha düşük olan 30,000 üzerinden hesaplanır.

NIIT Borcu: 30,000 x 3.8% = 1,140 dolar olacaktır.

Planlama: NIIT'den kaçınmak veya azaltmak için stratejiler arasında, AGI'yi eşiklerin altına düşürmek (emeklilik katkıları vb. ile), yatırım gelirini vergi avantajlı hesaplara (IRA, 401k) kaydırmak veya belediye tahvilleri (municipal bonds) gibi vergiden muaf yatırımları tercih etmek yer alır.

TÜRKİYE'DEKİ YATIRIM GELİRLERİ DE DAHİL!

NIIT, sadece ABD'deki yatırım gelirlerinize değil, Türkiye'deki yatırım gelirlerinize de (faiz, temettü, sermaye kazancı, kira geliri) uygulanır. Birçok mükellef, bu verginin sadece ABD kaynaklı gelirler için geçerli olduğunu düşünerek hata yapmaktadır. AGI'niz eşiği aşıyorsa, Türkiye'deki bankanızdan aldığınız faiz geliri de %3.8 'lik bu ek vergiye tabi olabilir.

Çocukların Vergi Yükümlülüğü (Kiddie Tax)

Nedir? Yüksek gelirli ebeveynlerin, vergi yükünü azaltmak için yatırım varlıklarını çocuklarının adına kaydırmasını önlemek için tasarlanmış bir kuraldır. Bu kural, belirli bir eşiği aşan çocukların yatırım gelirlerini, ebeveynlerinin daha yüksek vergi oranı üzerinden vergilendirir.

Kimler Etkilenir? 2025 yılı itibarıyla, 2,700 dolardan fazla yatırım gelirine (faiz, temettü, sermaye kazancı) sahip olan 19 yaşın altındaki çocuklar veya 24 yaşın altındaki tam zamanlı öğrenciler bundan etkilenirler.

Nasıl Çalışır? Çocuğun yatırım gelirinin ilk 1,350 doları vergisizdir. Sonraki 1,350 dolar çocuğun kendi vergi oranı (%10) üzerinden vergilendirilir. 2,700 doları aşan kısım ise, ebeveynin en yüksek marjinal vergi oranı üzerinden vergilendirilir. Bu hesaplama Form 8615 üzerinde yapılır.

Planlama: Kiddie Tax'in etkisini azaltmak için, çocuklar adına yapılan yatırımları vergi ertelenmiş (tax-deferred) veya vergiden muaf (tax-free) büyüme sağlayan araçlara (örneğin, 529 eğitim tasarruf planları) yönlendirmek bir strateji olabilir.

UTMA/UGMA HESAPLARI VE HEDİYELER

Ailelerin, çocukları için yatırım yapmak amacıyla açtıkları UTMA/UGMA (Uniform Transfers/Gifts to Minors Act) hesapları, Kiddie Tax kurallarına tabidir. Bu hesaplardaki yıllık 2,700 dolar üzerindeki kazançlar, ebeveynin vergi oranı üzerinden vergilendirilir. Bu kural, büyükannelerden veya büyükbabalardan gelen ve çocuğun adına açılan hesaplardaki kazançlar için de geçerlidir.

5.7 Emeklilik Planlaması ve Vergi Stratejileri

ABD vergi sistemi, bireylerin emeklilik için tasarruf yapmasını teşvik etmek amacıyla çok güçlü vergi avantajları sunar. Bu avantajlardan yararlanmak, hem gelecekteki finansal güvenliğinizi inşa etmenin hem de bugünkü vergi yükünüzü azaltmanın en etkili yollarından biridir. Emeklilik hesapları, temel olarak iki ana kategoriye ayrılır:

Geleneksel (Traditional) vs. Roth: Temel Felsefe Farkı

Bu iki hesap türü arasındaki temel fark, vergi avantajının ne zaman sağlandığıdır:

Geleneksel IRA/401(k): Şimdi Vergi Ödeme, Sonra Öde.

Katkı: Yaptığınız katkılar vergiye tabi gelirinizden düşülür (tax-deductible). Bu, bugünkü vergi faturanızı azaltır.

Büyüme: Hesap içindeki yatırımlarınız yıllar boyunca vergi ertelenmiş (tax-deferred) olarak büyür. Yani, her yıl temettü veya sermaye kazancı vergisi ödemezsiniz.

Çekim: Emeklilikte (59.5 yaşından sonra) hesaptan çektiğiniz her kuruş (hem anapara katkılarınız hem de kazançlar), o yılki normal geliriniz olarak vergilendirilir.

Kimler İçin Mantıklı? Bugün yüksek bir vergi diliminde olup, emeklilikte daha düşük bir vergi diliminde olmayı bekleyenler için idealdir.

Roth IRA/401(k): Şimdi Vergi Öde, Sonsuza Dek Kurtul.

Katkı: Yaptığınız katkılar vergi sonrası parayla yapılır, yani bugünkü vergi faturanıza bir etkisi yoktur.

Büyüme: Hesap içindeki yatırımlarınız yıllar boyunca tamamen vergiden muaf (tax-free) olarak büyür.

Çekim: Emeklilikte (belirli kurallara uyulduğunda) hesaptan çektiğiniz her kuruş (hem anapara katkılarınız hem de kazançlar) tamamen vergisizdir.

Kimler İçin Mantıklı? Bugün daha düşük bir vergi diliminde olup, gelecekte vergi oranlarının artacağını veya kendi gelirlerinin yükseleceğini düşünenler için idealdir. Ayrıca, emeklilikte vergi belirsizliğinden kurtulmak isteyenler için de mükemmel bir seçenektir.

Hesap Türü	2026 Katkı Limiti (Tahmini)	Temel Özellikler
401(k) / 403(b)	$23,500 (50+ yaş için ek $7,500)	İşveren sponsorluğunda. Genellikle işveren eşleştirmesi (employer match) sunar. Hem Geleneksel hem de Roth versiyonları olabilir.
Geleneksel IRA	$7,000 (50+ yaş için ek $1,000)	Bireysel olarak açılır. Katkıların vergi indirimi, gelire ve işyeri planına sahip olup olmamanıza bağlıdır.
Roth IRA	$7,000 (50+ yaş için ek $1,000)	Bireysel olarak açılır. Katkı yapabilmek için AGI limitleri vardır. Vergisiz büyüme ve çekim en büyük avantajıdır.
SEP IRA	Net kazancın %25'i, maks. $70,000	Serbest meslek sahipleri ve küçük işletme sahipleri için. Yüksek katkı limitleri sunar. Sadece işveren (yani kendiniz) katkı yapabilir.
SIMPLE IRA	$16,500 (50+ yaş için ek $3,500)	Küçük işletmeler için daha basit bir 401(k) alternatifi. Hem çalışan hem de işveren katkısı vardır.

Tablo 5.4: Yaygın Emeklilik Hesapları ve 2025 Yılı Katkı Limitleri

Vergi Planlaması İçin Emeklilik Stratejileri

İşveren Eşleşmesini (Match) Kaçırmayın: Eğer işvereniniz bir 401(k) eşleşmesi sunuyorsa (örneğin, maaşınızın %6'sına kadar yaptığınız katkının %50'sini eşleştirme), en azından bu eşleşmenin tamamını alacak kadar katkıda bulunmak bir numaralı önceliktir. Bu, yatırımınız üzerinden anında %50'lik bir getiri demektir ve kaçırılmaması gereken "bedava para"dır.

Vergi Çeşitlendirmesi (Tax Diversification): Tüm emeklilik birikimlerinizi tek bir hesap türünde (sadece Geleneksel veya sadece Roth) tutmak yerine, her ikisine de katkıda bulunarak vergi çeşitlendirmesi yapın. Bu, emeklilikte size esneklik sağlar. Bir planlama stratjisi olarak vergi oranlarının yüksek olduğu bir yılda Roth hesabınızdan çekim yapabilir, düşük olduğu bir yılda Geleneksel hesabınızdan çekim yaparak vergi borcunuzu yönetebilirsiniz.

Backdoor Roth IRA: Roth IRA'ya doğrudan katkı yapmak için AGI limitlerini aşıyorsanız, "Backdoor Roth IRA" stratejisini kullanabilirsiniz. Bu strateji, önce vergi indirimi olmayan bir Geleneksel IRA'ya katkı yapmayı ve ardından bu tutarı hemen bir Roth IRA'ya dönüştürmeyi (convert) içerir. Bu işlem, yasal bir yolla gelir limitlerini aşarak Roth hesabına fon sağlamanıza olanak tanır.

Mega Backdoor Roth IRA: Eğer işvereninizin 401(k) planı izin veriyorsa, bu daha da güçlü bir stratejidir. Bu strateji, normal 401(k) limitlerinin üzerinde, vergi sonrası (after-tax) katkılar yapmanıza ve ardından bu katkıları hemen bir Roth 401(k) veya Roth IRA'ya dönüştürmenize olanak tanır. Bu, on binlerce doları Roth hesaplarına aktarmanın bir yolunu açabilir.

Emeklilik hesapları, ABD vergi kanunlarının sunduğu en cömert avantajlardan bazılarını barındırır. Bu hesapları erken yaşta kullanmaya başlamak ve stratejik olarak yönetmek, uzun vadeli finansal başarının temelini oluşturur.

5.8 Yatırım Gelirlerinin Vergilendirilmesi: Detaylı Bir Bakış

Yatırım gelirleri, servet oluşturmanın önemli bir parçasıdır, ancak vergilendirme şekilleri karmaşık olabilir. Faiz, temettü ve sermaye kazançlarının her biri farklı kurallara tabidir ve bu kuralları anlamak, vergi sonrası net getiriyi en üst düzeye çıkarmak için kritik öneme sahiptir.

Faiz Gelirleri (Interest Income)

Vergilendirme: Faiz gelirleri en basit şekilde vergilendirilir. Elde ettiğiniz faiz, normal gelirinize eklenir ve marjinal vergi oranınız üzerinden vergilendirilir. ABD bankalarından ve tahvillerinden elde edilen faizler için yıl sonunda bir Form 1099-INT alırsınız.

Vergiden Muaf Faiz (Tax-Exempt Interest): En önemli istisna, belediye tahvillerinden (municipal bonds) elde edilen faizdir. Bu tahviller, eyalet ve yerel yönetimler tarafından altyapı projelerini finanse etmek için çıkarılır. Bu tahvillerden elde edilen faiz, federal vergiden muaftır. Ayrıca, tahvili çıkaran eyalette yaşıyorsanız, eyalet ve yerel vergilerden de muaftır. Bu durum, özellikle yüksek vergi dilimindeki yatırımcılar için belediye tahvillerini çok cazip hale getirir.

Türk Mükellefler İçin Not: Türkiye'deki banka hesaplarınızdan elde ettiğiniz faiz gelirleri de ABD'de vergiye tabidir ve normal gelir olarak raporlanmalıdır.

Temettü Gelirleri (Dividend Income)

Temettüler, bir şirketin karını hissedarlarıyla paylaşmasıdır. Vergi açısından iki ana türe ayrılırlar:

Nitelikli Temettüler (Qualified Dividends):

Vergilendirme: Bu temettüler, daha avantajlı olan uzun vadeli sermaye kazancı vergi oranları (%0, %15 veya %20) üzerinden vergilendirilir. Bu, normal gelir vergisi oranlarından önemli ölçüde daha düşük olabilir.

Koşullar: Bir temettünün "nitelikli" sayılması için, hem temettüyü ödeyen şirketin (ABD şirketi veya nitelikli bir yabancı şirket olmalı) hem de sizin (hisse senedini belirli bir süre elinizde tutmanız gerekir) belirli koşulları sağlamanız gerekir.

Nitelikli Olmayan Temettüler (Ordinary veya Non-Qualified Dividends):

Vergilendirme: Nitelikli temettü koşullarını sağlamayan tüm temettüler bu kategoriye girer. Bu gelirler, faiz gibi, normal gelirinize eklenir ve marjinal vergi oranınız üzerinden vergilendirilir.

Türk Mükellefler İçin Not: Türkiye'deki şirketlerden alınan temettüler nitelikli olmayan temettü olarak kabul edilir ve normal gelir oranlarında vergilendirilir.

Sermaye Kazançları ve Zararları (Capital Gains and Losses)

Sermaye kazancı, bir varlığı (hisse senedi, gayrimenkul, sanat eseri vb.) satın aldığınız fiyattan daha yüksek bir fiyata sattığınızda ortaya çıkan kardır.

Kısa Vadeli Sermaye Kazancı (Short-Term Capital Gain): Bir yıldan **daha az** bir süreyle elinizde tuttuğunuz bir varlığın satışından elde edilen kardır. Bu kazançlar, normal geliriniz gibi vergilendirilir.

Uzun Vadeli Sermaye Kazancı (Long-Term Capital Gain): Bir yıldan **daha uzun** bir süreyle elinizde tuttuğunuz bir varlığın satışından elde edilen kardır. Bu kazançlar, daha avantajlı olan %0, %15 veya %20'lik oranlar üzerinden vergilendirilir.

Vergi Kaybı Hasadı (Tax-Loss Harvesting):

Bu, yatırımcılar için en güçlü vergi planlama stratejilerinden biridir. Süreç şöyledir:

Zararları Gerçekleştirin: Yıl sonunda, portföyünüzdeki değeri düşmüş olan bazı yatırımları satarak sermaye zararı gerçekleştirirsiniz.

Kazançları Dengeleyin: Bu zararlar, öncelikle aynı türdeki sermaye kazançlarınızı (kısa vadeliler kısa vadelileri, uzun vadeliler uzun vadelileri) dengelemek için kullanılır. Bu, kazançlar üzerinden ödeyeceğiniz vergiyi ortadan kaldırır.

Normal Geliri Dengeleyin: Eğer hala net zararınız varsa, yıllık 3,000 dolara kadar olan bu zararı maaş veya serbest meslek gibi normal gelirinizi dengelemek için kullanabilirsiniz. Bu, doğrudan vergi matrahınızı düşürür.

Zararları İleriye Taşıyın: 3,000 dolardan fazla olan net zararlar ise, gelecek yıllarda ortaya çıkacak sermaye kazançlarını veya normal geliri dengelemek için süresiz olarak ileriye taşınabilir.

Dikkat: "Wash Sale" Kuralı IRS, yatırımcıların sadece vergi avantajı için bir hisseyi satıp hemen geri almasını önlemek için "wash sale" kuralını koymuştur. Bu kurala göre, bir menkul kıymeti zararına sattıktan sonraki 30 gün içinde veya önceki 30 gün içinde aynı veya "büyük ölçüde aynı" bir menkul kıymeti satın alırsanız, o satıştan kaynaklanan zararı vergi amaçlı kullanamazsınız. Bu nedenle, vergi kaybı hasadı yaparken, sattığınız yatırımın yerine farklı bir yatırım alarak bu kuraldan kaçınmanız gerekir.

Yatırım gelirlerinin vergilendirilmesini anlamak, vergi sonrası getirilerinizi en üst düzeye çıkarmanıza olanak tanır. Varlıklarınızı nerede tuttuğunuz (vergiye tabi hesap vs. vergi avantajlı emeklilik hesabı), ne kadar süreyle tuttuğunuz ve ne zaman sattığınız, ödeyeceğiniz vergi miktarını önemli ölçüde etkiler. Bu nedenle, yatırım stratejiniz her zaman vergi stratejinizle birlikte düşünülmelidir.

5.9 Stopaj ve Tahmini Vergilerle Yıl Boyu Uyum

ABD vergi sistemi, "kazandıkça öde" (pay-as-you-go) prensibine dayanır. Yani, vergi borcunuzun tamamını 15 Nisan'da tek seferde ödemek yerine, yıl boyunca gelir elde ettikçe parça parça ödemeniz gerekmektedir. Bu yükümlülüğü yerine getirmenin iki ana yolu vardır: stopaj (withholding) ve tahmini vergi ödemeleri (estimated tax payments).

Stopaj (Withholding) ve Form W-4

Maaşlı çalışanlar (W-2 alanlar) için en yaygın yöntem stopajdır. İşvereniniz, her maaş çekinizden belirli bir miktar federal ve eyalet gelir vergisini keser ve sizin adınıza vergi dairesine gönderir. Yıl boyunca ne kadar vergi kesileceği, işe başlarken doldurduğunuz Form W-4, Employee's Withholding Certificate ile belirlenir.

Form W-4 Nasıl Çalışır? Maaşlı bir işte çalıştıysanız işinizin ilk gününde size W-4 diye bir form verildiğini hatırlıyor olabilirsiniz. Bu form, beyan durumunuzu, bakmakla yükümlü olduğunuz çocuk ve diğer kişilerin sayısını, birden fazla işiniz olup olmadığını ve diğer gelir veya kesintilerinizi belirtmenizi sağlar. İşvereniniz de bu bilgileri dikkate alarak stopaj hesaplamanızı yapar.

Ne Zaman Güncellenmeli? Form W-4'ünüzü sadece işe başlarken değil, hayatınızda önemli bir değişiklik olduğunda da güncellemelisiniz. Evlenmek, boşanmak, çocuk sahibi olmak, ek bir işe başlamak veya eşinizin iş durumunun değişmesi gibi olaylar, stopaj miktarınızı ayarlamanızı gerektirebilir.

Doğru Ayarlamanın Önemi:

Çok Fazla Stopaj (Over-withholding): Yıl sonunda büyük bir vergi iadesi (refund) alırsınız. Bu, kulağa hoş gelse de, aslında yıl boyunca paranızı faizsiz bir şekilde devlete borç verdiğiniz anlamına gelir. Bu parayı yatırım yapmak veya borç ödemek için kullanabilirdiniz.

Çok Az Stopaj (Under-withholding): Yıl sonunda beklenmedik bir vergi borcu ve eksik ödeme cezası ile karşılaşırsınız.

IRS Stopaj Tahmin Aracı (IRS Tax Withholding Estimator): IRS'in web sitesindeki bu online araç, Form W-4'ünüzü doğru bir şekilde doldurmanıza yardımcı olmak için en iyi kaynaktır. Gelirlerinizi, kesintilerinizi ve kredilerinizi girerek, yıl sonunda ne kadar vergi borcunuz çıkacağını ve her maaş çekinizden ne kadar kesilmesi gerektiğini tahmin eder.

Tahmini Vergi Ödemeleri (Estimated Tax Payments)

Eğer gelirinizin tamamı veya bir kısmı stopaja tabi değilse (serbest meslek, kira geliri, yatırım geliri gibi), vergi borcunuzu yıl boyunca dört taksitte kendiniz ödemeniz gerekir.

Kimler Ödemeli? Yıl sonunda 1,000 dolar veya daha fazla vergi borcu çıkacağını tahmin eden ve stopajla ödenen vergileri toplam vergi yükümlülüğünün belirli bir yüzdesini (%90) karşılamayan herkes bunu

Ödeme Tarihleri:
Birinci Dönem (1 Ocak - 31 Mart): 15 Nisan
2. Dönem (1 Nisan - 31 Mayıs): 15 Haziran
3. Dönem (1 Haziran - 31 Ağustos): 15 Eylül
4. Dönem (1 Eylül - 31 Aralık): Sonraki yılın 15 Ocak'ı

Cezalardan Kaçınmak İçin Güvenli Liman (Safe Harbor) Kuralları: Eksik ödeme cezasından kaçınmak için, yıl boyunca stopaj ve tahmini ödemelerinizin toplamının şu iki tutardan daha düşük olanını karşılaması gerekir:

Cari yıl vergisinin %90'ı: Yani, bu yılki toplam vergi borcunuzun en az %90'ını yıl boyunca ödemiş olmalısınız.

Önceki yıl vergisinin %100'ü: Yani, geçen yılki toplam vergi borcunuzun %100'ünü bu yıl boyunca ödemiş olmalısınız. (Eğer önceki yıl AGI'niz 150,000 doları aştıysa, bu oran %110'a çıkar).

Vaka Örneği: Geçen yıl toplam vergi borcu 20,000 dolar olan bir serbest meslek sahibi. Bu yıl gelirinin artacağını ve vergisinin 30,000 dolar olacağını tahmin etmektedir. Cezadan kaçınmak için, bu yıl boyunca en azından geçen yılki vergisinin %100'ü olan 20,000'ı dört eşit taksitte ödemesi yeterlidir. Geriye kalan 10,000 dolarlık farkı ise 15 Nisan'da beyannamesiyle birlikte ödeyebilir.

Pratik Tavsiye: Eğer hem maaşlı bir işiniz hem de ek serbest meslek geliriniz varsa, tahmini vergi ödemeleriyle uğraşmak yerine, W-2 işinizdeki stopajı artırarak ek gelirinizin vergisini karşılayabilirsiniz. Form W-4'ünüzün "Diğer Gelirler" (Other Income) bölümüne serbest meslek gelirinizi ekleyerek, işvereninizin her maaşınızdan daha fazla vergi kesmesini sağlayabilir ve böylece çeyreklik ödeme yapma zorunluluğundan kurtulabilirsiniz. Bu, uyum sürecini önemli ölçüde basitleştirir.

5.10 Bölüm Özeti ve Pratik Tavsiyeler

Bireysel gelir vergisi beyannamesi, sadece bir uyum zorunluluğu değil, aynı zamanda finansal sağlığınızın bir yansıması ve planlama için bir fırsattır.

Sistematik Olun: Vergi hazırlığını son dakikaya bırakmayın. Yıl boyunca belgelerinizi dijital olarak organize edin.

AGI'nizi Yönetin: AGI'nizi düşürmek, genellikle en etkili vergi tasarrufu stratejisidir. Emeklilik ve HSA katkılarınızı maksimize edin.

Kesinti Kararını Analiz Edin: Her yıl standart ve ayrıntılı kesintiler arasındaki seçimi bilinçli olarak yapın. Giderlerinizi birleştirmeyi (bunching) düşünün.

Kredileri Gözden Kaçırmayın: Özellikle Yabancı Vergi Kredisi, Türk mükellefler için hayati önem taşır. Çifte vergilendirmeyi önlemek için Form 1116'yı doğru bir şekilde doldurduğunuzdan emin olun.

Profesyonel Yardım Almaktan Çekinmeyin: Özellikle uluslararası unsurlar (yabancı gelir, yabancı eş, FTC vb.) içeren durumlar karmaşıktır. İyi bir vergi uzmanı, yaptığı tasarrufla kendi ücretini fazlasıyla çıkarabilir.

Form 1040'ı anlamak ve stratejik olarak yaklaşmak, vergi sezonunu bir stres kaynağından, finansal hedeflerinize ulaşmada bir araç haline getirecektir.

AGI Hesaplama Örneği

Gelir Kalemi	Tutar
Maaş (W-2)	$150,000
Faiz Geliri	$2,000
Temettü Geliri	$3,000
TOPLAM BRÜT GELİR	**$155,000**

Üst Satır Kesintiler:	
401(k) Katkısı	($23,500)
IRA Katkısı	($7,000)
HSA Katkısı	($4,300)
Öğrenci Kredisi Faizi	($2,500)

ADJUSTED GROSS INCOME (AGI)	**$117,700**

Vergi Tasarrufu (24% diliminde):	**~$8,952**

AGI azaltımı, vergi tasarrufu için en etkili stratejidir

Tablo 5.5: AGI Hesaplama Örneği

Bölüm 6: Küçük İşletme ve Serbest Meslek Vergisi

Selim Bey, Chicago'da yaşayan bir yazılım mühendisi olarak, kendi danış-manlık şirketini kurmaya karar verdiğinde, ABD'nin karmaşık işletme vergi sistemini hiç hesaba katmamıştı. İlk yıl, sadece Schedule C formu doldu-rarak işi halletmeye çalışmış, ancak yıl sonunda 15,300 dolarlık serbest meslek vergisi faturası ile karşılaştığında şok olmuştu.

Selim Bey'in yaşadığı bu deneyim, ABD'de işletme sahibi olmayı düşü-nen binlerce Türk girişimcinin karşılaştığı gerçektir. Çalışan (W-2) olmak-tan işletme sahibi olmaya geçiş sadece daha fazla özgürlük ve gelir anlamına gelmez; aynı zamanda tamamen farklı bir vergi dünyasına adım atmak demektir. Bu dünyada, artık sadece gelir vergisi değil, aynı zamanda serbest meslek vergisi (self-employment tax), çeyreklik tahmini vergi ödemeleri ve detaylı kayıt tutma gibi yeni sorumluluklar vardır.

6.1 Serbest Meslek Vergisinin Temelleri

Serbest meslek vergisi, serbest meslek sahiplerinin ve küçük işletme sahip-lerinin Sosyal Güvenlik (emeklilik, maluliyet, hayatta kalma yardımları) ve Medicare (sağlık sigortası) sistemlerine katkıda bulunmasını sağlayan bir vergidir. Esasen, maaşlı çalışanlar için işveren ve çalışanın yarı yarıya pay-laştığı FICA vergilerinin (Sosyal Güvenlik ve Medicare) tamamının işletme sahibi tarafından ödenmesidir.

Serbest Meslek Vergisi Oranları ve Hesaplaması
Toplam Oran: %15.3
Sosyal Güvenlik: %12.4
Medicare: %2.9

Ancak bu oran, brüt gelirinize değil, net serbest meslek gelirinizin %9 2.35'ine uygulanır. Bu %7.65'lik indirim, maaşlı çalışanların işveren payını vergi matrahından düşmesine benzer bir avantaj sağlamak içindir.

Önemli Sınırlar

Sosyal Güvenlik Gelir Tavanı: %12.4'lük Sosyal Güvenlik vergisi, sadece 176,100 dolara kadar olan net kazançlara uygulanır. Bu tavanın üzerindeki kazançlar Sosyal Güvenlik vergisine tabi değildir.

Medicare Sınırı Yoktur: %2.9'luk Medicare vergisi, tüm net kazançlarınız üzerinden alınır bunun bir üst sınırı yoktur.

Ek Medicare Vergisi: AGI'niz belirli eşikleri (Bekar için 200,000 dolar, evli için 250,000 doları) aştığında, bu eşiği aşan kazançlarınız üzerinden ek %0.9 Medicare vergisi ödemeniz gerekir.

Vaka Çalışması:

Özel muayenehanesi olan bir doktor. 2026 yılı net işletme geliri (Schedule C'den gelen) 250,000 dolardır.

Hesaplama Adımları:

Vergiye Tabi Net Kazanç: 250,000 x 0.9235 = 230,875 dolar

Sosyal Güvenlik Vergisi: 176,100 (tavan) x 12.4% = 21,836 dolar

Medicare Vergisi: 230,875 x 2.9% = 6,695 dolar

Toplam Serbest Meslek Vergisi: 21,836 + 6,695 = 28,531 dolar olacaktır.

Bu 28,531 dolar Ayşe Hanım'ın normal gelir vergisine ek olarak ödemesi gereken bir vergidir. Ancak, bu verginin yarısı olan 14,266 dolarlık gelir Form 1040'ta AGI'yi düşüren bir kesinti (above-the-line deduction) olarak kullanılabilir. Bu, hem federal hem de eyalet gelir vergisini azaltan önemli bir avantajdır.

Nakit ve Tahakkuk Esaslı Muhasebe Yöntemleri

İşletmenizin gelir ve giderlerini ne zaman tanıdığınızı belirleyen muhasebe yöntemi seçimi, vergi zamanlamasını doğrudan etkiler.

Nakit Esaslı (Cash Basis): En yaygın yöntemdir. Gelir, parayı tahsil ettiğinizde; gider ise parayı ödediğinizde kaydedilir. Bu yöntem, yıl sonunda gelir tahsilatını geciktirerek veya gider ödemelerini hızlandırarak vergi planlaması yapma esnekliği sunar.

Tahakkuk Esaslı (Accrual Basis): Gelir, kazanıldığında (fatura kesildiğinde); gider ise yükümlülük doğduğunda (fatura alındığında) kaydedilir. Bu yöntem, işletmenin finansal durumunu daha doğru yansıtır ve envanter tutan işletmeler için zorunludur.

6.2 Schedule C

Schedule C, tek sahipli işletmelerin (sole proprietorships) ve tek üyeli LLC'lerin (single-member LLCs) kar veya zararını hesaplamak için kullandığı formdur. Bu form, işletmenizin bir yıllık finansal özetidir.

Schedule C'nin Mantıksal Yapısı

Bölüm I - Gelir: Tüm brüt gelirleriniz burada raporlanır. Ürün satıyorsanız, Satılan Malın Maliyeti (COGS) bu bölümden düşülerek brüt kar bulunur.

Üçüncü taraf ödeme ağları (PayPal, Stripe, Venmo, Zelle) aracılığıyla mal ve hizmet satışı yapanlar için Form 1099-K raporlama eşiği, yıllardır süren kafa karışıklığının ardından 2025 vergi yılı için 5,000 dolar olarak belirlenmiştir. Bu, 2024 yılındaki 600 dolar eşiğinden bir artış anlamına gelmektedir. Bu, 5,000 dolar üzerinde ödeme alan serbest meslek sahiplerinin, bu platformlardan bir Form 1099-K alacağı anlamına gelir. Ancak unutmayın: Eşik ne olursa olsun, tüm gelirlerinizi raporlamak zorundasınız. Form 1099-K almasanız bile, 400 dolar üzerindeki tüm serbest meslek kazançları vergiye tabidir.

Bölüm II - Giderler: Vergi optimizasyonunun kalbi burasıdır. Reklam, araç giderleri, ofis malzemeleri, maaşlar, kira gibi tüm "olağan ve gerekli" (ordinary and necessary) işletme giderleri burada listelenir.

Net Kar/Zarar: Brüt kardan toplam giderler çıkarılarak bulunur. Bu rakam, Form 1040'a (kişisel gelir vergisi beyannamesi) ve Schedule SE'ye (serbest meslek vergisi beyannamesi) aktarılır.

Olağan ve Gerekli (Ordinary and Necessary) Gider Kriteri

Bir giderin işletme gideri olarak düşülebilmesi için bu iki kriteri karşılaması gerekir:

Olağan (Ordinary): Gider, sizin sektörünüzdeki işletmeler için yaygın ve kabul edilmiş olmalıdır.

Gerekli (Necessary): Gider, işletmenizin yürütülmesi için yardımcı ve uygun olmalıdır. "Vazgeçilmez" olması şart değildir.

Kritik Gider Kategorileri ve Optimizasyon Stratejileri

Araç Giderleri: İki yöntem vardır:

Standart Kilometre Oranı (Standard Mileage Rate): 2026 için mil başına 70 centtir. Sadece iş için sürülen milleri kaydetmeniz yeterlidir. Fakat denetmele durumunda sizden belirttiğiniz miller için tarihleri, nereden nereye gittiğinizi, kaç mil sürdüğünüzü detaylı ve düzenli olarak göstermeniz istenir.

Gerçek Gider Yöntemi (Actual Expense Method): Yakıt, sigorta, bakım, onarım ve amortisman gibi aracın gerçek masraflarının iş kullanım yüzdesi kadarını düşersiniz. Daha pahalı araçlar veya yüksek iş kullanımı olanlar için daha avantajlıdır, ancak çok detaylı kayıt gerektirir.

Ev Ofis Kesintisi (Home Office Deduction): Evinizin bir bölümünü düzenli ve münhasıran iş için kullanıyorsanız bu kesintiden yararlanabilirsiniz.

Basitleştirilmiş Yöntem (Simplified Method): Metrekare başına 5 dolar, en fazla 300 metrekare (yani 1,500 dolar) ile sınırlıdır.

Gerçek Gider Yöntemi (Actual Expense Method): Ev masraflarınızın (kira/mortgage faizi, emlak vergisi, sigorta, elektrik vb.) ofis alanınızın evin toplam alanına oranını düşersiniz. Daha yüksek bir kesinti sağlar ancak daha karmaşıktır.

Amortisman (Depreciation - Section 179 ve Bonus Depreciation): Bilgisayar, mobilya, makine gibi büyük varlıkların maliyetini tek seferde veya birkaç yılda gidere yazmanızı sağlar.

Section 179: 2026 için 1,250,000 dolara kadar olan varlık maliyetini aynı yıl içinde tamamen gidere yazmanıza olanak tanır.

Bonus Amortisman: 2017 tarihli Tax Cuts and Jobs Act (TCJA) ile %100 bonus amortisman uygulaması getirilmiş, ancak bu oran 2023 yılından itibaren kademeli olarak azaltılmaya başlanmıştı. 2025 yılında kabul edilen One Big Beautiful Bill Act (OBBBA) ile bu aşamalı azalma tersine çevrilmiş ve 19 Ocak 2025 sonrasında edinilip hizmete alınan nitelikli varlıklar için %100 bonus amortisman yeniden ve kalıcı olarak yürürlüğe konulmuştur. Buna göre işletmeler, yeni veya belirli şartları sağlayan kullanılmış varlıkların maliyetinin tamamını ilk yıl gider olarak yazabilmektedir. Bonus amortisman uygulanmayan veya bu uygulamadan feragat edilen durumlarda ise amortisman, normal amortisman kurallarına göre yıllara yayılır.

Sağlık Sigortası Primleri Kesintisi (Self-Employed Health Insurance Deduction)

Serbest meslek sahipleri, kendileri, eşleri ve bakmakla yükümlü oldukları kişiler için ödedikleri sağlık, diş ve uzun süreli bakım sigortası primlerinin %100'ünü bir "above-the-line" kesinti olarak düşebilirler. Bu, AGI'yi doğrudan düşürdüğü için çok değerlidir.

Şartlar:

1.İşletmenizin net karı olmalıdır.

2.Siz veya eşiniz, bir işveren tarafından sübvanse edilen bir sağlık planına katılmaya uygun olmamalısınız.

Nereye Yazılır?

Bu kesinti, Schedule C'de değil, doğrudan Form 1040, Schedule 1'de yer alır.

6.3 İşletme Yapısı Seçimi: Vergi ve Sorumluluk Dengesi

İşletmeniz büyüdükçe, başlangıçtaki tek sahipli işletme (sole proprietorship) yapısı yetersiz kalabilir. Daha gelişmiş yapılar, hem yasal sorumluluğunuzu sınırlayabilir hem de önemli vergi avantajları sunabilir.

İşletme Yapısı	Vergilendirme	Sorumluluk	Avantajlar	Dezavantajlar
Tek Sahipli (Sole Prop.)	Kişisel beyannamede (Schedule C)	Sınırsız Kişisel Sorumluluk	Basit, ucuz, ayrı beyanname yok	Kişisel varlıklar risk altında, tüm kar serbest meslek vergisine tabi
LLC (Limited Liability Co.)	Varsayılan olarak Tek Sahipli gibi (pass-through). S-Corp veya C-Corp olarak vergilendirilmeyi seçebilir.	Sınırlı Sorumluluk	Yasal koruma, vergi esnekliği	Kurulumu ve yönetimi daha karmaşık, eyalet ücretleri var
S Corporation (S-Corp)	Pass-through. Sahiplere makul bir maaş ödenir, kalan kar temettü olarak dağıtılır.	Sınırlı Sorumluluk	**Serbest meslek vergisi tasarrufu**, yasal koruma	Sıkı kurallar (hissedar sayısı, türü), bordro gerekliliği, ek muhasebe karmaşıklığı
C Corporation (C-Corp)	Ayrı bir tüzel kişilik olarak kendi vergi oranından (%21) vergilendirilir.	Sınırlı Sorumluluk	Sınırsız sayıda hissedar, melek/risk sermayesi yatırımı için uygun	**Çifte Vergilendirme** (şirket karı ve hissedarlara dağıtılan temettüler ayrı ayrı vergilendirilir), karmaşık

Tablo 6.1: İşletme Yapılarının Karşılaştırılması

S Corporation ile Serbest Meslek Vergisi Tasarrufu: Altın Strateji

Belirli bir gelir seviyesinin üzerindeki (net kar > $60,000-$80,00$) birçok serbest meslek sahibi için S-Corp seçimi yapmak, en önemli vergi tasarrufu stratejisidir.

Nasıl Çalışır?

İşletmenizi bir LLC olarak kurar ve ardından IRS'e Form 2553'ü sunarak S-Corp olarak vergilendirilmeyi seçersiniz.

Kendinize, yaptığınız iş için piyasa koşullarında "makul bir maaş" (reasonable salary) ödersiniz. Bu maaş, normal FICA vergilerine (%15.3, yarısı şirket tarafından ödenir) tabidir.

İşletmenin maaştan sonra kalan tüm karı, size temettü (distribution) olarak ödenir. Bu temettüler, serbest meslek vergisine tabi değildir!

Vaka Çalışması: Ayşe Hanım (Grafik Tasarımcı)

Profil: Tek sahipli işletmesinin net karı 150,000 dolardır.

Senaryo 1 (Tek Sahipli):

Serbest Meslek Vergisi: 21,190 dolar olacaktır.

Senaryo 2 (S-Corp Seçimi):

Kendine 70,000 dolar makul maaş öder. Bu maaş üzerinden ödenen FICA vergisi: 70,000 x 15.3% = 10,710 olacaktır.

Kalan kar (150,000 - 70,000) = $80,000 Bu tutar, serbest meslek vergisine tabi olmayan bir temettü olarak alınır.

Net Vergi Tasarrufu: 21,190 - 10,710 = 10,480 dolar (Yıllık!)

Dikkat: Bu stratejinin anahtarı, "makul maaş" belirlemektir. IRS, işletme sahiplerinin serbest meslek vergisinden kaçınmak için kendilerine çok düşük maaş ödemesini engellemek ister. Maaşınız, sektörünüzdeki, deneyiminizdeki ve coğrafi bölgenizdeki benzer bir pozisyon için ödenen maaşla tutarlı olmalıdır.

6.4 Nitelikli İşletme Geliri (QBI) Kesintisi

2017 Vergi Kesintileri ve İşler Yasası (TCJA) ile getirilen QBI kesintisi (Section 199A olarak da bilinir), pass-through işletme sahiplerinin (tek sahipli, LLC, S-Corp, ortaklık) nitelikli işletme gelirlerinin %20'sine kadarını vergi matrahlarından düşmelerine olanak tanır.

Kimler Yararlanabilir? Çoğu pass-through işletme sahibi.

Sınırlamalar:

Gelir Sınırı: 2026 için, vergilendirilebilir geliriniz belirli eşikleri (Bekar için ~201,775 doları Evli için ~398,700 doları) aştığında, kesinti karmaşık sınırlamalara tabi olur.

Belirtilen Hizmet Ticareti veya İşi (SSTB): Gelir eşiklerini aştıysanız ve işletmeniz sağlık, hukuk, danışmanlık, muhasebe, finans gibi bir "belirtilen hizmet" sektöründeyse, QBI kesintiniz tamamen ortadan kalkabilir.

W-2 Maaş ve Varlık Sınırlaması: Gelir eşiklerini aştıysanız, kesintiniz işletmenin ödediği W-2 maaşlarının veya sahip olduğu nitelikli varlıkların maliyetinin bir fonksiyonu ile sınırlanır.

Basit Örnek: Vergilendirilebilir geliri 100,000 dolar olan ve 80,000 dolar QBI'ı bulunan bekar bir mühendis. Gelir sınırı altında olduğu için, QBI kesintisi $80,000 x 20% = $16,000 olur. Bu, doğrudan vergi matrahını düşüren çok değerli bir kesintidir.

6.5 Bordro Vergisi Yükümlülükleri

İşletmeniz büyüyüp ilk çalışanınızı işe aldığınızda, yeni bir vergi ve uyum dünyasına girersiniz: bordro vergileri (payroll taxes).

İşveren Sorumlulukları:

Vergi Kesintisi (Withholding): Çalışanın maaşından federal gelir vergisi, eyalet gelir vergisi ve çalışanın FICA payını (%7.65) kesmek.

İşveren Payı: Çalışanın FICA payına eşit bir tutarı (%7.65) kendi cebinizden ödemek.

Federal İşsizlik Vergisi (FUTA): Her çalışanın ilk 7,000 dolarlık maaşı üzerinden %0.6 oranında bir vergi ödemek.

Eyalet İşsizlik Vergisi (SUTA): Eyalete göre değişen oranlarda işsizlik sigortası primi ödemek.

Raporlama ve Ödeme: Kesilen ve ödenen bu vergileri düzenli olarak (çeyreklik olarak Form 941 ile yapılır) IRS'e ve eyalet vergi dairesine raporlamak ve ödemek.

Bordro yönetimi karmaşık ve hataya açık bir alandır. Birçok küçük işletme sahibi, bu yükümlülükleri doğru bir şekilde yerine getirmek ve cezalardan kaçınmak için Gusto, ADP veya QuickBooks Payroll gibi bir bordro hizmeti sağlayıcısı kullanır.

6.6 Kapsamlı Vaka Çalışmaları

Teorik bilgileri pratiğe dökmek için, farklı senaryolardaki işletme sahiplerinin vergi durumlarını inceleyelim.

Vaka 1: Yeni Başlayan Freelance Yazar - Basitliğin Gücü

Elif, tam zamanlı işinin yanı sıra akşamları ve hafta sonları freelance yazarlık yapmaya başlıyor. İlk yılki net serbest meslek geliri 15,000 dolardır.

Yapı: Tek Sahipli İşletme (Sole Proprietorship). Bu aşamada LLC veya S-Corp kurmak gereksiz bir karmaşıklık ve masraftır.

Vergi Formları:

Schedule C: 15,000 dolar geliri ve 1,200 dolar (bilgisayar yazılımı, web sitesi barındırma) gideri raporlar. Net kar: 13,800 dolar

Schedule SE: 13,800 dolar üzerinden serbest meslek vergisi hesaplar. (13,800 x 0.9235 x 0.153) = 1,948 dolar

Vergi Planlaması:

Tahmini Vergiler: Elif, W-2 işindeki stopajını artırarak (Form W-4'ü güncelleyerek) bu 1,948 dolarlık ek vergi yükünü karşılayabilir. Bu, onu çeyreklik tahmini vergi ödemeleri yapma zahmetinden kurtarır.

Kesintiler: Evinin bir odasını sadece yazarlık için kullanıyorsa, basitleştirilmiş ev ofis kesintisinden yararlanabilir.

Emeklilik: Kazancına dayanarak bir SEP IRA veya Solo 401(k) açabilir, ancak bu aşamada önceliği W-2 işindeki 401(k)'yı maksimize etmek olabilir.

Vaka 2: Büyüyen E-Ticaret İşletmesi - LLC ve Envanter Yönetimi

Utku, Türkiye'den ithal ettiği el yapımı ürünleri bir e-ticaret sitesinde satıyor. Yıllık net karı 75,000 dolara ulaştı.

Yapı: Utku, kişisel varlıklarını işletme borçlarından ve potansiyel davalardan korumak için bir Tek Üyeli LLC (Single-Member LLC) kuruyor. Vergi açısından, hala bir "ayrı bir vergi kimliği olmayan işletme" (disregarded entity) olduğu için Schedule C üzerinden beyanname vermeye devam ediyor.

Vergi Karmaşıklıkları:

Satılan Malın Maliyeti (COGS): Utku'nun en büyük zorluğu envanter yönetimidir. Yıl başı envanteri, yıl içi alımları ve yıl sonu envanterini doğru bir şekilde takip ederek COGS'u hesaplamalıdır. Bu, kar marjını ve vergiye tabi gelirini doğrudan etkiler.

Satış Vergisi (Sales Tax): Utku'nun müşterilerinin bulunduğu eyaletlerdeki ekonomik bağlantı (economic nexus) eşiklerini takip etmesi ve bu eyaletlere satış vergisi toplayıp ödemesi gerekir. Bu, önemli bir uyum yüküdür.

Vergi Planlaması:

S-Corp Değerlendirmesi: 75,000 dolar net kar ile Utku, S-Corp seçimi yapmanın eşiğindedir. Kendine 45,000 dolarlık makul bir maaş ödeyerek, kalan 30,000 dolar üzerinden serbest meslek vergisi tasarrufu yapmaya başlayabilir. Bu, yıllık 4,000 dolar tasarruf sağlayabilir, ancak ek bordro ve muhasebe maliyetlerini de hesaba katmalıdır.

QBI Kesintisi: Utku, gelir sınırlarının oldukça altında olduğu için, 75,000 dolarlık işletme gelirinin %20'si olan 15,000 dolarlık QBI kesintisinden tam olarak yararlanır.

Vaka 3: Yüksek Gelirli Danışman - S-Corp Optimizasyonu

Selim, bu bölümün başındaki kahramanımız, artık deneyimli bir IT danışmanı. İşletmesinin yıllık net karı 220,000 dolardır.

Yapı: Selim, bir önceki yıl S-Corp seçimi yapmış bir LLC'ye sahiptir.

Vergi Stratejisi:

Makul Maaş: Selim, piyasa araştırması yaparak kendine 120,000 dolarlık bir makul maaş belirlemiştir. Bu maaş üzerinden FICA vergileri ödenir.

Temettü Dağıtımı: Kalan kar (220,000 - 120,000) = 100,000 dolar serbest meslek vergisine tabi olmayan bir temettü olarak kendisine dağıtılır.

Serbest Meslek Vergisi Tasarrufu: Eğer tek sahipli olarak kalsaydı 30,000 dolar serbest meslek vergisi ödeyecekti. S-Corp yapısında ise sadece maaşı üzerinden FICA vergisi ödüyor. Bu, yıllık 15,000 dolardan fazla bir net tasarruf anlamına gelir.

Emeklilik Planlaması: S-Corp yapısı, Selim'in bir Solo 401(k) kurmasına olanak tanır. Bu planla, hem "çalışan" olarak (23,500 dolara kadar) hem de "işveren" olarak (maaşının %25'ine kadar) katkıda bulunabilir. Bu, 2026 için toplamda 60,000 doları aşan bir vergi indirimi yaratır ve AGI'sini önemli ölçüde düşürür.

QBI Kesintisi: Selim'in geliri, SSTB (danışmanlık) için QBI kesintisinin aşamalı olarak ortadan kalktığı gelir aralığına girmektedir. Ancak, ödediği W-2 maaşı sayesinde, kesintinin bir kısmından hala yararlanabilir. Bu, S-Corp yapısının bir başka dolaylı avantajıdır.

Bu vakalar, işletme vergilendirmesinin "herkese uyan tek bir çözüm" olmadığını göstermektedir. En iyi yapı ve strateji, işletmenizin gelir seviyesine, sektörüne, büyüme potansiyeline ve kişisel finansal hedeflerinize bağlıdır. Bir işletme sahibi olarak, bu seçenekleri anlamak ve düzenli olarak bir vergi profesyoneli ile durumunuzu gözden geçirmek, finansal başarınız için yapabileceğiniz en önemli yatırımlardan biridir.

6.7 Serbest Meslek Sahipleri İçin Emeklilik Planlaması

Maaşlı çalışanların 401(k) planları varken, serbest meslek sahipleri ve küçük işletme sahipleri, daha da güçlü ve esnek olan kendi emeklilik planlarını kurma avantajına sahiptir. Bu planlar, sadece emeklilik için büyük meblağlar biriktirmenize olanak tanımakla kalmaz, aynı zamanda mevcut vergi yükünüzü önemli ölçüde azaltmanın en etkili yoludur.

Plan Türü	Kimler İçin Uygun	Temel Avantaj	Katkı Limitleri (2026 Tahmini)
SEP IRA	Her seviyedeki serbest meslek sahibi, özellikle tek başına çalışanlar	Kurulumu ve yönetimi çok basit, yüksek katkı limitleri	Net ayarlanmış serbest meslek kazancının %20'si, maksimum $70,000
SIMPLE IRA	Birkaç çalışanı olan küçük işletmeler	Çalışanların da katkıda bulunmasına olanak tanır, 401(k)'dan daha basit	Çalışan katkısı: $16,000 (50+ için ek $3,500). İşveren katkısı zorunlu.
Solo 401(k)	Sadece sahibi ve/veya eşi olan işletmeler (çalışan yok)	En yüksek katkı limitleri, Roth seçeneği, kredi alma imkanı	Çift Katkı: "Çalışan" olarak $23,500 + "İşveren" olarak net kazancın %20'si. Toplam maks. $70,000. (50+ için ek $7,500)

Tablo 6.2: Serbest Meslek Sahipleri İçin Emeklilik Planları

Solo 401(k): En Güçlü Araç

Başka çalışanınız yoksa (eşiniz hariç), Solo 401(k) en üstün seçenektir. Bunun nedeni, hem "çalışan" hem de "işveren" olarak katkıda bulunmanıza izin veren benzersiz yapısıdır.

Vaka Çalışması: IT Danışmanı Burak Bey

Net serbest meslek geliri 100,000 dolar olan 45 yaşında bir danışman.

Senaryo 1 (SEP IRA):
Maksimum katkı: Net ayarlanmış kazancının %20'si yani 18,587 dolar olacaktır.

Senaryo 2 (Solo 401(k)):
"Çalışan" Katkısı: Burak Bey, "çalışan" olarak 23,500 doların tamamını yatırabilir.

"İşveren" Katkısı: Buna ek olarak "işveren" olarak net ayarlanmış kazancının %20'sini, yani 18,587 dolar daha yatırabilir.

Toplam Katkı: 23,500 + 18,587 = 43,087 dolardır.

Sonuç olarak, Solo 401(k) ile Burak Bey, SEP IRA'ya kıyasla aynı gelir seviyesinde iki katından fazla vergi indirimi sağlayan bir katkı yapabilmiştir. Bu, on binlerce dolarlık daha düşük bir vergiye tabi gelir anlamına gelir.

Solo 401(k)'nın Diğer Avantajları:
Roth Seçeneği: Birçok Solo 401(k) planı, "çalışan" katkılarınızı vergi sonrası Roth olarak yapmanıza olanak tanır. Bu, size Geleneksel ve Roth arasında vergi çeşitlendirmesi yapma esnekliği sunar.

Kredi (Loan) İmkanı: Acil bir durum olduğunda, plan bakiyenizin %50'sine kadar (maksimum 50,000 dolara kadar) borç alabilirsiniz. Bu, emeklilik birikimlerinizi bozdurmadan likiditeye erişim sağlar.

Kurulum ve Son Tarihler

SEP IRA: Vergi beyannamesi son tarihine (uzatmalar dahil) kadar kurulabilir ve finanse edilebilir. Bu, size son dakika vergi planlaması için esneklik sağlar.

Solo 401(k): Planın kendisi 31 Aralık'a kadar kurulmalıdır. Ancak, "işveren" katkıları vergi beyannamesi son tarihine kadar yapılabilir. "Çalışan" katkıları ise 31 Aralık'a kadar yapılmalıdır.

Serbest meslek sahibi olarak emeklilik planlaması, sadece geleceğe yatırım yapmak değil, aynı zamanda bugünkü vergi faturanızı önemli ölçüde hafifletmek için bir fırsattır. Doğru planı seçmek ve katkıları maksimize etmek, finansal bağımsızlığa giden yolda atılacak en akıllıca adımlardan biridir.

6.8 Hobi mi, İşletme mi? IRS'in Gözünden Farklılıklar

IRS, kişilerin aslında kar amacı gütmeyen kişisel hobilerini, vergi avantajı elde etmek için bir işletme gibi göstererek zararlarını diğer gelirlerinden düşmelerini engellemek için katı kurallar uygulamaktadır. Bir faaliyetin hobi mi yoksa işletme mi olduğuna karar vermek, beyan edeceğiniz gelir ve düşebileceğiniz giderler açısından temel bir fark yaratır.

IRS'in Değerlendirdiği Dokuz Faktör

IRS, bir faaliyetin kar amacıyla yürütülüp yürütülmediğini belirlemek için şu dokuz faktörü dikkate alır. Hiçbir faktör tek başına belirleyici değildir; karar, tüm koşulların bütünsel bir değerlendirmesine dayanır:

1. **Faaliyeti İş Benzeri Bir Şekilde Yürütüyor musunuz?** Ayrıntılı ve doğru defterler ve kayıtlar tutuyor musunuz? Faaliyetinizi daha karlı hale getirmek için yöntemlerinizi değiştiriyor musunuz?

2. **Siz ve Danışmanlarınızın Sahip Olduğu Uzmanlık:** Faaliyet alanında kapsamlı bir çalışma yaptınız mı veya uzman tavsiyesi aldınız mı? Başarılı olmak için gerekli bilgiye sahip misiniz?

3. **Faaliyete Harcanan Zaman ve Çaba:** Faaliyetin karlı olmasını sağlamak için önemli miktarda kişisel zaman ve çaba harcıyor musunuz?

4. **Varlıkların Değer Kazanma Beklentisi:** Faaliyette kullanılan varlıkların (örneğin, arazi) zamanla değer kazanmasını bekliyor

musunuz?

5. **Benzer Faaliyetlerdeki Başarınız:** Geçmişte benzer faaliyetleri karlı hale getirme konusunda bir geçmişiniz var mı?

6. **Faaliyetin Kar ve Zarar Geçmişi:** Faaliyet, ara sıra kar elde ediyor mu? Zararlar başlangıç aşamasından mı kaynaklanıyor, yoksa kontrolünüz dışındaki olaylardan mı?

7. **Ara Sıra Elde Edilen Karların Miktarı:** Elde edilen karlar, geçmişte biriken zararlara ve yatırılan sermayeye kıyasla ne kadar büyük?

8. **Mali Durumunuz:** Faaliyetten elde edilen gelire geçiminiz için ne kadar bağımlısınız? Diğer kaynaklardan önemli geliriniz var mı?

9. **Kişisel Zevk veya Rekreasyon Unsurları:** Faaliyette önemli kişisel zevk veya rekreasyon unsurları var mı? (Bu tek başına belirleyici olmasa da, diğer faktörlerle birleştiğinde önemli olabilir.)

Pratik Kural (Safe Harbor): IRS, bir faaliyetin kar amacı güttüğünü varsayan bir "güvenli liman" kuralı sunar. Eğer faaliyetiniz, son beş vergi yılının en az üçünde kar elde ettiyse, IRS bu faaliyeti bir işletme olarak kabul etme eğilimindedir (at yetiştiriciliği gibi bazı faaliyetler için bu süre yedi yılda ikidir).

Özellik	İşletme (For-Profit)	Hobi (Not-for-Profit)
Gelir Raporlama	Schedule C'de brüt gelir olarak raporlanır.	Form 1040, Schedule 1'de "Diğer Gelirler" olarak raporlanır.
Gider Raporlama	Tüm olağan ve gerekli giderler Schedule C'de gelirden düşülür.	Giderler **düşülemez**. (2017 TCJA yasası, 2025'e kadar hobi gideri kesintisini kaldırmıştır.)
Zarar Durumu	Net bir zarar oluşursa (giderler gelirden fazlaysa), bu zarar diğer gelirlerinizi (maaş, yatırım geliri vb.) dengelemek için kullanılabilir.	Zararlar **düşülemez**. Giderleriniz gelirinizden fazlaysa, bu fazlalığı başka bir gelirden düşemezsiniz.

Tablo 6.3 Vergi Sonuçlarındaki Farklılıklar

Vaka Çalışması: Fotoğrafçı Ali Bey

Ali Bey, tam zamanlı bir mühendis olarak çalışıyor ve hafta sonları doğa fotoğrafçılığı yapıyor. Fotoğraflarını online olarak satmaya çalışıyor.

Mali Durum: Yıl boyunca fotoğraf satışlarından 1,000 dolar gelir elde etti. Ancak yeni bir kamera, lensler, seyahat ve web sitesi masrafları için 8,000 dolar harcadı. Net sonuç: 7,000 dolar zarar.

Senaryo 1 (İşletme Olarak Kabul Edilirse): Ali Bey, bu 7,000 dolar zararı Schedule C'de raporlayabilir ve bu zararı mühendislik maaşından düşerek vergiye tabi gelirini azaltabilir. Bu, ona $1,500 - $2,000 vergi tasarrufu sağlayabilir.

Senaryo 2 (Hobi Olarak Kabul Edilirse): Ali Bey bu 1,000 dolarlık geliri raporlamak zorundadır. Ancak, 8,000 dolarlık giderlerinin hiçbirini düşemez. 7,000 dolarlık zarar buharlaşır ve hiçbir vergi avantajı sağlamaz.

Sonuç: IRS'in Ali Bey'in faaliyetini bir işletme olarak kabul etmesi için, onun sadece fotoğraf satmaya çalışmaktan daha fazlasını yapması gerekir. Bir iş planı oluşturmalı, ayrı bir banka hesabı kullanmalı, karını artırmak için pazarlama çabalarına girmeli ve faaliyetini profesyonel bir şekilde yönettiğini gösteren kayıtlar tutmalıdır. Sadece pahalı ekipman alıp ara sıra satış yapmak, IRS'i ikna etmek için yeterli olmayacaktır.

Bir faaliyete başlarken, niyetiniz ve eylemleriniz, onun vergi açısından nasıl ele alınacağını belirleyecektir. Eğer kar amacı güdüyorsanız, ilk günden itibaren onu bir işletme gibi ele alın ve belgeleyin.

Hesap Verebilir Plan (Accountable Plan) S-Corp sahibi olarak, ev ofisi, araç kullanımı veya cep telefonu gibi kişisel varlıklarınızı iş için kullanıyorsanız, bu masrafları şirket adına düşebilmek için bir hesap verebilir plan (accountable plan) oluşturmanız gerekir. Bu, masrafları düzenli olarak (aylık) bir masraf raporu ile şirkete sunmanız ve şirketin bu masrafları size geri ödemesi (reimburse) anlamına gelir. Bu prosedür olmadan, bu masrafları düşmeye çalışmak, IRS tarafından kişisel kullanım olarak değerlendirilebilir ve kesintiler reddedilebilir.

6.9 Federal Verginin Ötesi: Eyalet ve Yerel Yükümlülükler

Küçük işletme sahipleri için vergi dünyası federal düzeyde bitmez. Faaliyet gösterdiğiniz eyalet ve hatta şehir, kendi vergi ve uyum gerekliliklerini getirir. Bu yükümlülükleri göz ardı etmek, beklenmedik vergi faturaları, cezalar ve yasal sorunlarla sonuçlanabilir.

Eyalet Gelir Vergisi

Çoğu eyalet, işletme karı üzerinden bir gelir vergisi uygular. Pass-through işletmeler (tek sahipli, LLC, S-Corp) için bu, işletme karının sahibinin kişisel eyalet vergisi beyannamesine akması ve orada vergilendirilmesi anlamına gelir. C-Corporation'lar ise ayrı bir kurumsal eyalet vergisi beyannamesi verirler.

Nexus (Bağlantı): Vergi Yükümlülüğünü Tetikleyen Kavram

Bir eyalette vergi yükümlülüğünüzün olup olmadığını belirleyen anahtar kavram "nexus" yani bağlantıdır. Geleneksel olarak nexus, bir eyalette fiziksel bir varlığa (ofis, mağaza, çalışan, envanter) sahip olmakla oluşurdu. Ancak, 2018'deki *South Dakota v. Wayfair* Yüksek Mahkeme kararından sonra, **ekonomik nexus** kavramı ortaya çıktı.

    Ekonomik Nexus: Artık bir eyalette fiziksel varlığınız olmasa bile, o eyalete belirli bir miktarın üzerinde satış yapmanız (örneğin, yıllık 100,000 dolarlık satış veya 200 işlem), o eyalette bir vergi bağlantısı oluşturabilir. Bu, özellikle e-ticaret işletmeleri için devrim niteliğinde bir değişikliktir.

Vaka Çalışması: Online Satış Yapan Bahattin Bey

Bahattin Bey'in e-ticaret işletmesi Wyoming'de (gelir vergisi olmayan bir eyalet) kayıtlıdır. Ancak, California'daki müşterilere yıllık 500,000 dolardan fazla satış yapmaktadır.

    Sonuç: California'nın ekonomik nexus eşiğini (yıllık 500,000 satış) aştığı için, Bahattin Bey'in California'da bir vergi bağlantısı oluşmuştur.

Bu, California'ya eyalet gelir vergisi beyannamesi vermesi ve California kaynaklı karı üzerinden vergi ödemesi gerektiği anlamına gelir. California'daki müşterilerden satış vergisi toplaması ve eyalete ödemesi de gerekebilir.

Satış Vergisi (Sales Tax)

Fiziksel ürün satan işletmeler için satış vergisi, en karmaşık uyum alanlarından biridir. ABD'de federal bir satış vergisi yoktur; bunun yerine, binlerce farklı eyalet, ilçe (county) ve şehir kendi satış vergisi oranlarını ve kurallarını belirler.

Yükümlülük: İşletmenizin nexus'u olan bir eyaletteki müşterilere satış yaptığınızda, o müşteriden geçerli satış vergisini tahsil etmek, beyan etmek ve eyalet vergi dairesine ödemek sizin sorumluluğunuzdadır.

Karmaşıklık: Farklı ürün türleri farklı oranlara tabi olabilir (örneğin, gıda vergiden muaftır, ancak hazır yiyecekler vergiye tabidir). Oranlar, müşterinin tam adresine göre değişebilir.

Çözüm: Bu karmaşıklık nedeniyle, çoğu e-ticaret işletmesi, satış vergisi hesaplamasını, tahsilatını ve raporlamasını otomatikleştiren yazılımlar (örneğin, TaxJar, Avalara) veya platformlar (örneğin, Shopify Tax) kullanır.

Diğer Eyalet ve Yerel Vergiler

Gelir ve satış vergisine ek olarak, işletmeler çeşitli başka vergilerle de karşılaşabilir:

Franchise Vergisi: Bazı eyaletler (örneğin, Teksas, Delaware), eyalette iş yapma ayrıcalığı için işletmenin net değerine veya gelirine dayalı bir franchise vergisi alır.

Brüt Hasılat Vergisi (Gross Receipts Tax): Birkaç eyalet (örneğin, Ohio, Washington), kar yerine doğrudan işletmenin brüt gelirine dayalı bir vergi uygular.

Emlak Vergisi (Property Tax): İşletmenizin sahip olduğu gayrimenkuller ve bazı durumlarda makineler, envanter gibi kişisel mülkler üzerinden yerel yönetimlere ödenen bir vergidir.

Sektöre Özel Vergiler: Alkol, tütün, yakıt gibi belirli sektörlerde faaliyet gösteren işletmeler, ek özel tüketim vergilerine (excise taxes) tabi olabilir.

Eyalet ve yerel vergi uyumu, federal vergi kadar ciddiye alınması gereken bir konudur. Yeni bir pazara girmeden veya farklı bir eyalette faaliyet göstermeye başlamadan önce, o yerin vergi yükümlülüklerini araştırmak, beklenmedik sürprizleri ve maliyetli cezaları önlemenin anahtarıdır.

6.10 İşletmenizi Satmanın veya Kapatmanın Vergi Sonuçları

Bir işletme kurmak ne kadar önemliyse, ondan nasıl çıkılacağını planlamak da o kadar önemlidir. Bir işletmeden çıkış, satış, devir veya kapatma yoluyla olur ve her senaryonun kendine özgü vergi sonuçları vardır. Bu sonuçları önceden anlamak, on yıllık emeğinizin önemli bir kısmını vergiye kaptırmanızı önleyebilir.

İşletmenin Satışı: Varlık Satışı vs. Hisse Satışı

Bir işletmeyi satmanın vergisel açıdan en önemli ayrımı, varlık satışı (asset sale) ile hisse satışı (stock sale) arasındaki farktır.

Hisse Satışı (Stock Sale):

Ne Olur? Alıcı, işletmenizin hisselerini (eğer bir S-Corp veya C-Corp ise) veya üyelik paylarını (eğer bir LLC ise) satın alır. İşletme tüzel kişiliği aynı kalır, sadece sahibi değişir.

Satıcı İçin Vergi Sonucu: Bu, satıcılar için en avantajlı senaryodur. Satıştan elde edilen kar, uzun vadeli sermaye kazancı olarak vergilendirilir

(%0, %15, %20 oranları). Bu, normal gelir vergisi oranlarından çok daha düşüktür.

Alıcı İçin Durum: Alıcılar bu yöntemi tercih etmezler. Çünkü işletmenin tüm geçmiş yükümlülüklerini (bilinmeyen borçlar, yasal sorunlar vb.) devralırlar. Ayrıca, satın aldıkları varlıkların maliyet bazını "step-up" yapamazlar, yani varlıkları eski maliyetleri üzerinden amortismana tabi tutmaya devam ederler, bu da gelecekteki vergi kesintilerini azaltır.

Varlık Satışı (Asset Sale):

Ne Olur? Alıcı, işletmenizin hisselerini değil, içindeki varlıkları (makineler, envanter, müşteri listeleri, şerefiye vb.) tek tek satın alır. İşletmenin tüzel kişiliği satıcıda kalır.

Satıcı İçin Vergi Sonucu: Bu, satıcılar için daha karmaşık ve vergisel açıdan daha az avantajlı bir durumdur. Satış bedeli, satılan farklı varlık türleri arasında paylaştırılmalıdır ve her biri farklı şekilde vergilendirilir:

Envanter: Normal gelir.

Makineler, Ekipman: Geçmişte yapılan amortismanın geri alınması (depreciation recapture) normal gelir oranlarında vergilendirilir, geri kalanı sermaye kazancı olabilir.

Şerefiye (Goodwill), Müşteri Listeleri: sermaye kazancı.

Bu karma vergilendirme, toplam vergi yükünü artırır.

Alıcı İçin Durum: Alıcılar bu yöntemi tercih ederler. Çünkü sadece istedikleri varlıkları alır ve bilinmeyen yükümlülüklerden kaçınırlar. En önemlisi, satın aldıkları varlıkları güncel piyasa değeri üzerinden kaydedebilirler (cost basis step-up), bu da onlara gelecekte daha yüksek amortisman kesintileri yoluyla önemli vergi avantajları sağlar.

Pazarlık ve Yapılandırma: Çoğu işletme satışında, alıcı varlık satışı, satıcı ise hisse satışı ister. Nihai anlaşma, bu iki zıt isteğin bir pazarlık sonucu ortada buluşmasıyla şekillenir. Satış fiyatı ve anlaşma yapısı, vergi sonuçlarını optimize etmek için birlikte müzakere edilmelidir.

Nitelikli Küçük İşletme Hissesi (QSBS) - Bölüm 1202

Bu, teknoloji startup'ları ve diğer küçük işletme yatırımcıları için en güçlü vergi teşviklerinden biridir. Belirli koşulları sağlayan bir C-Corporation'ın hisselerini en az beş yıl elinde tutan yatırımcılar, hisseleri sattıklarında elde ettikleri karın $10 milyon veya yatırım maliyetinin 10 katına kadar olan kısmını (hangisi daha büyükse) federal vergiden tamamen muaf tutabilirler.

Temel Koşullar:

İşletme bir C-Corporation olmalıdır.

Hisseler, doğrudan şirketten (ilk ihraçta) alınmalıdır.

Hisse alımı sırasında şirketin brüt varlıkları $50 milyonu aşmamalıdır.

İşletme, belirli "nitelikli" sektörlerde (teknoloji, perakende, üretim vb.) aktif olarak faaliyet göstermelidir (sağlık, hukuk, danışmanlık gibi hizmet sektörleri hariçtir).

QSBS, erken aşama bir şirkete yatırım yapmanın veya bir şirket kurmanın vergi sonuçlarını tamamen değiştirebilir ve bu nedenle işletme yapısı seçilirken mutlaka göz önünde bulundurulmalıdır.

İşletmeyi Kapatma (Winding Down)

Bazen en iyi çıkış stratejisi, işletmeyi satmak değil, faaliyetleri durdurup kapatmaktır. Bu sürecin de düzenli bir şekilde yapılması gerekir:

Alacakları Tahsil Edin, Borçları Ödeyin: Tüm açık faturaları kapatın.

Varlıkları Satın veya Dağıtın: Kalan envanter, ekipman ve diğer varlıkların satışı vergiye tabi bir olay olabilir.

Nihai Vergi Beyannamelerini Dosyalayın: Hem federal hem de eyalet düzeyinde nihai gelir vergisi ve bordro vergisi beyannamelerini (kutucuğu "final return" olarak işaretleyerek) verin.

İşletmeyi Yasal Olarak Feshedin: İşletmenizi kurduğunuz eyaletin sekreterliğine (Secretary of State) fesih belgelerini (articles of dissolution) sunarak tüzel kişiliği resmi olarak sonlandırın. Bu adımı atlamak, gelecekte yıllık raporlama ücretleri ve cezalarla karşılaşmanıza neden olabilir.

Banka Hesaplarını ve İzinleri Kapatın: Tüm işletme banka hesaplarını, kredi kartlarını ve yerel işletme ruhsatlarını iptal edin.

Bir işletmeden çıkış, duygusal ve finansal olarak zorlayıcı bir süreç olabilir. Ancak, vergi sonuçlarını önceden planlamak ve süreci metodik bir şekilde yönetmek, hak ettiğiniz değeri korumanıza ve gelecekteki baş ağrılarından kaçınmanıza yardımcı olacaktır.

6.11 Küçük İşletmeler İçin Denetim Riskleri

IRS denetimleri genel olarak nadir olsa da (%1'den az), denetim oranları küçük işletme sahipleri ve serbest meslek sahipleri için önemli ölçüde daha yüksektir. Bunun nedeni, Schedule C beyannamelerinin, maaşlı çalışanların W-2'lerine kıyasla daha fazla hata ve abartı potansiyeli taşımasıdır. IRS'in bir Schedule C'yi incelemeye almasına neden olabilecek kırmızı bayrakları anlamak, denetim riskinizi azaltmanıza yardımcı olabilir.

En Yaygın Denetim Tetikleyicileri

Sürekli Zarar Beyan Etmek: Bir işletmenin, özellikle başlangıç yıllarında zarar etmesi normaldir. Ancak, beş yılın üçünden fazlasında sürekli olarak zarar beyan etmek, IRS'in bu faaliyetin kar amacı gütmeyen bir hobi olup olmadığını sorgulamasına neden olabilir (Bkz. 6.8 Hobi Kaybı Kuralları).

Yüksek Gider Oranları: Gelirinize oranla alışılmadık derecede yüksek giderler beyan etmek, IRS algoritmalarını tetikleyebilir. Örneğin, 50,000 dolar gelir beyan edip 48,000 dolarlık gider göstermek, özellikle de bu giderler yemek ve seyahat gibi kategorilerde yoğunlaşmışsa, şüphe çekebilir.

Yemek ve Eğlence Giderleri: Bu kategori, suistimale çok açık olduğu için IRS tarafından yakından incelenir. 2017 TCJA yasası, eğlence giderlerinin (spor etkinlikleri, konser biletleri vb.) düşülmesini tamamen ortadan kaldırmıştır. İş yemekleri ise gsadece %50 oranında düşülebilir ve çok katı belgelendirme kurallarına tabidir (kiminle, ne zaman, nerede, ne iş konuşulduğu belgelenmelidir).

Araç Giderleri: Özellikle %100 iş kullanımı beyan etmek, büyük bir kırmızı bayraktır. Çoğu işletme sahibinin aracını bir miktar kişisel amaçla da kullanması beklenir. Standart kilometre oranı yerine gerçek gider yöntemini kullanmak ve yüksek amortisman kesintileri talep etmek de inceleme olasılığını artırabilir. Detaylı ve düzenli kilometre kayıtları tutmak, bu alandaki en iyi savunmadır.

Ev Ofis Kesintisi: Bu da suistimale açık bir alan olarak görülür. Özellikle "münhasır kullanım" kuralının ihlali yaygındır. Evinizin büyük bir bölümünü ofis olarak göstermek veya gerçek gider yöntemini kullanarak orantısız derecede yüksek kesintiler talep etmek dikkat çekebilir.

Nakit Yoğun İşletmeler: Restoranlar, barlar, kuaförler, taksi hizmetleri gibi nakit işlemlerin yaygın olduğu işletmeler, geliri eksik raporlama potansiyeli nedeniyle daha yüksek denetim riskine sahiptir.

S-Corp'ta Düşük Maaş: S-Corporation sahiplerinin, serbest meslek vergisinden kaçınmak için kendilerine piyasa değerinin çok altında "makul olmayan" bir maaş ödemesi, IRS'in en sık hedef aldığı alanlardan biridir. IRS, bu durumlarda temettülerin bir kısmını maaş olarak yeniden sınıflandırabilir ve geriye dönük bordro vergileri, faizler ve cezalar talep edebilir.

Denetim Riskini Azaltma Stratejileri

Denetimden tamamen kaçınmanın bir yolu olmasa da, riskinizi önemli ölçüde azaltabilir ve bir denetim durumunda konumunuzu güçlendirebilirsiniz:

Kusursuz Kayıtlar Tutun: Bu, en önemli savunma hattınızdır. Tüm gelir ve giderleriniz için dijital, organize ve eksiksiz kayıtlara sahip olun. Her gideri destekleyen bir makbuz veya fatura olmalıdır.

Ayrı Banka Hesapları Kullanın: İşletme ve kişisel finansmanınızı kesinlikle ayrı tutun. Ayrı bir işletme banka hesabı ve kredi kartı kullanmak, giderlerinizi takip etmeyi kolaylaştırır ve faaliyetinizin meşruiyetini gösterir.

Mantıklı Olun: Gider taleplerinizde agresif ama mantıklı olun. Sektörünüz için normal olmayan veya abartılı görünen kesintilerden kaçının.

Formları Doğru Doldurun: Tüm vergi formlarını dikkatlice ve eksiksiz doldurun. Matematiksel hatalar veya eksik bilgiler, basit bir düzeltme mektubundan tam bir denetime kadar istenmeyen IRS ilgisine yol açabilir.

Bölüm 7: Yatırımlar ve Sermaye Kazançları

Doktor Ayşe Hanım, ABD'ye geldiğinde elinde Türkiye'den getirdiği 50,000 dolarlık tasarrufu vardır. İlk yıl bu parayı bir tasarruf hesabında tutmuş, ancak %0.5 faiz oranı ile enflasyon karşısında alım gücünün eridiğini fark etmiştir. İkinci yıl, bir arkadaşının tavsiyesi ile S&P 500 endeks fonuna yatırım yapmış ve portföyünün üç yıl sonra 75,000 dolara ulaştığını gördüğünde büyük bir sevinç yaşamıştır. Ancak bu sevincin yerini, bu 25,000 dolarlık kazancın vergi sonuçlarını öğrendiğinde bir şok almıştır.

Ayşe Hanım'ın yaşadığı bu deneyim, ABD'de yatırım yapmayı düşünen binlerce Türk yatırımcının karşılaştığı bir gerçektir. Türkiye'de hisse senedi kazançlarının belirli şartlarda vergiden muaf olmasına alışkın olan yatırımcılar için, ABD'nin her kazancı vergilendiren ancak bunu farklı oranlar ve kurallarla yapan karmaşık sistemi başlangıçta kafa karıştırıcı olabilir.

ABD yatırım vergilendirmesi, temel olarak iki ana prensip üzerine kuruludur:

Gelirin Türü Önemlidir: Tüm yatırım gelirleri eşit yaratılmamıştır. Sistem, faiz, temettü ve sermaye kazançlarını farklı şekillerde vergilendirir.

Zamanlama Her Şeydir: Bir yatırımı ne kadar süreyle elinizde tuttuğunuz, ödeyeceğiniz vergi oranını dramatik bir şekilde değiştirebilir. Sistem, sabırlı, uzun vadeli yatırımcıyı ödüllendirecek şekilde tasarlanmıştır.

7.1 Sermaye Kazançları

Sermaye kazancı, bir yatırım varlığını (hisse senedi, gayrimenkul, kripto para vb.) satın aldığınız fiyattan (maliyet bazı - cost basis) daha yüksek bir fiyata sattığınızda elde ettiğiniz kardır. Bu kazancın vergilendirilmesi, ABD vergi sisteminin en temel ve en sık karşılaşılan yönlerinden biridir.

Kısa Vadeli vs. Uzun Vadeli Sermaye Kazançları

Sermaye kazançları vergilendirmesinin en kritik ayrımı, elde tutma süresine dayanır. Bu basit kural, ödeyeceğiniz vergi miktarını yarıdan fazla azaltabilir.

Kısa Vadeli Sermaye Kazancı (Short-Term Capital Gain): Bir varlığı bir yıl veya daha az süreyle elinizde tuttuktan sonra satmanızdan kaynaklanır. Bu kazançlar, normal geliriniz gibi vergilendirilir. Yani, maaşınız veya serbest meslek gelirinizle aynı vergi dilimine (%10, %12, %22... %37) tabidir. IRS, kısa vadeli alım satımı spekülatif bir faaliyet olarak görür ve daha yüksek oranda vergilendirir.

Uzun Vadeli Sermaye Kazancı (Long-Term Capital Gain): Bir varlığı bir yıldan fazla süreyle elinizde tuttuktan sonra satmanızdan kaynaklanır. Bu kazançlar, çok daha avantajlı olan özel sermaye kazancı vergi oranlarına tabidir: %0, %15 veya %20.

Form 8949 ve Schedule D: Sermaye Kazançlarının Raporlanması

Yıl içinde yaptığınız her bir alım-satım işlemi, Form 8949 üzerinde ayrı ayrı listelenmelidir. Bu formda her işlem için şu bilgiler yer alır:

Varlığın adı (örn: Apple Inc.)
Alış tarihi
Satış tarihi
Satış fiyatı
Maliyet bazı (alış fiyatı)
Kazanç veya zarar

Aracı kurumunuz (Fidelity, Schwab vb.) size bu bilgileri içeren bir 1099-B formu sağlayacaktır. Ancak, Türkiye'deki aracı kurumlar üzerinden yapılan işlemler için bu bilgileri sizin takip etmeniz ve Form 8949'a manuel olarak girmeniz gerekir. Form 8949'daki toplamlar daha sonra Schedule D'ye ve oradan da Form 1040'a aktarılır. Sadece net kazancı yazmak yeterli değildir; IRS tüm işlem detaylarını görmek ister.

Vaka Çalışması: Mühendis Kemal Bey ve Sabırsızlığın Bedeli

Kemal Bey, %32 federal vergi diliminde olan bir mühendis. Tesla (TSLA) hissesini 11 ay önce 200 dolardan aldı ve hisse 300 dolara yükseldi. 100 hissesini satarak 10,000 dolar kar elde etti.

Vergi Sonucu (Kısa Vade): Kazanç, normal geliri gibi %32 oranında vergilendirilir.

Ödeyeceği vergi: 10,00 x %32 = 3,200 dolar Net karı: 6,800 dolar

Alternatif Senaryo (Uzun Vade): Eğer Kemal Bey sadece bir ay daha bekleseydi, kazancı uzun vadeli statüsüne geçecekti. Vergi oranı %15'e düşecekti.

Ödeyeceği vergi: 10,000 x %15 = 1,500 dolar Net karı: 8,500 dolar

Sonuç: Sadece bir ay daha sabretmek, Kemal Bey'e 1,700 dolarlık ek net kar sağlayacaktı. Bu, vergi planlamasının yatırım kararlarındaki gücünü net bir şekilde göstermektedir.

Uzun Vadeli Sermaye Kazancı Vergi Dilimleri

Uzun vadeli sermaye kazancı oranları, normal gelirinizden bağımsız değildir; toplam vergilendirilebilir gelirinize göre belirlenir. Bu, vergi planlamasında "vergi dilimi yönetimi"ni (tax bracket management) önemli hale getirir.

Vergi Oranı	Bekar Mükellef Gelir Aralığı	Evli Müşterek Beyan Gelir Aralığı
%0	$0 – $48,350	$0 – $96,700
%15	$48,351 – $533,400	$96,701 – $600,050
%20	$533,401 ve üzeri	$600,051 ve üzeri

Tablo 7.1: 2026 Yılı Uzun Vadeli Sermaye Kazancı Vergi Dilimleri

Bu tablo, özellikle düşük ve orta gelirli yatırımcılar ile emekliler için önemli bir fırsat sunar. Örneğin, vergilendirilebilir geliri (emeklilik maaşı, Sosyal Güvenlik vb. dahil) 90,000 dolar olan evli bir çift, uzun vadeli sermaye kazançlarının ilk 6,700 dolarlık kısmı için %0 vergi öder.

Net Yatırım Geliri Vergisi (NIIT): Yüksek Gelirliler İçin Ek Vergi

Yüksek gelirli yatırımcılar için vergi denklemi biraz daha karmaşıklaşır. 2013 yılında yürürlüğe giren Net Yatırım Geliri Vergisi (NIIT), belirli bir gelir eşiğini aşan mükelleflerin yatırım gelirleri üzerinden ek %3.8 oranında bir vergi ödemesini gerektirir.

Kimler Tabi? Değiştirilmiş Düzeltilmiş Brüt Geliri (MAGI) aşağıdaki eşikleri aşanlar:

Bekar veya Hane Reisi: 200,000 dolar

Evli Müşterek Beyan: 250,000 dolar

Neye Uygulanır? Faiz, temettü, sermaye kazançları, kiralık mülk geliri gibi çoğu pasif yatırım gelirine uygulanır.

Hesaplama: Vergi, (1) net yatırım geliriniz ile (2) MAGI'nizin yukarıdaki eşiği aşan kısmı arasında düşük olan rakam üzerinden hesaplanır.

Vaka Çalışması: Kemal Bey'in Ek Vergi Yükü

Kemal Bey'in MAGI'si 220,000 dolar ise bu rakam 200,000 dolarlık bekar eşiğini 20,000 dolar aşmıştır. 10,000 dolarlık kısa vadeli sermaye kazancı üzerinden ek olarak %3.8 NIIT ödemesi gerekir. Bu da *10,000 x 3.8% = 380 dolarlık* ek vergi demektir. Bu, toplam vergi yükünü 3,200 dolardan 3,580 dolara çıkarır.

Bu ek vergi, yüksek gelirli yatırımcılar için vergi ertelemeli hesapların (IRA, 401(k)) ve diğer vergi planlama stratejilerinin önemini daha da artırmaktadır.

7.2 Hisse Senedi ve Tahvil Yatırımlarının Vergilendirilmesi

Hisse senetleri ve tahviller, çoğu yatırım portföyünün temel taşlarıdır. Ancak vergi açısından çok farklı muamele görürler.

Hisse Senedi Yatırımları: Stratejik Vergi Yönetimi

Temettü Gelirleri: Nitelikli vs. Niteliksiz

Temettüler, şirketlerin karlarını hissedarlarıyla paylaşma yoludur. Ancak tüm temettüler eşit vergilendirilmez.

Nitelikli Temettüler (Qualified Dividends): Bu temettüler, uzun vadeli sermaye kazançları gibi %0, %15, %20 oranlarında vergilendirilir. Bir temettünün nitelikli sayılması için iki şart vardır:

ABD merkezli bir şirket veya vergi anlaşması olan bir ülkenin şirketi tarafından ödenmelidir.

Hisse senedini, temettü tarihini çevreleyen 121 günlük dönemde en az 61 gün elinizde tutmuş olmanız gerekir.

Niteliksiz (Ordinary) Temettüler: Bu şartları sağlamayan temettülerdir (örneğin, REIT temettüleri, bazı yabancı şirket temettüleri). Bu gelirler, normal gelir vergisi oranlarınızda vergilendirilir.

Bu ayrım, "varlık yerleşimi" (asset location) stratejisi için kritiktir. Yüksek vergi oranına tabi olan niteliksiz temettü üreten yatırımları (REIT'ler gibi) vergi ertelemeli hesaplarda (IRA, 401(k)) tutmak, vergi avantajlı nitelikli temettü üreten hisseleri ise vergiye tabi (taxable) aracı kurumu hesaplarında tutmak daha verimlidir.

Vergi Kaybı Hasadı (Tax-Loss Harvesting): Kayıpları Avantaja Çevirme

Bu, yatırım kayıplarını sistematik olarak vergi tasarrufuna dönüştürme stratejisidir. Portföyünüzdeki değeri düşmüş bir yatırımı satarak realize ettiğiniz zararı, sermaye kazançlarınızı dengelemek (offset) için kullanırsınız.

Nasıl Çalışır?

Zararları Gerçekleştirin: Değeri düşen bir hisse senedini veya fonu satın.

Kazançları Dengeleyin: Bu zarar, önce aynı türdeki kazançları (kısa vadeli zarar > kısa vadeli kazanç), sonra diğer türdeki kazançları (uzun vadeli zarar > uzun vadeli kazanç) siler.

Gelirden Düşün: Tüm kazançlarınızı sildikten sonra hala zararınız varsa, bu zararın yıllık 3,000 dolara kadar olan kısmını normal gelirinizden (maaş vb.) düşebilirsiniz.

Geleceğe Taşıyın: 3,000 doları aşan zararlar ise, gelecekteki yıllarda kullanmak üzere süresiz olarak devredilir.

Maliyet Bazı (Cost Basis) Takibi ve Ayarlamaları

Sermaye kazancını doğru hesaplamak için maliyet bazını doğru bilmek esastır. Ancak maliyet bazı her zaman basitçe ödediğiniz fiyat değildir:

Komisyonlar: Alım sırasında ödediğiniz komisyonlar maliyet bazınıza eklenir.

Yeniden Yatırılan Temettüler (Reinvested Dividends): Bir fona yeniden yatırdığınız temettüler, yeni hisseler satın alır ve bu hisselerin maliyet bazını oluşturur. Bu temettüler üzerinden zaten vergi ödediğiniz için, bu tutarı toplam maliyet bazınıza eklemeyi unutmak, aynı para üzerinden iki kez vergi ödemenize (çifte vergilendirme) neden olur. Bu, yatırımcıların yaptığı en yaygın ve maliyetli hatalardan biridir.

Hediye ve Miras: Hediye olarak aldığınız bir varlığın maliyet bazısı, hediye edenin orijinal maliyet bazısıdır. Miras yoluyla edindiğiniz bir varlığın maliyet bazısı ise, miras bırakanın vefat ettiği tarihteki piyasa değeridir ("step-up in basis").

Vaka Çalışması: Yatırımcı Kemalettin Bey

Portföy:

Microsoft (MSFT) Kazancı: +15,000 dolar (Uzun Vadeli),
Amazon (AMZN) Kazancı: +8,000 dolar (Kısa Vadeli),
Netflix (NFLX) Zararı: -12,000 dolar (Uzun Vadeli),
Zoom (ZM) Zararı: -5,000 dolar (Kısa Vadeli).

Strateji: Kemalettin Bey, NFLX ve ZM hisselerini satarak toplam 17,000 dolar zarar gerçekleştirir.

Vergi Sonucu:

Kısa vadeli zarar (5,000 dolar) kısa vadeli kazancı (8,000 dolar) net 3,000 dolar kısa vadeli kazanca indirir.

Uzun vadeli zarar (12,000 dolar) uzun vadeli kazancı (15,000 dolar) net 3,000 dolar uzun vadeli kazanca indirir.

Toplamda, vergiye tabi kazancı 23,000 dolardan sadece 6,000 dolara düşmüştür. Bu ona binlerce dolar vergi tasarrufu sağlar.

Wash Sale Kuralı Uyarısı: Bu stratejinin en önemli tuzağı "Wash Sale" kuralıdır. Bir menkul kıymeti zararla sattıktan sonraki 30 gün içinde (öncesi veya sonrası) aynı veya "büyük ölçüde aynı" (substantially identical) bir menkul kıymeti geri alırsanız, gerçekleştirdiğiniz zararı vergi amaçlı kullanamazsınız. Bu kuraldan kaçınmak için, sattığınız hisse yerine, benzer bir sektör ETF'i gibi farklı ama benzer bir yatırım aracını alabilirsiniz.

Tahvil Yatırımları: Farklı Tahvil Türleri, Farklı Vergiler

Tahvillerden elde edilen faiz gelirlerinin vergilendirilmesi, tahvili kimin ihraç ettiğine bağlıdır.

Tahvil Türü	İhraç Eden	Federal Vergi	Eyalet/Yerel Vergi	Kimler İçin Uygun?
Kurumsal Tahviller	Şirketler	Var (Normal Gelir)	Var	Daha yüksek getiri arayan, vergi yükü daha az olan yatırımcılar.
ABD Hazine Tahvilleri	ABD Federal Hükümeti	Var (Normal Gelir)	**Yok**	Yüksek eyalet vergisi olan eyaletlerde (Kaliforniya, New York vb.) yaşayanlar.
Belediye Tahvilleri	Eyalet ve Yerel Yönetimler	**Genellikle Yok**	**Genellikle Yok** (kendi eyaletinizden alırsanız)	En yüksek vergi dilimlerindeki yatırımcılar.

Tablo 7.2: Tahvil Türlerinin Vergi Karşılaştırması

Vergiye Eşdeğer Getiri (Tax-Equivalent Yield): Belediye tahvillerinin vergi avantajını diğer tahvillerle karşılaştırmak için bu formül kullanılır:

Vergiye Eşdeğer Getiri = Belediye Tahvil Getirisi / (1 – Marjinal Vergi Oranınız)

Örneğin, %35 vergi dilimindeyseniz, %3 getiri sağlayan bir belediye tahvili, %4.62 getiri sağlayan bir kurumsal tahvile eşdeğerdir. Bu hesaplama, en yüksek vergi dilimlerindeki yatırımcılar için belediye tahvillerinin ne kadar cazip olabileceğini gösterir.

Dikkat: Türkiye'deki Yatırım Fonları ve PFIC Tehlikesi ABD vergi mükellefi olan ve Türkiye'de yatırım fonu (A tipi, B tipi), TEFAS fonları veya benzeri kolektif yatırım araçlarına sahip olan kişiler için en önemli ve en tehlikeli konulardan biri Pasif Yabancı Yatırım Şirketi (PFIC) kurallarıdır.

Neden Önemli? IRS, Türkiye'deki neredeyse tüm yatırım fonlarını PFIC olarak sınıflandırır. PFIC'lerden elde edilen kazançlar, avantajlı uzun vadeli sermaye kazancı oranları (%0, %15, %20) yerine, en yüksek marjinal gelir vergisi oranları üzerinden cezai bir faiz ile birlikte vergilendirilir. Bu, vergi yükünü %40-50'lere kadar çıkarabilir. Her bir PFIC yatırımı için yıllık olarak Form 8621 doldurulması zorunludur. Bu formun doldurulmaması, her bir form için yıllık 10,000 dolardan başlayan cezalara neden olabilir ve vergi beyannamesi için zamanaşımı süresinin hiç başlamamasına yol açar.

Strateji ve Öneri: PFIC'nin cezai vergi rejiminden kaçınmak için, ABD vergi mükelleflerinin Türkiye'deki yatırım fonları yerine, ABD borsalarında işlem gören ve ABD vergi yasalarına uyumlu ETF'lere (Borsa Yatırım Fonları) veya yatırım fonlarına yatırım yapmaları şiddetle tavsiye edilir.

7.3 Emlak Yatırımı Vergilendirmesi

Emlak yatırımları, ABD vergi kanununda özel bir yere sahiptir ve doğru yapılandırıldığında önemli vergi avantajları sunar. Bu avantajlar, emlak yatırımını birçok kişi için cazip bir servet birikim aracı haline getirir.

Kiralık Mülkler: Gelir, Gider ve Amortisman

Kiralık mülklerden elde edilen gelir ve giderler Schedule E formunda raporlanır. Net kira geliri, normal gelir oranlarında vergilendirilir. Ancak, emlak yatırımının asıl gücü, düşülebilen giderlerde yatar.

Düşülebilir Giderler: Mortgage Faizi Emlak Vergileri Sigorta Bakım ve Onarım Yönetim Ücretleri Pazarlama ve Reklam Yasal ve Profesyonel Ücretler Amortisman (Depreciation)

Amortisman: Kağıt Üzerindeki En İyi Dostunuz

Amortisman, bir mülkün (bina kısmı, arsa değil) maliyetini, kullanılabilir ömrü boyunca yıllık olarak gidere yazmanıza olanak tanıyan bir vergi kesintisidir. Bu, cebinizden fiilen para çıkmadan vergi matrahınızı düşüren bir "hayalet gider" (phantom expense) yaratır.

Süre: Konut amaçlı gayrimenkuller 27.5 yıl, ticari gayrimenkuller ise 39 yıl üzerinden amortismana tabi tutulur.

Vaka Çalışması:

Emlak Yatırımcısı Fatma Hanım Los Angeles'ta bir dubleks sahibidir.
   Mali Durum:
   Yıllık Brüt Kira Geliri: 60,000 dolar
   İşletme Giderleri (Faiz, vergi, sigorta, bakım vb.): 54,100 dolar
   Nakit Akışı (Vergi Öncesi): 60,000 - 54,100 = 5,900 dolar

Amortismanın Gücü:

Mülkün bina değerinin 687,500 dolar olduğunu varsayalım.
   Yıllık Amortisman Gideri: 687,500 / 27.5 yıl = 25,000 dolar
   Vergiye Tabi Net Gelir/Zarar: 5,900 (Nakit Akışı) - 25,000 (Amortisman) = -19,100
   Sonuç: Fatma Hanım, cebine yılda 5,900 dolar nakit girmesine rağmen, vergi beyannamesinde 19,100 dolar zarar gösterir. Bu zarar, belirli sınırlamalar dahilinde, diğer gelirlerini (maaş gibi) dengeleyerek ona önemli bir

vergi tasarrufu sağlar. Örneğin Fatma Hanım'ın %32'lik vergi diliminde olduğunu varsayarsak bu 6,112 dolarlık vergi iadesi anlamına gelebilir.

Pasif Faaliyet Kaybı (Passive Activity Loss) Kuralları: IRS, emlak yatırımlarından kaynaklanan bu kağıt üzerindeki zararların, maaş gibi aktif gelirleri sınırsızca dengelemesini önlemek için "Pasif Faaliyet Kaybı" (PAL) kurallarını uygular. Ancak, iki önemli istisna vardır:

$25,000 İstisnası: Değiştirilmiş AGI'si $100,000ın altında olan ve yatırımda "aktif olarak yer alan" (yönetim kararlarını veren) yatırımcılar, pasif zararlarının $25,000a kadar olan kısmını aktif gelirlerinden düşebilirler. Bu hak, düzenlenmiş brüt gelir (AGI) $150,000a ulaştığında tamamen ortadan kalkar.

Gerçek Emlak Profesyoneli (Real Estate Professional) Statüsü: Belirli şartları (yılda 750 saatten fazla emlak işinde çalışma gibi) sağlayanlar, kiralık mülk faaliyetlerini pasif değil, aktif olarak kabul ettirebilir ve zararları diğer gelirlerinden sınırsızca düşebilirler.

1031 Değişimi: Vergiyi Süresiz Erteleme Sanatı

1031 Değişimi (1031 Exchange), ABD vergi kanununun en güçlü servet birikim araçlarından biridir. Bu kural, bir yatırım amaçlı gayrimenkulü satıp, elde ettiğiniz geliri yine "benzer türde" (like-kind) bir veya daha fazla yatırım amaçlı gayrimenkule yatırdığınızda, sermaye kazancı vergisini süresiz olarak ertelemenize olanak tanır.

Nasıl Çalışır?

Satış: Yatırım mülkünüzü satarsınız.

Nitelikli Aracı (Qualified Intermediary): Satıştan elde edilen para doğrudan size gelmez; yasal olarak bağımsız bir "Nitelikli Aracı" tarafından emanet hesabında tutulur.

Tanımlama Süresi (45 Gün): Satışın kapanmasından sonraki 45 gün içinde satın alacağınız yeni mülkleri yazılı olarak tanımlamanız gerekir.

Kapanış Süresi (180 Gün): İlk mülkün satışından sonraki 180 gün içinde, tanımladığınız mülklerden bir veya daha fazlasının alımını tamamlamanız gerekir.

Bu kurallara harfiyen uyulduğu sürece, ilk satıştan doğan sermaye kazancı vergisi ödenmez. Vergi yükümlülüğü, yeni alınan mülkün maliyet bazına aktarılır ve gelecekteki bir satışa ertelenir. Bu işlemi hayatınız boyunca tekrar tekrar yaparak, vergi ödemeden emlak portföyünüzü büyütebilirsiniz. Sonunda, mülkü miras bıraktığınızda, mirasçılarınız mülkü o günkü piyasa değeri üzerinden "step-up in basis" ile devralır ve ertelenen tüm sermaye kazancı vergisi tamamen silinir.

TÜRKİYE'DEKİ EVİNİZİN SATIŞI ABD'DE VERGİYE TABİ OLABİLİR

ABD vergi mükellefiyseniz, Türkiye'de sahip olduğunuz bir gayrimenkulü sattığınızda elde ettiğiniz kar, ABD'de sermaye kazancı olarak vergiye tabidir. Ancak, bu satış ana ikametgahınız (primary residence) ise, önemli bir vergi istisnasından yararlanabilirsiniz:

Ana İkametgah Satış Kazancı İstisnası (Section 121 Exclusion): Satıştan önceki son 5 yılın en az 2 yılında o evde yaşadıysanız, kazancın 250,000 dolara (bekar mükellefler için) veya 500,000 dolara (evli çiftler için) kadar olan kısmını vergiden muaf tutabilirsiniz.

Raporlama: Bu istisnadan yararlansanız bile, satışı vergi beyannamenizde raporlamanız gerekmektedir.

7.4 Diğer Yatırım Araçları ve Vergi Sonuçları

Yatırım dünyası hisse senetleri, tahviller ve gayrimenkulden ibaret değildir. Kripto paralar, opsiyonlar ve ETF'ler gibi modern araçların da kendilerine özgü vergi kuralları vardır.

Kripto Paraların Vergilendirilmesi: Mülk Olarak Muamele

IRS, kripto paraları (Bitcoin, Ethereum vb.) bir para birimi olarak değil, mülk (property) olarak kabul eder. Bu, her kripto işleminin vergiye tabi bir olay olduğu anlamına gelir:

Kripto ile Kripto Takası: Bir kripto parayı satıp başka bir kripto para almak (örneğin, Bitcoin satıp Ethereum almak), vergiye tabi bir satıştır. İlk kriptodaki kar veya zarar realize edilir.

Mal veya Hizmet Alımı: Kripto para kullanarak bir mal veya hizmet satın almak (örneğin, Bitcoin ile kahve almak), yine vergiye tabi bir satıştır. O anki piyasa değeri ile maliyet bazınız arasındaki fark, sermaye kazancı veya zararı olarak raporlanmalıdır.

Madencilik ve Staking Geliri: Madencilik veya staking yoluyla elde edilen yeni coin'ler, elde edildiği andaki piyasa değeri üzerinden **normal gelir** olarak vergilendirilir. Bu değer, aynı zamanda o coin'lerin maliyet bazı olur.

Form 1040 Sorusu: Vergi beyannamesinin en başında yer alan "Herhangi bir dijital varlık aldınız, sattınız, takas ettiniz veya elden çıkardınız mı?" sorusuna dürüstçe "Evet" yanıtı vermek, IRS için bir uyum sinyalidir.

Borsa Yatırım Fonları (ETF'ler) ve Yatırım Fonları (Mutual Funds)

ETF'ler ve yatırım fonları, birçok yatırımcı için portföy çeşitlendirmenin en kolay yoludur. Ancak vergi açısından önemli farklar taşıyabilirler.

ETF'ler: Daha vergi etkindir. Yapıları gereği, fon içindeki alım satımlardan kaynaklanan sermaye kazançlarını yatırımcılara daha az dağıtma eğilimindedirler.

Yatırım Fonları: Özellikle aktif yönetilen fonlar, yıl içinde yaptıkları alım satımlar nedeniyle yıl sonunda yatırımcılara sermaye kazancı dağıtımları (capital gain distributions) yapabilirler. Bu dağıtımlar, siz hiç hisse satmamış olsanız bile vergiye tabidir ve beklenmedik bir vergi faturası yaratabilir. Bu nedenle, vergiye tabi hesaplarda ETF'leri tercih etmek daha avantajlıdır.

Opsiyon Ticareti: Karmaşık Kurallar

Opsiyonların vergilendirilmesi, vergi kanununun en karmaşık alanlarından biridir. Kurallar, opsiyonun türüne (call/put), alıcı mı satıcı mı olduğunuza ve opsiyonun nasıl sonuçlandığına (kullanıldı, süresi doldu, satıldı) göre değişir.

Basit Kural: Bir opsiyonun süresi dolarsa, ödenen prim kısa vadeli sermaye zararı, alınan prim ise kısa vadeli sermaye kazancı olur. Eğer opsiyon satılırsa, kar veya zarar kısa veya uzun vadeli olabilir. Eğer opsiyon kullanılırsa, opsiyonun maliyeti dayanak varlığın maliyet bazına eklenir veya satış gelirinden düşülür.

7.5 QSBS ve Uluslararası Yatırımcılar İçin Özel Durumlar

Nitelikli Küçük İşletme Hissesi (QSBS)

Bölüm 1202 olarak da bilinen Nitelikli Küçük İşletme Hissesi (QSBS) kuralı, ABD vergi kanununun en cömert teşviklerinden biridir, ancak ggözden kaçırılır. Bu kural, belirli küçük işletmelerin (C-Corporation yapısındaki teknoloji startup'ları) hisselerine erken aşamada yatırım yapan yatırımcılar için tasarlanmıştır.

Avantajı Nedir?

Eğer QSBS kriterlerini karşılayan bir şirketin hisselerini en az beş yıl elinizde tutarsanız, bu hisseleri sattığınızda elde ettiğiniz sermaye kazancının $10 milyon veya yatırım maliyetinizin 10 katına kadar olan kısmından (hangisi daha büyükse) tamamen muaf olabilirsiniz.

Temel Koşullar:

Şirket Yapısı: İşletme bir C-Corporation olmalıdır.

Hisse Alımı: Hisseler, doğrudan şirketten (ilk ihraç sırasında) alınmalıdır, ikincil piyasadan değil.

Varlık Testi: Hisse alımı sırasında şirketin brüt varlıkları $50 milyonu aşmamalıdır.

Aktif İşletme: Şirket, varlıklarının en az %80'ini "nitelikli" bir ticaret veya işte (teknoloji, perakende, üretim gibi) aktif olarak kullanmalıdır. Danışmanlık, sağlık, hukuk gibi bazı hizmet sektörleri hariç tutulmuştur.

Vaka Çalışması

Hasan Bey, 5 yıl önce yeni kurulan bir teknoloji startup'ına (bir C-Corp) 200,000 dolarlık yatırım yaptı.

Senaryo: Şirket başarılı oldu ve Hasan Bey hisselerini 5 milyon dolara sattı. Hasan Bey bu satış sonucu 4.8 milyon dolarlık bir kar elde etmiştir.

Vergi Sonucu: Yatırım QSBS koşullarını sağladığı için, Hasan Bey bu 4.8 milyon dolarlık kazancın tamamı için %0 federal vergi öder.

Hasan Bey eğer bu kazancı QSBS olmayan bir hisseden kazansaydı %20 uzun vadeli sermaye kazancı ve %3.8 NIIT yaklaşık 1.14 milyon dolar vergi ödemesi gerekecekti.

Bu kural, özellikle startup ekosisteminde yer alan girişimciler, çalışanlar ve yatırımcılar için oyunun kurallarını değiştiren bir potansiyele sahiptir.

Türk Yatırımcılar İçin Uluslararası Hususlar

ABD'de yaşayan bir Türk yatırımcı olarak, hem ABD hem de Türkiye'deki yatırımlarınızın vergi sonuçlarını dikkate almanız gerekir.

Türkiye'deki Yatırımların ABD'de Vergilendirilmesi

ABD, vatandaşlarını ve yerleşik yabancıları dünya çapındaki gelirleri üzerinden vergilendirdiği için, Borsa İstanbul'daki (BIST) yatırımlarınızdan elde ettiğiniz kazançları da ABD vergi beyannamenizde raporlamanız gerekir.

Döviz Kuru Etkisi: Tüm işlemler (alım, satım, temettü) işlem günündeki döviz kuru üzerinden ABD Doları'na çevrilmelidir. TL bazında kar etmiş olsanız bile, kur farkı nedeniyle Dolar bazında zarar etmiş olabilirsiniz veya tam tersi. Bu, kazanç/zarar hesaplamasını karmaşıklaştırır.

Çifte Vergilendirmeyi Önleme Anlaşması: Türkiye ile ABD arasında bir çifte vergilendirmeyi önleme anlaşması bulunmaktadır. Bu anlaşma, aynı gelirin iki ülkede de tam oranda vergilendirilmesini önlemeyi amaçlar. Örneğin, Türkiye'de ödediğiniz bir vergiyi, ABD'de Yabancı Vergi Kredisi (Foreign Tax Credit) olarak kullanabilirsiniz. Ancak, Türkiye'de hisse senedi kazançları vergiden muaf olduğu için, bu kazançlar üzerinden ABD'de kullanılabilecek bir kredi oluşmaz.

Raporlama Yükümlülükleri: FBAR (FinCEN Form 114) ve FATCA (Form 8938) kuralları gereği, Türkiye'deki banka ve aracı kurum hesaplarınızdaki varlıkları belirli eşikleri aşıyorsa ABD Hazinesi'ne bildirmeniz zorunludur.

Opsiyon Vergilendirmesi: ISO vs. NSO

ABD'deki teknoloji şirketlerinde çalışan Türk profesyoneller için hisse senedi opsiyonları yaygın bir gelir kaynağıdır. Ancak iki ana opsiyon türü olan ISO ve NSO'nun vergi sonuçları tamamen farklıdır:

Nitelikli Olmayan Hisse Senedi Opsiyonları (Non-Qualified Stock Options - NSOs):

Vergilendirme Anı: Opsiyonu kullandığınızda (exercise), hissenin piyasa değeri ile sizin ödediğiniz kullanım fiyatı arasındaki fark, W-2 maaşınıza eklenen normal gelir olarak vergilendirilir. Bu, yüksek bir vergi yükü yaratır.

Teşvik Edici Hisse Senedi Opsiyonları (Incentive Stock Options - ISOs):

Vergilendirme Anı (Normal Vergi): Opsiyonu kullandığınızda, normal vergi açısından bir gelir olayı **oluşmaz**.

Vergilendirme Anı (AMT): Ancak, bu kullanım, Alternatif Minimum Vergi (AMT) hesaplamasında bir gelir kalemi olarak eklenir ve bir AMT borcu yaratabilir.

Satış: Hisseleri, opsiyonu kullandıktan sonra en az 1 yıl ve opsiyonun verildiği tarihten sonra en az 2 yıl elinizde tutarsanız, satıştan elde edilen tüm kar **uzun vadeli sermaye kazancı** olarak vergilendirilir. Bu, NSO'lara kıyasla büyük bir vergi avantajıdır.

Bu farkı anlamak, opsiyonları ne zaman kullanacağınızı ve hisseleri ne zaman satacağınızı planlarken binlerce dolar vergi tasarrufu sağlayabilir.

ABD'deki Yatırımların Türkiye'deki Durumu

ABD'de yerleşik olduğunuz sürece, ABD'deki yatırımlarınız Türkiye'de ek bir vergi yükümlülüğü doğurmaz. Ancak, Türkiye'ye kesin dönüş yapmanız durumunda, ABD'deki varlıklarınızın durumu ve çıkış vergileri (Expatriation Tax) gibi konular için bir uzmana danışmanız kritik önem taşır.

Uluslararası vergi planlaması karmaşıktır ve her bireyin durumu farklıdır. Hem ABD hem de Türk vergi kanunlarına hakim bir uzmandan danışmanlık almak, maliyetli hatalardan kaçınmanın en güvenli yoludur.

7.6 Kapsamlı Vaka Çalışmaları

Bu bölümde ele alınan kavramların pratikte nasıl bir araya geldiğini görmek için farklı yatırımcı profillerini inceleyelim.

Vaka 1: Genç Profesyonel

Aysu 28 yaşında, Phoenix'de yaşayan bekar bir yazılım mühendisidir. Aysu'nun yıllık geliri 120,000 dolardır ve %24 federal vergi dilimindedir.

Hedef: Genç olduğu için agresif büyüme ve uzun vadeli servet birikimi hedeflemektedir.

Strateji:

Emeklilik Hesaplarını Maksimize Etme: Aysu ilk olarak işvereninin 401(k) planına, 2026 limiti olan 23,500 doların tamamını yatırır. Bu, vergiye tabi gelirini anında 96,500 dolara düşürür.

Roth IRA Katkısı: AGI'si Roth IRA katkı limitlerinin altında olduğu için, bir Roth IRA hesabına da yıllık maksimum tutar olan 7,000 dolar yatırır. Bu katkı vergi indirimi sağlamaz, ancak gelecekteki tüm çekişler vergiden muaftır.

Vergiye Tabi Hesap (Taxable Brokerage Account): Emeklilik hesaplarını doldurduktan sonra kalan tasarruflarını vergiye tabi bir aracı kurum hesabına yatırır. Bu hesapta, vergi verimliliği yüksek, düşük maliyetli, geniş tabanlı ETF'lere (örneğin, VTI - Vanguard Total Stock Market ETF) odaklanır. Bu fonlar, nitelikli temettü öder ve iç sermaye kazancı dağıtımı yapma olasılıkları düşüktür.

Yatırım Felsefesi: Aysu "al ve tut" (buy and hold) stratejisi uygular. Sık alım satım yapmaktan kaçınarak, tüm kazançlarının uzun vadeli sermaye kazancı statüsüne ulaşmasını sağlar. Bu, gelecekteki vergi yükünü önemli ölçüde azaltır.

Vaka 2: Orta Kariyer Ailesi

Mehmet ve Aslı, 40'lı yaşlarında, iki çocuklu evli bir çift. Toplam gelirleri 240,000 dolardır ve bunun sonucu olarak da %24 federal vergi dilimindedirler.

Hedef: Bu çift emeklilik için birikim yaparken çocukların üniversite eğitimi için de tasarruf etmek istemektedir.

Strateji:

Vergi Dilimi Yönetimi: Gelirleri, %24'lük dilimin üst sınırına yakındır. Geleneksel 401(k) ve IRA hesaplarına maksimum katkı yaparak (toplamda 64,000 dolara kadar), vergiye tabi gelirlerini 176,000 dolara düşürürler. Bu strateji onları %22'lik daha düşük bir vergi dilimine sokar.

529 Planı: Çocuklarının eğitimi için bir 529 Planı açarlar. Bu plana yaptıkları katkılar federal vergi indirimi sağlamaz, ancak birçok eyalette eyalet vergisi indirimi sunar. En büyük avantajı, paranın vergisiz büyümesi

172 ABD VERGI REHBERI

ve nitelikli eğitim masrafları için kullanıldığında çekişlerin tamamen vergisiz olmasıdır.

Vergi Kaybı Hasadı: Yıl sonunda, vergiye tabi hesaplarındaki bazı pozisyonlarda zarar olduğunu görürler. Bu pozisyonları satarak 8,000 dolarlık zarar gerçekleştirirler. Aynı zamanda, başka bir pozisyonda 5,000 dolarlık kazançları vardır. Mehmet ve Aslı çifti bu zararı, kazancı tamamen silmek için kullanırlar. Kalan 3,000 dolarlık zarar ise normal gelirlerinden düşerek ek vergi tasarrufu sağlarlar.

Vaka 3: Emekliliğe Yaklaşan Yatırımcı

Ediz Bey 62 yaşında, emekli olmayı planlayan bir mükelleftir. Kendisinin vergiye tabi aracı kurum hesabında yıllar içinde birikmiş önemli miktarda uzun vadeli sermaye kazancı vardır.

Hedef: Ediz Bey emeklilikte yaşam masraflarını karşılamak için portföyünden gelir elde etmek isterken, vergi yükümlülüğünü de en aza indirmek istemektedir.

Strateji:

%0 Sermaye Kazancı Diliminden Yararlanma (Gain Harvesting): Ediz Bey, emekli olduğunda geliri önemli ölçüde düşecektir. İlk birkaç yıl, geliri %0 uzun vadeli sermaye kazancı diliminin (2026 için bekar mükelleflerde ~$48,000) altında kalacaktır. Bu durumu bir fırsata çevirir.

Uygulama: Her yıl, vergiye tabi gelirini bu eşiğin altında tutacak kadar hisse senedi satar. Örneğin, başka geliri yoksa, yılda 48,000 dolarlık sermaye kazancı gerçekleştirebilir ve bunun için sıfır federal vergi öder. Sattığı hisseleri en az 30 gün bekledikten sonra geri alarak maliyet bazını yükseltebilir (step-up in basis). Bu strateji onun gelecekteki vergi yükünü azaltır.

Roth Dönüşümleri: Aynı şekilde, geliri düşük olduğu yıllarda, Geleneksel IRA hesabındaki bir miktar parayı Roth IRA'ya dönüştürür (Roth Conversion). Bu dönüşüm sırasında düşük bir vergi öder, ancak para bir kez Roth IRA'ya geçtiğinde, gelecekteki tüm büyüme ve çekişler tamamen vergisiz olur.

Bu stratejiler, vergi kanununun kurallarını anlayarak ve proaktif bir şekilde planlama yaparak, yatırımcıların net getirilerini nasıl önemli ölçüde artırabileceklerini göstermektedir. Her yatırımcının durumu benzersizdir ve en iyi sonuçlar, kişisel hedeflere ve koşullara göre uyarlanmış bir strateji ile elde edilir.

7.7 Kayıt Tutma: Vergi Beyanınızın Temeli

Tüm bu vergi stratejilerinin temelinde doğru, eksiksiz ve düzenli kayıt tutma yatar. IRS, beyan ettiğiniz her rakamı kanıtlamanızı bekler ve bir denetim durumunda, kayıtlarınız en iyi savunmanızdır.

Hangi Kayıtlar Tutulmalı?

Alım Kayıtları: Her yatırım için, alım tarihi, alım fiyatı (hisse başına), alınan miktar ve toplam maliyet (komisyonlar dahil).

Satış Kayıtları: Satış tarihi, satış fiyatı, satılan miktar ve toplam gelir (komisyonlar sonrası).

Temettü ve Faiz Gelirleri: Yıl içinde alınan tüm temettü ve faiz gelirlerinin kaydı. Bunlar aracı kurumunuzun 1099-DIV ve 1099-INT formlarında özetlenir.

Sermaye Kazancı Dağıtımları: Yatırım fonlarından gelen ve 1099-DIV formunda raporlanan dağıtımlar.

Maliyet Bazı Düzeltmeleri (Cost Basis Adjustments): Hisse bölünmeleri (stock splits), birleşmeler (mergers) veya temettü yeniden yatırım planları (DRIPs) gibi olaylar maliyet bazınızı değiştirebilir. Bu düzeltmelerin kaydını tutmak önemlidir.

Wash Sale Kayıtları: Bir zararı realize ettikten sonra aynı menkul kıymeti geri alırsanız, bu işlemin tarihini ve reddedilen zararın yeni pozisyonun maliyet bazına nasıl eklendiğini kaydetmelisiniz.

Formlar: Yıl sonunda aracı kurumlarınızdan ve bankalarınızdan gelen tüm 1099 formlarını (1099-B, 1099-DIV, 1099-INT) saklayın. Bu formlar, vergi beyannamenizdeki rakamların temelini oluşturur.

Kayıtları Ne Kadar Süre Saklamalı?

Genel kural, vergi beyannamesini verdiğiniz tarihten itibaren en az üç yıl süreyle ilgili kayıtları saklamaktır. Bu, IRS'in bir denetim başlatabileceği zamanaşımı süresidir. Ancak, bazı durumlarda bu süre uzayabilir:

Geliri %25'ten Fazla Eksik Beyan Etme: Zamanaşımı süresi altı yıla çıkar.

Değersiz Menkul Kıymetler veya Batık Borçlar: Bu tür bir kayıp için talepte bulunursanız, süre yedi yıldır.

Hileli Beyanname: Zamanaşımı süresi yoktur.

Pratik Tavsiye: Bir yatırım varlığını elinizde tuttuğunuz sürece, o varlığın alım kayıtlarını süresiz olarak saklayın. Varlığı sattıktan sonra ise, ilgili beyannamenin zamanaşımı süresi dolana kadar (satıştan sonraki 3-4 yıl) hem alım hem de satış kayıtlarını saklamaya devam edin. Günümüzde, çoğu aracı kurum bu kayıtların birçoğunu sizin için tutar ve 1099-B formunda detaylı bir şekilde sunar. Ancak, özellikle birden fazla kurumda hesabınız varsa, eski işlemleri takip ediyorsanız veya kripto para gibi daha yeni varlıklarla işlem yapıyorsanız, kendi kayıtlarınızı tutmak için bir elektronik tablo veya özel bir yazılım kullanmak, vergi zamanı geldiğinde sizi büyük bir baş ağrısından kurtarabilir ve doğru vergi beyanında bulunmanızı sağlayabilir.

7.8 Vergi Planlaması Takvimi: Yıl Boyunca Atılacak Adımlar

Vergi etkin yatırım, sadece yıl sonunda yapılan bir aktivite değildir. Yıl boyunca bilinçli kararlar almayı gerektiren dinamik bir süreçtir.

Birinci Çeyrek (Ocak - Mart)

Geçen Yılı Gözden Geçirin: Bir önceki yılın 1099 formlarını toplayın ve vergi beyannamenizi hazırlayın. Beklenmedik bir vergi faturasıyla karşılaştınız mı? Nedenini anlayın. Vergi kaybı hasadından daha fazla yararlanabilir miydiniz? Bu yılki stratejinizi buna göre ayarlayın.

Emeklilik Katkılarını Planlayın: Bu yıl için IRA ve HSA katkı hedeflerinizi belirleyin. Mümkünse, katkılarınızı yılın başına yaymak yerine, yılın başında toplu olarak yapmak, paranın vergi avantajlı büyümesi için daha fazla zaman kazandırır.

Tahmini Vergi Yükümlülüğünü Hesaplayın: Eğer önemli miktarda serbest meslek veya yatırım geliriniz varsa, ilk çeyrek için tahmini vergi ödemenizi (15 Nisan) hesaplayın.

İkinci Çeyrek (Nisan - Haziran)

Portföyünüzü Değerlendirin: Yılın ilk çeyreğindeki performansı gözden geçirin. Büyük kazanç veya kayıplar var mı? Vergi kaybı hasadı için adayları belirlemeye başlayın.

Temettü Gelirlerini Kontrol Edin: Nitelikli temettü şartlarını (elde tutma süresi) karşıladığınızdan emin olun. Eğer bir hisseyi satmayı düşünüyorsanız, temettü tarihinden hemen önce satmanın vergi açısından daha verimli olup olmayacağını değerlendirin.

İkinci Tahmini Vergi Ödemesi (15 Haziran): Gerekirse ikinci çeyrek ödemenizi yapın.

Üçüncü Çeyrek (Temmuz - Eylül)

Yıl Ortası Vergi Projeksiyonu: Yılın geri kalanı için gelir ve giderlerinizi tahmin ederek vergi yükünüzü hesaplayın. Bu, yıl sonu sürprizlerini önlemenize yardımcı olur.

Roth Dönüşümlerini Değerlendirin: Eğer bu yıl geliriniz normalden düşükse (iş değişikliği, ücretsiz izin vb. nedeniyle), Geleneksel

IRA'dan Roth IRA'ya bir miktar para dönüştürmek için iyi bir zaman olabilir.

Üçüncü Tahmini Vergi Ödemesi (15 Eylül): Gerekirse üçüncü çeyrek ödemenizi yapın.

Dördüncü Çeyrek (Ekim - Aralık)

Vergi Kaybı Hasadı (Tax-Loss Harvesting): Bu, yılın en önemli vergi planlama dönemidir. Portföyünüzdeki zararda olan pozisyonları, kazançlarınızı dengelemek için stratejik olarak satın. Wash sale kuralına dikkat edin.

Sermaye Kazancı Gerçekleştirme (Gain Harvesting): Eğer bu yılki geliriniz düşükse ve %0 veya %15'lik uzun vadeli sermaye kazancı diliminde yeriniz varsa, maliyet bazınızı yükseltmek ve gelecekteki vergiyi azaltmak için bir miktar kazanç realize etmeyi düşünün.

Emeklilik Hesaplarını Doldurun: 401(k) ve diğer işyeri planları için katkılarınızı yıl sonuna kadar tamamladığınızdan emin olun.

Gerekli Minimum Dağıtımlar (RMDs): Eğer 73 yaş veya üzerindeyseniz, emeklilik hesaplarınızdan gerekli minimum dağıtımı yıl sonuna kadar yapmayı unutmayın. Yapmamanın cezası çok yüksektir.

Hayırsever Bağışlar: Değeri artmış menkul kıymetleri doğrudan bir hayır kurumuna bağışlamak (nakit yerine), hem sermaye kazancı vergisinden kaçınmanızı hem de bağışın tam piyasa değeri üzerinden vergi indirimi almanızı sağlayan çok güçlü bir stratejidir.

Dördüncü Tahmini Vergi Ödemesi (15 Ocak - bir sonraki yıl): Yılın son çeyreği için ödemenizi yapın.

Bu takvimi takip etmek, vergi planlamasını yönetilebilir adımlara böler ve yıl boyunca finansal kontrolü elinizde tutmanıza yardımcı olur. Unutmayın, proaktif planlama, reaktif çözümlerden her zaman daha ucuz ve daha etkilidir.

7.9 Sıkça Sorulan Sorular (SSS)

S1: Bir hisseyi 1 yıl 1 gün tutmakla 10 yıl tutmak arasında uzun vadeli sermaye kazancı vergisi açısından bir fark var mıdır?

Hayır. Vergi oranı açısından, bir varlığı bir yılı aştığınız anda uzun vadeli statüsüne girersiniz. 1 yıl 1 gün ile 10 yıl arasında bir vergi oranı farkı yoktur. Ancak, daha uzun süre tutmak, vergi ödemesini daha da ertelemenize ve bileşik getirinin gücünden daha fazla yararlanmanıza olanak tanır.

S2: Vergi kaybı hasadı yaparken sattığım hissenin aynısını eşim kendi hesabından alabilir mi?

Hayır. IRS, evli çiftleri vergi açısından tek bir birim olarak görür. Wash sale kuralı, sadece sizin değil, eşinizin de aynı veya "büyük ölçüde aynı" menkul kıymeti 30 günlük süre içinde almasını yasaklar.

S3: Kripto para zararlarımı hisse senedi kazançlarıma karşı kullanabilir miyim?

Evet. IRS kripto paraları mülk olarak gördüğü için, kripto para alım satımından kaynaklanan sermaye kazanç ve zararları, hisse senetleri gibi diğer sermaye varlıklarından kaynaklanan kazanç ve zararlarla aynı kurallara tabidir. Kripto zararlarınızı hisse senedi kazançlarınızı dengelemek için kullanabilirsiniz.

S4: Ana evimi (primary residence) sattığımda da sermaye kazancı vergisi öder miyim?

Eğer bazı şartları sağlarsanız hayır. Vergi kanunu, ana evinizin satışında önemli bir vergi muafiyeti sunar. Eğer son beş yılın en az ikisinde o evde yaşadıysanız kazancınızın $250,000 (bekar) veya $500,000 (evli müşterek beyan) kadar olan kısmından sermaye kazancı vergisi ödemezsiniz. Bu, emlak yatırımı (Schedule E) için değil, sadece ana eviniz için geçerlidir.

S5: 1031 Değişimi sadece aynı tür mülkler arasında mı yapılabilir? Örneğin, bir apartman dairesi satıp sadece başka bir apartman dairesi mi almalıyım?

Hayır. "Benzer türde" (like-kind) kavramı oldukça geniştir. Herhangi bir yatırım amaçlı gayrimenkulü, başka bir yatırım amaçlı gayrimenkulle değiştirebilirsiniz. Örneğin, bir apartman dairesi satıp, elde ettiğiniz gelirle bir arsa, bir ofis binası veya bir depo alabilirsiniz. Önemli olan, her iki mülkün de kişisel kullanım için değil, yatırım veya iş amacıyla tutuluyor olmasıdır.

S6: Yabancı bir aracı kurumda (örneğin Türkiye'de) bulunan hisselerimden elde ettiğim temettüler ABD'de nasıl vergilendirilir?

Bu temettüler, dünya çapındaki gelirinizin bir parçası olarak ABD'de vergiye tabidir. Temettünün "nitelikli" olup olmadığı, şirketin bulunduğu ülke ile ABD arasında bir vergi anlaşması olup olmadığına ve diğer şartlara bağlıdır. Eğer nitelikli değilse, normal gelir oranlarında vergilendirilir. Ayrıca, bu geliri ve hesabı FBAR/FATCA formlarında bildirmeniz gerekebilir.

S7: Bir yatırım fonu (mutual fund) hiç satmasam bile neden yıl sonunda vergi ödemek zorunda kalıyorum?

Bunun nedeni, fonun kendisinin yıl içinde yaptığı alım satımlardır. Fon yöneticisi, portföy içindeki hisseleri satarak kar realize ettiğinde, bu karları yıl sonunda fonun hissedarlarına "sermaye kazancı dağıtımı" olarak dağıtmak zorundadır. Bu dağıtım, siz hiç fon payı satmamış olsanız bile, sizin için vergiye tabi bir olaydır. Bu, aktif yönetilen yatırım fonlarının vergi açısından verimsiz olmasının ana nedenidir ve birçok yatırımcının ETF'leri tercih etme sebebidir.

Bölüm 8: Yasal Vergi Planlaması

Teknoloji girişimcisi Selim Bey, şirketini satmaya hazırlanırken vergi danış-
manından şok edici bir haber almıştır: 2 milyon dolarlık satıştan elde
edeceği 1.8 milyon dolar kazanç üzerinden 480,000 dolarlık federal ver-
gi ödemesi gerekecektir. "Bu kadar vergi ödemek zorunda mıyım?" diye
sorduğunda, danışmanı ona ABD Yüksek Mahkemesi Yargıcı Learned
Hand'in ünlü sözünü hatırlatmıştır:

"Herkes vergilerini mümkün olduğunca düşük bir seviyeye indirmek
için işlerini düzenleyebilir; hiç kimse kanunun gerektirdiğinden fazlasını
ödeme vatanseverlik görevine sahip değildir. Vergiler, hayatın cezaları
değildir; medeni bir toplumda yaşamanın bedelidir."

Bu ilke, yasal vergi planlamasının temelini oluşturur. Vergi planlaması,
vergi kaçırmak veya sistemi aldatmak değildir. Aksine, vergi kanunlarının
sunduğu teşvikleri, kesintileri ve stratejileri, finansal hedeflerinize ulaşmak
için proaktif ve yasal bir şekilde kullanma sanatıdır.

8.1 Vergi Planlamasının Yasal ve Etik Çerçevesi

Vergi planlaması ile vergi kaçakçılığı arasındaki çizgi nettir, ancak bu
çizginin nerede olduğunu anlamak kritik önem taşır.

Vergi Planlaması (Tax Avoidance): Kanunların izin verdiği yasal
yöntemleri kullanarak vergi yükümlülüğünü en aza indirmektir. Örneğin,
emeklilik hesaplarına maksimum katkı yapmak, vergi avantajlı yatırımları
seçmek veya giderleri doğru zamanda yapmak yasal vergi planlamasıdır.

Vergi Kaçakçılığı (Tax Evasion): Geliri kasıtlı olarak gizlemek, sahte
giderler göstermek veya vergi ödemekten yasa dışı yollarla kaçınmaktır. Bu,
ciddi para ve hapis cezalarıyla sonuçlanan bir suçtur.

IRS, bu ikisi arasındaki gri alanı yönetmek için çeşitli yasal doktrinler geliştirmiştir:

İş Amacı Doktrini (Business Purpose Doctrine): Bir işlemin vergi avantajı sağlaması için, vergi dışında geçerli bir iş amacına sahip olması gerekir. Sadece vergi tasarrufu için yapılan yapay işlemler reddedilebilir.

Özün Önceliği Doktrini (Substance Over Form Doctrine): IRS, bir işlemin yasal şekline değil, ekonomik özüne bakar. Kağıt üzerinde yasal görünen ancak gerçekte ekonomik bir anlamı olmayan işlemler geçersiz sayılabilir.

Ekonomik Öz Doktrini (Economic Substance Doctrine): Bir işlemin geçerli sayılması için, (1) vergi dışı amaçlarla işlemin ekonomik konumunuzu anlamlı bir şekilde değiştirmesi ve (2) işlemin vergi avantajları dışında makul bir kar potansiyeline sahip olması gerekir.

Başarılı bir vergi planı, bu doktrinlere saygı duyar ve her stratejinin sağlam bir yasal ve ekonomik gerekçesi olduğundan emin olur.

8.2 Zamanlama Stratejileri

Vergi planlamasının en temel araçlarından biri, gelir ve giderlerinizi hangi vergi yılında tanıyacağınızı kontrol etmektir. Amaç, geliri daha düşük vergi oranına sahip olacağınız yıllara ertelemek ve giderleri daha yüksek vergi oranına sahip olduğunuz yıllarda hızlandırmaktır.

Gelir Erteleme (Deferring Income)

Gelirinizi bir sonraki yıla erteleyebiliyorsanız, vergi ödemesini de bir yıl ertelemiş olursunuz. Bu, paranın bir yıl daha sizin için çalışması anlamına gelir.

Stratejiler:

Yıl Sonu Faturalandırma: Serbest meslek sahibiyseniz, Aralık ayında tamamladığınız bir işin faturasını müşterinize Ocak ayının başında gönderebilirsiniz. Bu, gelirin bir sonraki vergi yılına kaymasını sağlar.

Taksitli Satışlar (Installment Sales): Büyük bir varlığı (şirket, gayrimenkul) satarken, ödemeyi birkaç yıla yayacak bir anlaşma yapabilirsiniz. Bu, büyük bir sermaye kazancını tek bir yılda tanımak yerine, yıllara bölerek daha düşük vergi dilimlerinde kalmanıza yardımcı olabilir.

Ertelenmiş Ücret Planları (Deferred Compensation Plans): Bazı yöneticiler, maaşlarının veya primlerinin bir kısmının gelecekte, emeklilikte daha düşük bir vergi diliminde olacakları bir zamanda ödenmesini sağlayan planlara katılabilirler.

Gider Hızlandırma (Accelerating Deductions)

Giderleri hızlandırmak, mevcut yılki vergiye tabi gelirinizi düşürerek anında vergi tasarrufu sağlar.

Stratejiler:

Yıl Sonu Ödemeleri: Bir sonraki yılın Ocak ayında yapmanız gereken ödemeleri (emlak vergisi, eyalet vergisi, hayırsever bağışlar) Aralık ayında yaparak gideri bu yıla çekebilirsiniz.

Tıbbi Harcamalar: Eğer tıbbi harcamalarınız Düzeltilmiş Brüt Gelirinizin (AGI) %7.5 sınırına yakınsa, planlanmış bazı tıbbi veya dişçilik prosedürlerini yıl sonuna çekerek bu eşiği aşabilir ve kesinti hakkı kazanabilirsiniz.

İşletme Giderleri: İşletme sahibiyseniz, bir sonraki yıl almayı planladığınız ekipman veya malzemeleri Aralık ayında satın alarak gideri bu yıl kaydedebilirsiniz.

Vaka Çalışması

Hilal Hanım, 2025 sonunda emekli olmayı planlayan yüksek gelirli bir doktordur. 2025, onun en yüksek gelir yılı olacak.

Strateji:

Gelir Erteleme: İşvereninden, 2025 sonunda alacağı 50,000 dolar tutarındaki ikramiyeyi, emekli olacağı ve daha düşük bir vergi dilimine düşeceği 2026 Ocak ayında ödemesini talep eder.

Gider Hızlandırma: 2026 başında almayı planladığı 20,000 dolar değerindeki yeni tıbbi ekipmanı, 2025 Aralık ayında satın alır. Ayrıca, 2026 için olan mesleki sigorta primini ve dernek üyelik ücretlerini de peşin olarak Aralık ayında öder.

Sonuç: Bu basit zamanlama stratejileriyle Hilal Hanım, yüksek vergi ödeyeceği 2025 vergi yılındaki vergi matrahını 70,000 dolardan'dan fazla düşürürken, düşük vergi ödeyeceği 2026 yılındaki gelirini artırmış olur. Bu, iki yıl boyunca toplamda on binlerce dolar vergi tasarrufu anlamına gelir.

8.3 Gelir Kaydırma ve Karakterizasyon Stratejileri

Bu stratejiler, geliri yüksek vergi dilimindeki bir kişiden düşük vergi dilimindeki bir kişiye (aile içinde) kaydırmayı veya gelirin vergi karakterini daha avantajlı bir türe dönüştürmeyi içerir.

Gelir Kaydırma (Income Shifting)

Amaç, ailenin toplam vergi yükünü azaltmaktır. Bu, yüksek gelirli ebeveynlerin, gelirlerinin bir kısmını daha düşük vergi dilimindeki çocuklarına veya diğer aile üyelerine yasal olarak aktarmasıyla yapılır.

Stratejiler:

Aile Bireylerini İşe Alma: İşletme sahibiyseniz, çocuklarınızı veya diğer aile üyelerinizi işletmenizde meşru bir pozisyonda işe alabilirsiniz.

Ödediğiniz maaş, sizin için bir işletme gideri olur (vergi matrahınızı düşürür), çocuğunuz için ise gelir olur. Ancak çocuğunuzun standart kesinti hakkı olduğu ve muhtemelen en düşük vergi diliminde (%10) olduğu için, ödeyeceği vergi sizin tasarruf ettiğinizden çok daha az olacaktır.

Önemli Not: İşin gerçek olması, ücretin makul olması ve yapılan işin belgelenmesi kritik önem taşır. Aksi takdirde, IRS bunu bir vergi kaçırma girişimi olarak görebilir.

Düşük Faizli Aile İçi Krediler: Bir aile üyesine, IRS tarafından belirlenen minimum faiz oranları (Applicable Federal Rates - AFR) üzerinden borç verebilirsiniz. Bu, parayı daha düşük vergi dilimindeki bir aile üyesinin yatırım yapması ve geliri kendi adına kazanması için bir yol olabilir.

Hediyeler: Her yıl, herhangi bir kişiye vergiye tabi olmadan belirli bir miktarda hediye verebilirsiniz (2025 vergi yılı için bu tutar 19,000 dolardır). Bu sayede gelir getiren varlıkları (hisse senetleri, yatırım fonları) çocuklarınıza veya torunlarınıza devredebilirsiniz ve gelecekteki gelirin onların adına, daha düşük bir vergi oranıyla vergilendirilmesini sağlayabilirsiniz.

"Kiddie Tax" Uyarısı: IRS, bu stratejinin aşırı kullanımını önlemek için "Kiddie Tax" kurallarını uygulamaktadır. Bu kurallara göre, 19 yaşın altındaki (veya 24 yaşın altındaki tam zamanlı öğrenciler) çocukların belirli bir eşiği (2025 vergi yılı için 2,700 doları) aşan yatırım gelirleri, çocuğun kendi vergi oranı yerine, ebeveynlerinin daha yüksek vergi oranı üzerinden vergilendirilir. Bu kural, sadece yatırım gelirleri için geçerlidir; çocuğun çalışarak kazandığı maaş (earned income) kendi vergi oranına tabidir.

Gelir Karakterizasyonu (Income Characterization)

Bu strateji, gelirin türünü, yüksek vergi oranına tabi bir türden (normal gelir gibi) daha düşük vergi oranına tabi bir türe (uzun vadeli sermaye kazancı gibi) dönüştürmeyi amaçlar.

Stratejiler:

S-Corporation ile Maaş/Dağıtım Optimizasyonu: Bir S-Corporation sahibiyseniz, kendinize "makul bir maaş" (reasonable salary) ödemeniz gerekir. Bu maaş, serbest meslek vergisine (%15.3) tabidir. Ancak, maaşın üzerindeki tüm şirket karı, "dağıtım" (distribution) olarak alınabilir ve bu dağıtımlar serbest meslek vergisinden muaftır. Bu, maaşı yasal olarak mümkün olan en düşük makul seviyede belirleyerek, gelirin karakterini serbest meslek vergisine tabi maaştan, vergisiz dağıtıma dönüştürerek önemli bir tasarruf sağlar.

Nitelikli Temettü Ödeyen Hisselere Yatırım: Faiz geliri (normal oranda vergilendirilir) yerine, nitelikli temettü (uzun vadeli sermaye kazancı oranında vergilendirilir) ödeyen hisse senetlerine yatırım yapmak, gelirin karakterini daha avantajlı bir türe dönüştürür.

8.4 AMT ve Miras Planlaması

Yüksek gelirli mükellefler, sadece daha yüksek vergi dilimleriyle değil, aynı zamanda ek vergiler ve karmaşık kurallarla da karşı karşıyadır.

Alternatif Minimum Vergi (AMT)

AMT, çok fazla kesinti ve vergi avantajından yararlanarak vergi yükümlülüklerini çok aza indiren yüksek gelirli mükelleflerin en azından bir "minimum" vergi ödemesini sağlamak için tasarlanmış paralel bir vergi sistemidir.

Nasıl Çalışır?

Normal vergi sistemine göre vergilendirilebilir gelirinizi hesaplarsınız.

Sonra, AMT kurallarına göre AMT gelirinizi hesaplarsınız. Bu hesaplamada, normal vergi sisteminde izin verilen bazı kesintiler (eyalet ve yerel vergi kesintisi, bazı çeşitli ayrıntılı kesintiler gibi) geri eklenir.

AMT gelirinizden AMT muafiyet tutarını (2025 vergi yılı için bekar mükelleflerde 90,100 dolar) düşersiniz.

Kalan tutarı AMT vergi oranlarıyla (%26 ve %28) çarparak geçici AMT vergisini bulursunuz.

Eğer geçici AMT vergisi, normal vergi yükümlülüğünüzden daha yüksekse, aradaki farkı ek bir vergi olarak ödersiniz.

AMT Tetikleyicileri:

Yüksek eyalet ve yerel vergiler (SALT kesintisi AMT için geri eklenir).

Teşvikli hisse senedi opsiyonlarının (Incentive Stock Options - ISOs) kullanılması.

Yüksek miktarda çeşitli ayrıntılı kesintiler.

AMT planlaması, hangi kesintilerin AMT'yi tetiklediğini anlamayı ve bu kesintileri yıllara yayarak veya gelir zamanlaması yaparak AMT'ye girmekten kaçınmayı içerir.

Miras ve Emlak Vergisi Planlaması (Estate Planning)

ABD'de, bir kişi vefat ettiğinde, sahip olduğu varlıkların (emlak, hisse senetleri, işletmeler vb.) toplam değeri üzerinden bir emlak vergisi (estate tax) alınabilir. Ancak, bu vergi sadece çok büyük miraslar için geçerlidir.

Muafiyet Limiti: 2025 vergi yılı için, bir kişinin hayat boyu muafiyet limiti 15 milyon dolardır. Bu, bir kişinin bu tutara kadar olan mirasının federal emlak vergisinden tamamen muaf olduğu anlamına gelir. Evli çiftler için bu limit iki katına çıkar (30 milyon dolar)

Vergi Oranı: Muafiyet limitini aşan kısım için vergi oranı %40'tır.

VATANDAŞ OLMAYAN EŞ İÇİN SINIRSIZ MİRAS BIRAKMA HAKKI YOKTUR

Eğer miras bırakan eş ABD vatandaşı, ancak hayatta kalan eş ABD vatandaşı değilse, sınırsız miras bırakma hakkı (unlimited marital deduction) geçerli değildir. Bu durumda, vatandaş olmayan eşe vergisiz olarak bırakılabilecek miras tutarı, hayat boyu muafiyet limiti ile sınırlıdır. Bu limiti aşan bir miras bırakmak için, Nitelikli Yerel Tröst (Qualified Domestic Trust - QDOT) adı verilen özel bir tröst kurulması gerekir. Bu, ABD vatandaşı olmayan bir eşi olan çiftler için en kritik emlak planlama konularından biridir.

Stratejiler:

Yıllık Hediye Muafiyeti: Her yıl, herhangi bir sayıda kişiye, yıllık hediye vergisi muafiyeti tutarı kadar (2025 vergi için 19,000 dolar) hediye vererek, toplam mirasınızın değerini ve emlak vergisi yükünüzü azaltabilirsiniz.

Tröstler (Trusts): Geri alınamaz tröstler (irrevocable trusts) kurarak, varlıkları mirasınızın dışına çıkarabilir ve emlak vergisi yükümlülüğünüzü azaltabilirsiniz. Örneğin, bir Geri Alınamaz Hayat Sigortası Tröstü (ILIT), hayat sigortası poliçenizin gelirlerinin miras vergisine tabi olmasını önleyebilir.

Form 3520 ve 3520-A: Yabancı Tröstler ve Hediyeler

Türkiye'deki aile üyelerinden alınan hediyeler için geçerli olan katı raporlama kuralları vardır. Form 3520, aşağıdaki durumlarda doldurulması gereken kritik bir bilgi formudur:

Yabancı Bir Kişiden Hediye: Bir takvim yılı içinde, yerleşik olmayan bir yabancıdan (örneğin, Türkiye'deki anne-babanızdan) 100,000 doların üzerinde bir hediye veya miras alırsanız.

Yabancı bir Şirket veya Ortaklıktan Hediye: Yabancı bir şirketten veya ortaklıktan 19,567 doların (2026 için) üzerinde bir hediye alırsanız.

Yabancı bir Tröst ile İşlemler: Yabancı bir tröstten dağıtım alırsanız veya bir tröste varlık aktarırsanız.

Form 3520-A, yabancı bir tröstün ABD'li bir sahibi varsa, tröstün kendisi tarafından doldurulması gereken yıllık bilgi beyannamesidir.

Neden Kritik? Bu formları doldurmamanın cezası çok ağırdır: Alınan hediyenin veya tröst varlığının değerinin %35'ine kadar çıkabilir. Örneğin 200,000 dolarlık bir hediye için bu, 70,000 dolar ceza anlamına gelebilir. Bu, sadece bir bilgi formunu doldurmayı unutmanın bedeli olarak IRS'in uyguladığı en sert cezalardan biridir.

Hayırsever Planlama: Vefat ettiğinizde varlıklarınızın bir kısmını bir hayır kurumuna bırakmak, hem desteklemek istediğiniz bir amaca hizmet eder hem de vergiye tabi mirasınızın değerini düşürür.

TÜRKİYE'DEKİ HAYIR KURUMLARINA YAPILAN BAĞIŞLAR DÜŞÜLEMEZ

Vergi indirimi için, bağışın ABD yasalarına göre nitelikli bir 501(c)(3) kuruluşuna yapılması gerekir. Bu, doğrudan Türkiye'deki bir dernek veya vakfa yapılan bağışların, ABD vergi beyannamenizde bir kesinti olarak kullanılamayacağı anlamına gelir.

Çözüm: Türkiye'deki bir amacı desteklemek ve aynı zamanda vergi indirimi almak istiyorsanız, "Friends of..." organizasyonları veya Türkiye'deki projelere fon sağlayan ABD merkezli hayır kurumları (örneğin, TPF - Turkish Philanthropy Funds) gibi ABD'de kayıtlı bir 501(c)(3) kuruluşu aracılığıyla bağış yapmanız gerekir.

8.5 Kapsamlı Vaka Çalışmaları: Stratejilerin Entegrasyonu

Teorik stratejilerin gerçek hayatta nasıl bir araya geldiğini görmek, vergi planlamasının gücünü anlamanın en iyi yoludur.

Vaka 1: Şirket Satışı Optimizasyonu

Selim Bey, 5 yıl önce kurduğu teknoloji şirketini (bir C-Corp) satmaya hazırlanıyor. Şirket, QSBS (Nitelikli Küçük İşletme Hissesi) kriterlerini karşılıyor.

Satış Fiyatı: 2,000,000 dolar
Maliyet Bazı: 200,000 dolar
Sermaye Kazancı: 1,800,000 dolar

Senaryo A: Planlama Olmadan Satış

Eğer Selim Bey hiçbir planlama yapmadan şirketi tek seferde satarsa,
1.8 milyon dolarlik kazancın tamamı uzun vadeli sermaye kazancı olarak
vergilendirilir. %20 sermaye kazancı oranı ve %3.8 NIIT ile toplam vergi
oranı %23.8 olur.
Vergi Yükü: 1,800,000 x 23.8% = 428,400 dolar olacaktır.
Net Gelir: 1,800,000 - 428,400 = 1,371,600 dolar.

Senaryo B: Gelişmiş Vergi Planlaması ile Satış

Selim Bey ve danışmanı aşağıdaki çok katmanlı stratejiyi uygular:
QSBS Muafiyetini Kullanma: Selim Bey, QSBS kuralı sayesinde
kazancının 10 milyon dolar veya yatırımının 10 katı (2 milyon dolara)
kadar olan kısmından muaftır. Bu durumda, 1.8 milyon dolarlık kazancın
tamamı QSBS muafiyeti kapsamına girer.
Vergi Yükü (QSBS): $0
Fırsat Bölgesi (Opportunity Zone) Yatırımı: QSBS muafiyeti ol-
masaydı, Selim Bey başka bir strateji izleyebilirdi. Kazancın bir kısmını
(örneğin, 500,000 dolar) bir Fırsat Bölgesi Fonu'na yatırabilirdi. Bu,
500,000 dolarlık kazanç üzerindeki vergiyi 2026 sonuna kadar ertelerdi.
Eğer yatırımı 10 yıl tutarsa, ertelenen kazanç üzerindeki vergi tamamen
silinir ve fonun kendi büyümesi de vergiden muaf olurdu.
Sonuç: Sadece QSBS kuralını doğru bir şekilde anlayıp uygulayarak,
Selim Bey vergi yükünü 428,400 dolardan sıfıra indirmiştir.
**QSBS FEDERAL BİR AVANTAJDIR, EYALETLER UY-
MAYABİLİR**California, Pensilvanya ve New Jersey gibi bazı eyaletler,
QSBS kazançlarını tam olarak vergilendirir. Bu, federal düzeyde sıfır vergi
öderken, eyalet düzeyinde hala önemli bir vergi borcuyla (örneğin, Cali-
fornia'da %13.3'e varan) karşılaşabileceğiniz anlamına gelir. Şirketinizi ku-
rarken veya bir satış planlarken, hem federal hem de eyalet vergi sonuçlarını
göz önünde bulundurmak zorunludur.

Vaka 2: Aile İçi Gelir Kaydırma

Ali Bey, başarılı bir danışmanlık firması (tek kişilik LLC) olan bir işletme sahibidir. Yıllık net geliri 180,000 dolardır ve %32 vergi dilimindedir.

Hedef: Ailenin toplam vergi yükünü azaltmak ve çocuklarına finansal sorumluluk öğretmek.

Strateji: Ali Bey, 16 yaşındaki lise öğrencisi oğlunu, firmanın sosyal medya hesaplarını yönetmesi ve pazar araştırması yapması için yarı zamanlı olarak işe alır. Oğluna, piyasa koşullarına uygun olarak saatlik 15 dolarlıkücretle, yılda toplam $15,000 maaş öder.

Finansal Analiz:

Ali Bey'in Tasarrufu: Ödediği 15,000 dolarlık maaş, onun için bir işletme gideridir. Bu, %32 vergi diliminde olduğu için ona 4,800 dolar federal gelir vergisi tasarrufu sağlar. Ayrıca, bu tutar serbest meslek vergisine tabi olmadığı için 2,120 dolarlık bireysel gelir vergisi tasarrufu da sağlar. Toplam tasarruf: ~6,920 dolar.

Oğlunun Vergi Yükü: Oğlu, 2025 vergi yılı için 15,750 dolar olan standart kesinti hakkına sahiptir. Kazandığı 15,000 dolar bu kesintinin altında kaldığı için, oğlu sıfır federal gelir vergisi öder. Sadece FICA vergilerini (Sosyal Güvenlik ve Medicare - %7.65) öder bu da 1,148 dolar yapar.

Net Sonuç: Aile bir bütün olarak, 6,920 - 1,148 = 5,772 dolarlık net vergi tasarrufu elde etmiştir. Bu para, ailenin cebinde kalmış ve oğlunun eğitimi veya yatırımları için bir fona aktarılmıştır. Bu strateji, işin gerçek, ücretin makul ve görevlerin belgelenmiş olması koşuluyla tamamen yasaldır.

8.6 Hayırsever Bağış Stratejileri

Hayırsever bağışlar, sadece desteklemek istediğiniz kurumlar için değil, aynı zamanda vergi planlamanız için de güçlü bir araç olabilir. Doğru strateji ile hem daha fazla etki yaratabilir hem de vergi yükünüzü azaltabilirsiniz.

Nakit Dışı Varlıkları Bağışlama: En Güçlü Strateji

Nakit bağışlamak en yaygın yöntem olsa da, en verimli yöntem değildir. Bunun yerine, değeri artmış menkul kıymetleri (hisse senetleri, yatırım fonları) doğrudan bir hayır kurumuna bağışlamak, çifte vergi avantajı sağlar.

Nasıl Çalışır?

Varlığı Seçin: Vergiye tabi aracı kurum hesabınızda, bir yıldan uzun süredir tuttuğunuz ve değeri önemli ölçüde artmış bir hisse senedi veya fon belirleyin.

Doğrudan Transfer: Bu hisseleri, nakde çevirmeden, doğrudan seçtiğiniz hayır kurumunun aracı kurum hesabına transfer edin.

Çifte Vergi Avantajı:

Sermaye Kazancı Vergisinden Kaçınma: Varlığı sattığınızda ortaya çıkacak olan sermaye kazancı vergisini hiçbir zaman ödemezsiniz. Hayır kurumları vergiden muaf olduğu için, varlığı sattıklarında vergi ödemezler.

Tam Değer Üzerinden Vergi İndirimi: Bağışladığınız varlığın, transfer günündeki tam piyasa değeri üzerinden standart veya ayrıntılı kesintilerinizde vergi indirimi hakkı kazanırsınız (belirli AGI limitlerine tabidir).

Vaka Çalışması: Ayşe Hanım ve Akıllı Bağış

Ayşe Hanım, 10 yıl önce 10,000 dolarlık maliyetle aldığı ve şu anki değeri 50,000 dolar olan Amazon (AMZN) hisselerine sahiptir. Ayşe Hanım bir hayır kurumuna 50,000 dolarlık bağış yapmak istiyor.

Senaryo A: Hisseyi Satıp Nakit Bağışlamak

Ayşe Hanım hisseyi satar ve 40,000 dolarlık uzun vadeli sermaye kazancı elde eder.

%15 sermaye kazancı vergisi öder: 40,000 x 15% = 6,000 dolar.

Geriye kalan 44,000 dolarlık nakdi ve cebinden eklediği 6,000 dolar ile toplam 50,000 dolarlık bağış yapar.

Bu bağış sonucu Ayşe Hanm 50,000 dolarlık vergi indirimi hakkı kazanır.

Net Sonuç: $6,000 vergi ödemiştir.

Senaryo B: Hisseyi Doğrudan Bağışlamak

Ayşe Hanım, 50,000 dolarlık değerindeki AMZN hisselerini doğrudan hayır kurumuna transfer eder.

Bu işlem sonucu 40,000 sermaye kazancı üzerinden hiç vergi ödemez. Tasarruf: 6,000 dolar.

Ayşe Hanım bağışının piyasa değeri üzerinden 50,000 vergi indirimi hakkı kazanır.

Net Sonuç: Hem istediği bağışı yapmış hem de 6,000 dolarlık vergi tasarrufu sağlamıştır.

Diğer Hayırsever Planlama Araçları

Donör Tavsiyeli Fonlar (Donor-Advised Funds - DAFs): Bu, kendi kişisel hayırseverlik fonunuzu oluşturmak gibidir. Bir DAF hesabına (Fidelity Charitable, Schwab Charitable gibi) değeri artmış menkul kıymetleri bağışlayarak anında vergi indirimi alırsınız. Daha sonra, zaman içinde bu hesaptan hangi hayır kurumlarına ne kadar bağış yapılacağına siz karar verirsiniz. Bu, bağışlarınızı tek bir seferde yapmak yerine yıllara yaymak için esneklik sağlar.

Nitelikli Hayırsever Dağıtımları (Qualified Charitable Distributions - QCDs): 70.5 yaş ve üzerindeki kişiler için çok güçlü bir stratejidir. Geleneksel IRA hesabınızdan, doğrudan bir hayır kurumuna yıllık 105,000 dolara kadar (2026 değeri) vergisiz bir transfer yapabilirsiniz. Bu tutar, vergiye tabi geliriniz olarak sayılmaz ve aynı zamanda Gerekli Minimum Dağıtım (RMD) yükümlülüğünüzü karşılamak için kullanılabilir. Bu, standart kesinti yapsanız bile vergi avantajı sağlayan nadir durumlardan biridir.

Bu stratejiler, cömertliğinizi vergi zekasıyla birleştirerek, hem toplumda daha büyük bir etki yaratmanıza hem de kendi finansal sağlığınızı korumanıza olanak tanır.

Vergi Planlamasında Bütünsel Yaklaşım

En etkili vergi planı, tek bir stratejiye odaklanmak yerine, bu bölümde tartışılan tüm unsurları bir araya getiren bütünsel bir yaklaşımdır. Zamanlama, gelir kaydırma, hayırsever bağışlar ve eyalet vergisi planlaması gibi farklı stratejiler, birbirini tamamlayacak şekilde entegre edildiğinde, toplam etki parçaların toplamından çok daha büyük olabilir.

Örneğin, bir işletme sahibi, PTET seçimini kullanarak SALT sınırlamasının etrafından dolaşabilir, aynı zamanda çocuklarını işe alarak gelir kaydırabilir, değeri artmış hisseleri bir DAF'a bağışlayarak sermaye kazancı vergisinden kaçınabilir ve yıl sonunda ekipman alımlarını hızlandırarak mevcut yılki vergi matrahını daha da düşürebilir.

8.7 Çifte Vatandaşlar İçin Koordinasyon

ABD'de yaşayan ve aynı zamanda Türk vatandaşı olan kişiler için vergi planlaması ek bir karmaşıklık katmanı içerir. Her iki ülkenin vergi sistemlerini ve aralarındaki Çifte Vergilendirmeyi Önleme Anlaşması'nın etkilerini anlamak, yasalara tam uyum sağlamak ve gereksiz vergi ödemekten kaçınmak için hayati önem taşır.

Temel Prensipler

ABD'nin Dünya Çapında Vergilendirme Prensibi: ABD, vatandaşlarını ve yerleşik yabancıları (Green Card sahipleri ve Önemli Varlık Testi'ni geçenler) dünya çapındaki tüm gelirleri üzerinden vergilendirir.

Bu, Türkiye'de elde ettiğiniz kira, faiz, temettü veya sermaye kazancı gibi gelirleri de ABD vergi beyannamenizde raporlamanız gerektiği anlamına gelir.

Türkiye'nin Bölgesel Vergilendirme Prensibi: Türkiye, sadece Türkiye sınırları içinde elde edilen gelirleri vergilendirir. ABD'de yerleşik olduğunuz sürece, ABD kaynaklı gelirleriniz (maaş, yatırım geliri vb.) Türkiye'de ek bir vergiye tabi olmaz.

Yabancı Vergi Kredisi (Foreign Tax Credit - FTC)

Çifte vergilendirmeyi önlemenin ana aracı Yabancı Vergi Kredisi'dir (Form 1116). Bu kredi, yabancı bir ülkeye (örneğin Türkiye'ye) ödediğiniz gelir vergisini, ABD'deki vergi yükümlülüğünüzden düşmenize olanak tanır. Bu, aynı gelirin iki kez vergilendirilmesini engeller.

Vaka Çalışması: Türkiye'de Kira Geliri Olan Can Bey

ABD'de yaşayan Can Bey'in Türkiye'de bir dairesi var ve buradan yıllık 120,000 TL kira geliri elde ediyor.

Türkiye'deki Vergi: Can Bey, Türkiye'de bu kira geliri üzerinden 25,000 TL gelir vergisi ödüyor.

ABD'deki Beyan:

Can Bey, 120,000 TL'yi ortalama kur üzerinden ABD Doları'na çevirir (örneğin, 4,000 dolar)

Bu 4,000 doları ABD vergi beyannamesine gelir olarak ekler.

Türkiye'de ödediği 25,000 TL vergiyi de dolara çevirir (örneğin, 833 dolar)

Bu 833 doları, Form 1116 aracılığıyla Yabancı Vergi Kredisi olarak talep eder. Bu kredi, ABD'deki toplam vergi borcunu doğrudan 833 dolar azaltır.

Raporlama Yükümlülükleri

Vergi ödemenin ötesinde, ABD'nin katı uluslararası raporlama gereklilik-leri vardır. Bunlara uyulmaması, verginin kendisinden çok daha ağır cezalara yol açabilir.

FBAR (Report of Foreign Bank and Financial Accounts): Yıl içinde herhangi bir anda, tüm yabancı finansal hesaplarınızın (banka, aracı kurum, emeklilik vb.) toplam değeri 10,000 doları aştıysa, FinCEN Form 114'ü (FBAR) elektronik olarak doldurmanız gerekir.

FATCA (Foreign Account Tax Compliance Act): Belirli eşikleri (yıl sonunda 50,000 dolar veya yıl içinde herhangi bir anda 75,000 dolardan başlayan) aşan yabancı finansal varlıklarınız varsa, vergi beyannamenizle birlikte Form 8938'i de doldurmanız gerekir.

Bu iki formun gereklilikleri ve eşikleri farklıdır ve her ikisini de doldur-manız gerekebilir. Bu formları doldurmamak, kasıtsız durumlarda bile her bir ihlal için 10,000 dolardan başlayan cezalara neden olabilir.

Planlama İpuçları

Hesapları Birleştirin: Türkiye'deki küçük ve dağınık banka hesaplarını birleştirmek, FBAR/FATCA raporlamasını basitleştirebilir.

Profesyonel Yardım Alın: Uluslararası vergi, ABD vergi kanununun en karmaşık alanlarından biridir. Hem ABD hem de Türk vergi sistemine aşina bir uzmandan (CPA veya vergi avukatı) yardım almak, sizi maliyetli hatalardan ve cezalardan koruyacaktır.

Kayıt Tutun: Türkiye'deki tüm gelir ve ödenen vergilerle ilgili detaylı kayıtları, ABD Doları'na çevrimde kullandığınız döviz kurlarıyla birlikte saklayın.

Çifte vatandaşlık, kültürel ve kişisel zenginlikler sunarken, finansal ve yasal sorumlulukları da beraberinde getirir. Bu sorumlulukları proaktif bir şekilde yönetmek, her iki dünyanın da en iyisinden huzur içinde yararlan-manızı sağlar.

8.8 Vergi Planlaması Bir Yolculuktur

Bu bölümde incelediğimiz gibi, yasal vergi planlaması, vergi kanununun karmaşık yollarında bir harita ve pusula ile gezinme sanatıdır. Bu, tek bir sihirli formül veya herkes için geçerli bir çözüm bulmakla ilgili değildir. Aksine, kişisel finansal hedeflerinizi, aile yapınızı ve risk toleransınızı yansıtan, size özel bir stratejiler bütünü oluşturmakla ilgilidir.

Temel Çıkarımlar:

Yasallık Esastır: Her zaman vergi planlaması ile vergi kaçakçılığı arasındaki net çizgiyi koruyun. Her işleminizin sağlam bir ekonomik ve iş amacı olduğundan emin olun.

Zamanlama Güçtür: Gelir ve giderlerinizi ne zaman tanıyacağınızı kontrol etmek, elinizdeki en basit ama en etkili planlama araçlarından biridir.

Bütünsel Düşünün: Ailenizi bir bütün olarak düşünün. Geliri yasal olarak aile içinde kaydırmak, ailenin toplam vergi yükünü önemli ölçüde azaltabilir.

İleriye Bakın: Vergi planlaması sadece bu yılı kurtarmakla ilgili değildir. Emeklilik, miras planlaması ve çocuklarınızın geleceği gibi uzun vadeli hedeflerinizi göz önünde bulundurarak, nesiller boyu sürecek bir finansal güvenlik inşa edebilirsiniz.

Vergi planlamasını yıllık bir angarya olarak değil, finansal sağlığınızın ayrılmaz bir parçası olarak benimseyin. Yıl boyunca bilinçli kararlar alarak, vergi sistemini size karşı çalışan bir güç olmaktan çıkarıp, finansal hedeflerinize ulaşmanıza yardımcı olan bir ortağa dönüştürebilirsiniz. Bu yolculuk, bilgi, disiplin ve stratejik bir bakış açısı gerektirir, ancak sonunda elde edeceğiniz finansal huzur ve güvenlik, harcadığınız her çabaya değecektir.

8.9 Sıkça Sorulan Sorular (SSS)

S1: Gelirimi ertelemek her zaman iyi bir fikir midir?

Her zaman değil. Gelir erteleme, gelecekteki vergi oranınızın mevcut oranınızdan daha düşük veya aynı olacağını varsayar. Eğer gelecekte daha yüksek bir vergi dilimine gireceğinizi veya vergi kanunlarının daha yüksek oranlar getireceğini düşünüyorsanız, vergiyi bugünün daha düşük oranından ödemek daha mantıklı olabilir. Bu bir olasılık ve risk yönetimi kararıdır.

S2: Çocuğuma hediye olarak verdiğim hisse senetlerinin maliyet bazı ne olur?

Çocuğunuz, hisse senetlerini sizin orijinal maliyet bazınızla devralır (carryover basis). Örneğin, siz hisseyi $100'a alıp, değeri $1,000 olduğunda çocuğunuza hediye ederseniz, çocuğunuzun maliyet bazı $100 olarak kalır. Çocuğunuz hisseyi $1,100'a sattığında, $1,000 ($1,100 - $100) üzerinden sermaye kazancı vergisi öder. Bu, vefat durumundaki "step-up in basis" kuralından farklıdır.

S3: Eyalet vergi planlaması neden önemlidir?

Vergi planlaması sadece federal vergilerle ilgili değildir. Özellikle California, New York, New Jersey gibi yüksek vergi oranlarına sahip eyaletlerde yaşayanlar için eyalet vergileri önemli bir yük oluşturabilir. Örneğin, federal düzeyde vergisiz olan belediye tahvili faizleri, başka bir eyaletin tahvilinden geliyorsa, kendi eyaletinizde vergiye tabi olabilir. Ayrıca, eyaletlerin miras ve emlak vergisi kuralları da federal kurallardan farklılık gösterebilir. Bu nedenle, planlama yaparken hem federal hem de eyalet vergi kanunlarını dikkate almak gerekir.

S4: Bir tröst kurmak sadece çok zenginler için midir?

Hayır. Tröstler, sadece emlak vergisinden kaçınmak için değil, birçok farklı amaç için kullanılabilir. Örneğin, bir "Vasiyet Yerine Geçen Yaşam Tröstü" (Revocable Living Trust), vefat ettiğinizde varlıklarınızın mahkeme süreci olan "probate"e girmesini önleyerek mirasçılarınız için zaman ve masraf tasarrufu sağlayabilir. Özel ihtiyaçları olan bir çocuğun geleceğini güvence altına almak veya varlıklarınızı alacaklılardan korumak için de tröstler kullanılabilir. Basit bir tröst kurmak, birçok orta gelirli aile için bile mantıklı bir planlama aracı olabilir.

S5: Vergi planlama stratejileri bir denetim riskimi artırır mı?

Agresif veya yasal sınırları zorlayan stratejiler denetim riskini artırabilir. Ancak, bu bölümde tartışılan gibi iyi belgelenmiş ve yasal dayanağı

sağlam olan standart vergi planlama stratejileri riski önemli ölçüde artır-
maz. Anahtar, her işleminizin ekonomik bir özü ve iş amacı olduğundan
emin olmak ve her adımı dikkatlice belgelemektir. Örneğin, çocuğunuza
maaş ödüyorsanız, yaptığı işi, çalıştığı saatleri ve ücretin nasıl belirlendiği-
ni gösteren kayıtlara sahip olmalısınız. Şeffaflık ve iyi kayıt tutma, en iyi
savunmanızdır.

Bölüm 9: Emeklilik Planlaması

Doktor Bahar Hanım, 45 yaşında emeklilik planlamasına başladığında kafası karışıktı. ABD'de 15 yıl, Türkiye'de 10 yıl çalışmıştı. İki ülkenin emeklilik sistemleri arasında nasıl bir köprü kuracağını, birikimlerini hangi hesaplarda değerlendireceğini ve en önemlisi, bu karmaşık yapıyı vergi açısından nasıl optimize edeceğini bilmiyordu.

Bahar Hanım'ın durumu, ABD'de yaşayan binlerce Türk profesyonelin karşılaştığı bir gerçektir. Emeklilik planlaması, sadece para biriktirmekten çok daha fazlasıdır. Bu, vergi stratejisi, risk yönetimi, uluslararası hukuk ve kişisel hedeflerin bir araya geldiği çok boyutlu bir disiplindir. ABD vergi sistemi, doğru kullanıldığında, emeklilik birikimlerinizi önemli ölçüde artıracak güçlü teşvikler sunar. Ancak bu araçların etkin kullanımı, sistemin derinlemesine anlaşılmasını gerektirir.

9.1 Emeklilik Hesaplarının Temelleri: Geleneksel mi, Roth mu?

Emeklilik planlamasının temel taşı, vergiyi ne zaman ödeyeceğinize karar vermektir. ABD vergi sistemi bu konuda iki ana seçenek sunar: Geleneksel (Traditional) ve Roth.

Geleneksel Hesaplar (IRA, 401(k)):

Vergi Şimdi mi, Sonra mı?

Prensip: "Bugün vergiden düş, sonra vergi öde."

Nasıl Çalışır? Bu hesaplara yaptığınız katkılar vergiye tabi gelirinizden düşülür, bu da size mevcut yılda bir vergi indirimi sağlar. Paranız yıllar içinde vergi ertelenmiş olarak büyür. Emeklilikte bu hesaptan çektiğiniz her dolar, normal gelir olarak vergilendirilir.

Kimler İçin Uygun? Mevcut vergi diliminin, emeklilikte olacağını düşündüğü vergi diliminden daha yüksek olan kişiler için idealdir. Yani, kariyerinin zirvesindeki yüksek gelirli profesyoneller için mantıklıdır.

Roth Hesaplar (Roth IRA, Roth 401(k)):

Prensip: "Bugün vergi öde, sonra sonsuza dek vergisiz kullan."

Nasıl Çalışır? Bu hesaplara yaptığınız katkılar vergi sonrası dolarlarla yapılır, yani mevcut yılda bir vergi indirimi sağlamaz. Ancak, paranız tamamen vergisiz olarak büyür ve emeklilikte yaptığınız tüm çekimler (hem anapara hem de kazançlar) tamamen vergisizdir.

Kimler İçin Uygun? Mevcut vergi diliminin, emeklilikte olacağını düşündüğü vergi diliminden daha düşük olan kişiler için idealdir. Bu, kariyerinin başındaki genç profesyoneller veya mevcut gelirleri düşük olanlar için harika bir seçenektir.

Vaka Çalışması: Genç Mühendis Müge Hanım

25 yaşındaki Müge yıllık 80,000 dolarlık maaşla %22 federal vergi dilimindedir. Kariyerinde ilerledikçe %32 veya daha yüksek bir dilime çıkacağını öngörüyor.

Karar: Müge mevcut vergi oranının gelecekteki oranından daha düşük olması nedeniyle Roth IRA ve Roth 401(k) seçeneklerine odaklanmalıdır.

Matematik: Müge'nin yıllık 7,000 dolarlık katkı yaptığını varsayalım. 40 yıl boyunca yıllık %7 getiri ile bu para 1.6 milyon dolar olacaktır.

Geleneksel IRA Senaryosu: Emeklilikte bu 1.6 milyonu çekerken, %32 vergi diliminde olacağını varsayarsak 512,000 dolar vergi ödeyecektir. Net eline geçen: ~1.08 milyon.

Roth IRA Senaryosu: Emeklilikte bu 1.6 milyon doları çekerken sıfır vergi ödeyecektir.

Sonuç: Roth seçeneği Müge'ye 512,000 dolarlık ek vergisiz emeklilik geliri sağlamıştır. Bu, gelecekteki vergi oranlarındaki belirsizliğe karşı da bir sigortadır.

9.2 İşveren Destekli Planlar: 401(k) Optimizasyonu

Çoğu Amerikalı için emeklilik birikiminin temel direği, işveren destekli 401(k) planlarıdır. Bu planları doğru kullanmak, emeklilik hedeflerinize ulaşmada büyük bir fark yaratabilir.

Adım 1: İşveren Katkısını (Match) Asla Kaçırmayın

Birçok işveren, çalışanlarının 401(k) katkılarına belirli bir oranda eşleşen bir katkı (match) sunar. Bu, kelimenin tam anlamıyla "bedava para"dır ve emeklilik planlamanızın mutlak önceliği olmalıdır.

Örnek: Şirketiniz, maaşınızın %6'sına kadar yaptığınız katkının %50'sini eşleştiriyor olabilir. Eğer maaşınız 100,000 dolar ise, sizin 6,000 dolar katkınıza karşılık şirket de 3,000 dolarlık katkı yapar. Bu, yatırımınız üzerinden anında %50 getiri demektir. Hiçbir yatırım aracı bu garantiyi sunmaz.

Adım 2: Katkı Limitlerini Anlamak ve Maksimize Etmek

401(k) planları, cömert katkı limitleri sunar:

Çalışan Katkı Limiti (2025 Vergi Yılı): 23,500 dolar

Yakalama Katkısı (Catch-up, 50 yaş ve üzeri): Ek 7,000 dolar (Toplam: 32,000 dolar)

Toplam Katkı Limiti (Çalışan + İşveren): 70,000 dolar (veya çalışanın maaşının %100'ü, hangisi daha azsa)

Yüksek gelirli profesyoneller için bu limitleri maksimize etmek, vergi ertelenmiş veya vergisiz büyümeden en üst düzeyde yararlanmanın anahtarıdır.

Mega Backdoor Roth: Yüksek Gelirliler İçin Bir Süper Güç

Geliriniz Roth IRA'ya doğrudan katkı yapamayacak kadar yüksekse ve 401(k) limitinizi zaten doldurduysanız, "Mega Backdoor Roth" stratejisi devreye girer. Bu strateji, 401(k) planınızın belirli özelliklere sahip olmasını gerektirir:

Vergi Sonrası Katkılara (After-Tax Contributions) İzin Vermesi: Normal 401(k) limitinin üzerinde, toplam limite kadar vergi sonrası katkı yapmanıza olanak tanır.

Hizmet İçi Dağıtımlara (In-Service Distributions) veya Dönüşümlere İzin Vermesi: Bu vergi sonrası katkıları, hala şirkette çalışırken bir Roth IRA'ya veya plan içindeki bir Roth 401(k)'ye dönüştürmenize izin verir.

Nasıl Çalışır?

Adım 1: Normal 401(k) katkınızı maksimize edin (Limit 23,500 dolardır).

Adım 2: İşveren katkısını hesaba katın (örneğin, 10,000 dolarlık bir katkı).

Adım 3: Toplam limit ile bu ikisinin toplamı arasındaki fark kadar vergi sonrası katkı yapın: 70,000 - 23,500 - 10,000 = 37,000 dolar

Adım 4: Bu 37,000 dolarlık vergi sonrası katkıyı, mümkün olan en kısa sürede bir Roth IRA'ya dönüştürün. Bu dönüşüm işlemi vergisizdir.

Bu strateji sayesinde, normalde mümkün olmayan bir şekilde, yılda on binlerce doları Roth hesabınıza aktarabilir ve gelecekteki devasa bir vergisiz birikimin temelini atabilirsiniz.

9.3 Emeklilikte Vergi Etkin Çekim Stratejileri

Emeklilikte finansal başarınız, ne kadar biriktirdiğiniz kadar, birikimlerinizi ne kadar akıllıca harcadığınıza da bağlıdır. Farklı hesap türlerinden para çekmenin farklı vergi sonuçları vardır. Doğru sıralama, emeklilik portföyünüzün ömrünü yıllarca uzatabilir.

Çekim Sıralamasının Altın Kuralı

Genel kabul görmüş en vergi etkin çekim sıralaması şöyledir:

Vergilendirilebilir Hesaplar (Taxable Brokerage Accounts): İlk olarak bu hesaplardan çekim yapın. Çünkü bu çekimler gdaha düşük olan uzun vadeli sermaye kazancı oranları üzerinden vergilendirilir. Ayrıca, bu hesaplardaki zararları, kazançları dengelemek için kullanabilirsiniz (vergi kaybı hasadı).

Vergi Ertelenmiş Hesaplar (Traditional IRA/401(k)): İkinci olarak bu hesaplardan çekim yapın. Bu çekimler normal gelir olarak vergilendirilir. Bu hesapları mümkün olduğunca uzun süre kendi haline bırakmak, vergi ertelenmiş büyümenin gücünden daha fazla yararlanmanızı sağlar.

Vergisiz Hesaplar (Roth IRA/401(k)): Son olarak bu hesaplardan çekim yapın. Bu hesaplar tamamen vergisiz büyüdüğü ve çekildiği için, onları en sona bırakmak, vergisiz servetinizin maksimum seviyeye ulaşmasını sağlar. Ayrıca, Roth IRA'lar, hesap sahibinin yaşamı boyunca Zorunlu Minimum Dağıtım (RMD) gerektirmez, bu da onları miras planlaması için harika bir araç haline getirir.

Roth Dönüşüm Merdiveni (Roth Conversion Ladder)

Erken emekli olmayı planlıyorsanız (örneğin, 59.5 yaşından önce), emeklilik hesaplarınıza cezasız erişim bir sorun olabilir. Roth Dönüşüm Merdiveni, bu sorunu çözen dahice bir stratejidir.

Nasıl Çalışır?

Adım 1: Geleneksel IRA/401(k) hesabınızdaki bir miktar parayı bir Roth IRA'ya dönüştürürsünüz. Bu dönüşüm sırasında, dönüştürülen tutar üzerinden gelir vergisi ödersiniz.

Adım 2: IRS'in 5 yıl kuralını beklersiniz. Her dönüşümün, katkı olarak kabul edilmesi ve cezasız çekilebilmesi için kendi 5 yıllık bekleme süresi vardır.

Adım 3: 5 yıl geçtikten sonra, dönüştürdüğünüz anapara tutarını yaşınız ne olursa olsun, vergisiz ve cezasız olarak çekebilirsiniz.

Her yıl düzenli olarak dönüşüm yaparak (örneğin, 5 yıl boyunca her yıl 50,000 dolarlık), 6. yıldan itibaren her yıl size vergisiz ve cezasız bir gelir akışı sağlayacak bir "merdiven" inşa etmiş olursunuz. Bu, erken emeklilikte finansal köprü kurmanın en etkili yollarından biridir.

9.4 Sosyal Güvenlik Optimizasyonu

Sosyal Güvenlik, emeklilik gelirinizin temelini oluşturur. Ne zaman başvuracağınız kararı, ömür boyu alacağınız toplam geliri on binlerce, hatta yüz binlerce dolar etkileyebilir.

Temel Seçenekler:

Erken Başvuru (62 yaş): Mümkün olan en erken yaşta başvurabilirsiniz, ancak alacağınız aylık ödeme, tam emeklilik yaşınıza (67) göre kalıcı olarak %30 azaltılır.

Tam Emeklilik Yaşı (FRA - Full Retirement Age, 67 yaş): Aylık ödemenizin %100'ünü alırsınız.

Geç Başvuru (70 yaş): Başvurunuzu 70 yaşına kadar ertelediğiniz her yıl için, aylık ödemeniz %8 artar. 70 yaşında başvurduğunuzda, tam emeklilik yaşınıza göre %24 daha fazla aylık ödeme alırsınız.

Kararı Etkileyen Faktörler:

Sağlık ve Yaşam Beklentisi: Eğer uzun ve sağlıklı bir yaşam süreceğinizi bekliyorsanız, başvuruyu ertelemek ve daha yüksek aylık ödemelerden daha uzun süre yararlanmak matematiksel olarak daha mantıklıdır. "Başabaş analizi" 80-82 yaş civarında gerçekleşir.

Diğer Gelir Kaynakları: Emekliliğin ilk yıllarında yaşamak için başka gelir kaynaklarınız (emeklilik hesapları, kira geliri vb.) varsa, Sosyal Güvenlik'i ertelemek daha kolay hale gelir.

Evlilik Durumu: Evli çiftler için strateji daha karmaşıktır. Daha yüksek gelire sahip olan eşin, hayatta kalan eşin daha yüksek bir dul aylığı almasını sağlamak için başvurusunu 70 yaşına kadar ertelemesi mantıklıdır. Düşük gelirli eş ise daha erken başvurabilir.

Sosyal Güvenlik ve Vergi: Sosyal Güvenlik ödemelerinizin %85'e kadarı, diğer gelirlerinizin seviyesine bağlı olarak vergiye tabi olabilir. Bu, emeklilikteki çekim stratejinizi planlarken dikkate almanız gereken önemli bir faktördür.

9.5 Sağlık Harcamaları

Emeklilikte karşılaşacağınız en büyük ve en öngörülemez masraf, sağlık harcamalarıdır.

Medicare'in Temelleri

Kısım A (Hastane Sigortası): Primsizdir.

Kısım B (Tıbbi Sigorta): Aylık bir prim gerektirir ve bu prim, gelir seviyenize göre artabilir (IRMAA - Income-Related Monthly Adjustment Amount).

Kısım D (Reçeteli İlaç Planı): Ek bir prim gerektirir.

IRMAA Tuzağı: Emeklilikte Geleneksel IRA/401(k) hesabınızdan yaptığınız büyük çekimler, "geçici" gelirinizin artmasına ve birkaç yıl boyunca daha yüksek Medicare primleri ödemenize neden olabilir. Bu, Roth hesaplarının ve vergi çeşitlendirmesinin önemini bir kez daha vurgular.

Sağlık Tasarruf Hesabı (HSA)

Yüksek kesintili bir sağlık planına (HDHP) sahipseniz, bir HSA hesabı açma hakkınız olabilir. HSA, emeklilik planlamasındaki en güçlü araçtır çünkü benzersiz bir üçlü vergi avantajı sunar:

Vergiden Düşülebilir Katkılar: Yaptığınız katkılar gelir verginizden düşülür.

Vergisiz Büyüme: Hesaptaki paranız vergisiz olarak büyür.

Vergisiz Çekimler: Para, nitelikli tıbbi harcamalar için kullanıldığında tamamen vergisiz olarak çekilir.

Birçok kişi HSA'yı yıllık bir harcama hesabı olarak kullanır. Ancak en akıllı strateji, HSA'ya maksimum katkıyı yapmak, bu parayı agresif bir şekilde yatırıma yönlendirmek ve tıbbi harcamaları cepten ödemektir. Bu sayede, emeklilik için devasa bir vergisiz sağlık fonu oluşturabilirsiniz. 65 yaşından sonra, parayı tıbbi olmayan herhangi bir nedenle de çekebilirsiniz (bu durumda normal gelir vergisine tabi olur, tıpkı bir Geleneksel IRA gibi), bu da onu esnek bir ek emeklilik hesabı haline getirir.

9.6 Uluslararası Koordinasyon: ABD ve Türkiye

ABD ve Türkiye arasında bağları olanlar için emeklilik planlaması, iki ülkenin sistemlerini de anlamayı gerektirir.

Türkiye'deki Bireysel Emeklilik Sistemi (BES) ve ABD Vergi Sonuçları:

UYARI: BES, IRS TARAFINDAN BİR EMEKLİLİK PLANI OLARAK TANINMAZ
Türkiye'deki BES, ABD vergi kanunları açısından "nitelikli" bir emeklilik planı olarak kabul edilmez. Bu, çok önemli vergi sonuçları doğurur:

PFIC Riski: BES fonlarınız, büyük olasılıkla Pasif Yabancı Yatırım Şirketi (PFIC) olarak kabul edilir. Bu, fon içindeki kazançların normal gelir oranlarından (%37'ye kadar) vergilendirilmesi ve ek faiz cezaları anlamına gelir. Bu, BES'in vergi avantajını tamamen ortadan kaldırabilir.

Raporlama Yükümlülüğü: BES hesabınız, FBAR (FinCEN Form 114) ve FATCA (Form 8938) kapsamında raporlanması gereken bir yabancı finansal hesaptır. Raporlamamak, ağır cezalara neden olur.

Vergi Anlaşması Koruması Yok: Vergi anlaşması, özel emeklilik planlarından (pensions) bahseder, ancak BES gibi modern, fon tabanlı sistemler bu kapsama girmez. Bu nedenle, BES'ten yapılan çekimler ABD'de vergiye tabi olabilir.

Türkiye'den Alınan Emekli Maaşları (SGK)

Türkiye-ABD vergi anlaşmasının 18. Maddesine göre, SGK gibi devlet sosyal güvenlik sistemlerinden alınan emekli maaşları, sadece ikamet edilen ülkede vergilendirilir. Yani, ABD'de yaşıyorsanız, Türkiye'den aldığınız SGK emekli maaşınız ABD'de vergiye tabi olacaktır. Ancak, bu maaşın ne kadarının vergiye tabi olacağı, ABD'nin kendi Sosyal Güvenlik vergilendirme kurallarına (diğer gelirlerinize bağlı olarak %0, %50 veya %85'i) göre belirlenir.

IRA ve 401(k) Çekimlerinin Türkiye'deki Durumu

Eğer emeklilikte Türkiye'ye dönerseniz, ABD'deki Geleneksel IRA/401(k) hesaplarınızdan yaptığınız çekimler, anlaşmaya göre sadece ikamet ettiğiniz ülke olan Türkiye'de vergilendirilir. Ancak, ABD bu çekimler üzerinden %30 oranında bir stopaj vergisi (withholding tax) uygulayabilir. Türkiye'de ödediğiniz vergiyi kanıtlayarak bu stopajın bir kısmını veya tamamını geri almanız gerekebilir. Roth IRA çekimleri ise ABD'de vergisiz olduğu için, Türkiye'de de bir vergi sorunu yaratmaz. Bu konular karmaşık olduğu için, uluslararası bir vergi uzmanına danışmak kritik önem taşır.

Türkiye'ye Dönüş Planlaması

Emeklilikte Türkiye'ye dönmeyi planlıyorsanız, vergi sonuçlarını dikkatlice değerlendirmeniz gerekir. ABD vatandaşı olarak, dünya çapındaki geliriniz üzerinden ABD'ye vergi beyannamesi vermeye devam edersiniz. Türkiye'de ödediğiniz vergileri, ABD verginizden düşmek için Yabancı Vergi Kredisi'ni (Foreign Tax Credit) kullanabilirsiniz. Emeklilik hesaplarınızdan (IRA, 401(k)) yapacağınız çekimlerin vergilendirilmesi, vergi anlaşmasının ilgili maddelerine göre belirlenir.

Form 8833: Anlaşmaya Dayalı Pozisyon Bildirimi (Treaty-Based Return Position Disclosure)

Eğer vergi anlaşmasının bir maddesine dayanarak, normalde ABD vergi kanunlarına göre ödemeniz gereken bir vergiyi ödemiyorsanız veya azaltıyorsanız, bu durumu **Form 8833** ile IRS'e bildirmek zorundasınız. Örneğin:

- Türkiye'den aldığınız SGK emekli maaşının ABD'de vergilendirilmemesi gerektiğini iddia ediyorsanız (ki bu yanlış bir pozisyondur, ama teorik olarak bunu varsayalım).

- Anlaşmanın "tie-breaker" kuralını kullanarak ABD'de yerleşik olmadığınızı iddia ediyorsanız. Bu formu doldurmamanın cezası 1,000 dolardır.

Form 5471: Yabancı Şirket Bilgi Beyanı (Information Return of U.S. Persons With Respect to Certain Foreign Corporations)

Eğer Türkiye'de bir şirketiniz varsa veya bir Türk şirketinde %10 veya daha fazla hisseye sahipseniz, bu şirketle ilgili detaylı bilgileri Form 5471 ile beyan etmeniz gerekir. Bu, IRS'in en karmaşık formlarından biridir ve doldurulmaması veya yanlış doldurulmasının cezası yıllık 10,000 dolardan başlar.

Nitelikli Hayırsever Dağıtımı (Qualified Charitable Distribution - QCD)

70.5 yaşını geçtiyseniz, Geleneksel IRA hesabınızdan doğrudan nitelikli bir hayır kurumuna yıllık 105,000 dolara kadar vergisiz bir transfer yapabilirsiniz. Bu işleme QCD denir. Bu, hem hayırseverlik yapmanın hem de vergiye tabi gelirinizi (ve gelecekteki RMD'lerinizi) azaltmanın harika bir yoludur. Ancak, bağışın doğrudan IRA emanetçisi tarafından hayır kurumuna yapılması gerekir; parayı önce kendiniz çekip sonra bağışlarsanız, bu bir QCD sayılmaz.

Bu karmaşık konular, uluslararası vergi konusunda uzmanlaşmış bir profesyonelin rehberliğini gerektirir.

9.7 Kapsamlı Vaka Çalışmaları

Vaka 1: Kariyer Başlangıcı

Cihan 28 yaşında, bekar, yıllık maaşı 110,000 dolardır ve bunun sonucu olarak da %24 federal vergi dilimindedir. Cihan gelecekte gelirinin ve vergi diliminin artmasını bekliyor.

Öncelikler: Agresif büyüme, vergi verimliliği, esneklik.

Strateji:

401(k) İşveren Katkısını Yakalama: Cihan, şirketinin maaşının %5'ine kadar olan katkısını %100 eşleştirdiğini öğrenir. Yıllık 5,500 dolarlık katkı yaparak, şirketten de 5,500 dolarlık "bedava para" alır. Katkılarını, gelecekteki vergi avantajı için Roth 401(k) seçeneğine yönlendirir.

Roth IRA'yı Maksimize Etme: Geliri Roth IRA katkı limitinin altında olduğu için, yıllık 7,000 doları doğrudan bir Roth IRA hesabına yatırır.

HSA'yı Yatırım Aracı Olarak Kullanma: Yüksek kesintili sağlık planı sayesinde bir HSA hesabı açar. Yıllık 4,300 dolarlık (2025 bekar limiti) katkı yapar. Küçük tıbbi harcamaları cepten öder ve HSA'daki paranın tamamını düşük maliyetli bir S&P 500 endeks fonuna yatırır. Amacı, bu hesabı emeklilikte kullanılacak vergisiz bir sağlık fonu olarak büyütmektir.

Sonuç: Cihan, 35 yaşına gelmeden, üç farklı vergi avantajlı hesapta (Roth 401(k), Roth IRA, HSA) agresif bir şekilde birikim yapmaya başlamıştır. Bu strateji, ona gelecekte muazzam bir vergisiz büyüme potansiyeli ve esneklik sunar.

Vaka 2: Kariyer Ortası

Ayşe ve Eray 45 yaşında iki çocuklu evli bir çift. Eray'ın maaşı 180,000 dolardır, Ayşe'nin maaşı da 120,000 dolardır. Çiftin Toplam gelirleri 300,000 dolardır ve %32 federal vergi dilimindedirler.

Öncelikler: Mevcut vergi yükünü azaltmak, çocukların eğitimi için birikim yapmak, emeklilik birikimini hızlandırmak.

Strateji:

Geleneksel 401(k)'ları Maksimize Etme: Yüksek vergi diliminde oldukları için, hem Eray hem de Ayşe, yıllık 23,500 dolarlık katkılarını Geleneksel 401(k) hesaplarına yaparlar. Bu, vergiye tabi gelirlerini anında 49,000 dolara düşürür ve onlara 15,680 dolarlık vergi tasarrufu sağlar.

Backdoor Roth IRA: Gelirleri doğrudan Roth IRA katkısı yapmak için çok yüksek olduğu için direkt olarak Roth karkısı yapamazlar. Bu nedenle, her ikisi de önce vergi sonrası (non-deductible) bir Geleneksel IRA'ya 7,000 dolar yatırır ve hemen ardından bu parayı bir Roth IRA'ya dönüştürürler (Backdoor Roth). Bu sayede, gelir limitine takılmadan Roth birikimi yapmaya devam ederler.

529 Eğitim Tasarruf Planı: Çocuklarının üniversite eğitimi için bir 529 planı açarlar. Bu plana yaptıkları katkılar, eyaletlerine bağlı olarak eyalet vergisi indirimi sağlayabilir. Hesaptaki para vergi ertelenmiş olarak büyür ve nitelikli eğitim harcamaları için kullanıldığında çekimler federal ve eyalet vergisinden muaftır.

Sonuç: Bu çift, mevcut yüksek vergi yüklerini azaltmak için Geleneksel hesapları kullanırken, gelecekteki vergi çeşitliliği için Backdoor Roth stratejisini uygular. Aynı zamanda, çocuklarının geleceği için de vergi avantajlı bir şekilde birikim yaparlar.

Vaka 3: Emekliliğe Yaklaşma

Kamile Hanım 60 yaşında yıllık maaşı 250,000 dolar olan bekar bir mükelleftir. Kendisi emekliliğe 5 yıl içinde geçmeyi planlıyor. Büyük bir Geleneksel 401(k) birikimi var.

Öncelikler: Emeklilikte vergi çeşitliliği yaratmak, gelecekteki RMD'leri (Zorunlu Minimum Dağıtımlar) azaltmak, Medicare primlerini (IRMAA) kontrol altında tutmak.

Strateji:

Yakalama Katkılarından Yararlanma: Kamile Hanım, 50 yaş üstü olduğu için, 401(k) planına normal limitin üzerinde ek 7,500 dolar yakalama katkısı yapar. Toplam yıllık katkısı 32,000 dolara ulaşır.

Stratejik Roth Dönüşümleri: Emekli olmadan önceki son çalışma yıllarında, gelirinin bir kısmını kullanarak Geleneksel 401(k) hesabından stratejik Roth dönüşümleri yapmaya başlar. Vergi diliminin tepesine çıkmadan, her yıl belirli bir miktar (örneğin yılda 50,000 dolar) dönüştürür. Bu, mevcut yılda bir vergi maliyeti yaratsa da, gelecekteki vergi yükünü ve RMD'leri önemli ölçüde azaltır.

HSA'yı Doldurma: Emeklilikteki sağlık harcamaları için HSA hesabına maksimum katkıyı yapmaya devam eder.

Sonuç: Kamile Hanım, emekliliğe girdiğinde, çekim yapabileceği üç farklı vergi "kovasına" sahip olacaktır: vergilendirilebilir, vergi ertelenmiş (Geleneksel) ve vergisiz (Roth ve HSA). Bu, ona emeklilikte yıllık gelirini ve vergi dilimini hassas bir şekilde yönetme esnekliği verecektir.

2025 Emeklilik Hesabı Katkı Limitleri

Hesap Türü	Temel Limit	50+ Yakalama	Toplam
401(k)	$23,500	$7,500	$31,000
IRA	$7,000	$1,000	$8,000
Roth IRA	$7,000	$1,000	$8,000
HSA (Bireysel)	$4,300	$1,000	$5,300
SEP IRA	$70,000	—	$70,000
SIMPLE IRA	$16,500	$3,500	$20,000

Not: 60-63 yaş arası 401(k) için $11,250 süper yakalama (SECURE 2.0)

Tablo 9.1: Emeklilik Hesabı Katkı Limitleri

Roth vs Traditional IRA

Özellik	Traditional	Roth
Katkı Vergisi	Vergi öncesi	Vergi sonrası
Kesinti	Evet (limit var)	Hayır
Büyüme	Vergi ertelenmiş	Vergiden muaf
Çekim Vergisi	Olağan gelir	Vergisiz
RMD (73 yaş)	Evet	Hayır
Erken Çekim	%10 ceza + vergi	Katkı cezasız
En İyi	Yüksek dilim☐ Düşük emeklilik	Düşük dilim☐ Yüksek emeklilik

Karar, mevcut ve gelecekteki vergi dilimlerinize bağlıdır

Tablo 9.1: Geleneksel ve Roth Emeklilik Hesabı Karşılaştırması

9.8 Sıkça Sorulan Sorular (SSS)

S1: 401(k) planımdaki yatırım seçenekleri çok kötüyse ne yapmalıyım?

Bu yaygın bir sorundur. İlk önceliğiniz her zaman işveren katkısını (match) alacak kadar minimum katkıyı yapmak olmalıdır. Bu, garantili bir getiridir. Bu minimumu karşıladıktan sonra, eğer 401(k) planınızdaki fonlar yüksek maliyetli veya düşük performanslı ise, bir sonraki birikim dolarınızı bir Bireysel Emeklilik Hesabına (IRA) yönlendirin. IRA, size neredeyse sınırsız yatırım seçeneği sunar. IRA limitinizi de (2026 için 7,000 dolardır) doldurduktan sonra, hala tasarruf kapasiteniz varsa, o zaman tekrar 401(k) planınıza dönüp orayı maksimize edebilirsiniz.

S2: Emeklilikte ne kadar paraya ihtiyacım olacağını nasıl hesaplarım?

Yaygın bir kural, yıllık emeklilik öncesi gelirinizin %80'ine ihtiyacınız olacağıdır. Ancak bu çok genel bir yaklaşımdır. Daha doğru bir hesaplama için, emeklilikte yapmayı planladığınız harcamaları (konut, sağlık, seyahat, hobiler vb.) detaylı bir şekilde bütçelemeniz gerekir. Bir diğer popüler kural ise "%4 Kuralı"dır. Bu kurala göre, emeklilik portföyünüzün ilk yıl %4'ünü çekebilir ve sonraki yıllarda bu tutarı enflasyon oranında artırabilirsiniz. Örneğin, yıllık 80,000 dolarlık bir gelire ihtiyacınız varsa, bu kurala göre 2 milyon dolarlık bir portföye ihtiyacınız olacaktır (80,000 / 0.04).

S3: Geleneksel IRA/401(k) birikimimi miras bırakırsam ne olur?

Mirasçılarınız (eşiniz dışında), bu hesabı bir "Miras Alınmış IRA" (Inherited IRA) hesabına devretmek zorundadır. SECURE Act yasasına göre, çoğu mirasçı bu hesabın tamamını 10 yıl içinde boşaltmak zorundadır. Bu çekimler, mirasçının kendi normal gelir vergisi oranına tabi olacaktır. Bu, mirasçılar için potansiyel olarak büyük bir vergi yükü yaratabilir. Bu nedenle, büyük Geleneksel IRA birikimlerini miras bırakmak yerine, hayattayken stratejik Roth dönüşümleri yapmak, mirasçılara vergisiz bir servet bırakmak için daha verimli bir yol olabilir.

S4: Emeklilikte Türkiye'ye dönersem, ABD'deki Roth IRA hesabımdaki parayı vergisiz çekmeye devam edebilir miyim?

Evet. Roth IRA'dan yapılan nitelikli çekimler (hesap 5 yıldır açıksa ve 59.5 yaşını geçtiyseniz) ABD federal vergisinden muaftır. Türkiye-ABD

214 ABD VERGİ REHBERİ

vergi anlaşmasına göre, emeklilik hesaplarından yapılan ödemeler sadece ikamet edilen ülkede vergilendirilir. Ancak, anlaşmanın ilgili maddeleri, belirli emeklilik planı türlerinin vergilendirme hakkını kaynak ülkede (ABD) tutabilir. Roth IRA çekimleri ABD'de vergiye tabi olmadığı için, Türkiye'de de bir vergi yükümlülüğü doğurmaz. Ancak bu durum karmaşık olabilir ve uluslararası vergi uzmanına danışmak en doğrusudur.

S5: Sosyal Güvenlik için 40 krediyi (10 yıl çalışma) tamamlayamadıysam ne olur?

Eğer hem ABD'de hem de Türkiye'de çalıştıysanız, ABD-Türkiye Sosyal Güvenlik Anlaşması (Totalization Agreement) devreye girer. Örneğin, ABD'de 7 yıl (28 kredi) ve Türkiye'de en az 1.5 yıl çalıştıysanız, Türkiye'deki çalışma süreniz ABD'deki sürenize eklenerek 40 kredi şartını sağlamanıza yardımcı olabilir. Bu durumda, sadece ABD'de çalıştığınız süreye orantılı olarak azaltılmış bir Sosyal Güvenlik aylığı alırsınız. Bu, her iki ülkede de yeterli çalışma süresi olmayan birçok kişi için hayati bir güvencedir.

9.9 Eylem Planı: Emeklilik Yolculuğunuza Bugün Başlayın

Bu bölümdeki bilgileri eyleme dönüştürmek için yaşınıza ve kariyer aşamanıza göre uyarlanmış bir yol haritası aşağıda sunulmuştur.

20'li ve 30'lu Yaşlar: Temel Atma Aşaması

Hedef: Bileşik getirinin gücünü arkanıza alın ve agresif bir şekilde birikime başlayın.

Eylem Adımları:

Bütçe Oluşturun ve Borçları Yönetin: Gelir ve giderlerinizi takip edin. Yüksek faizli tüketici borçlarından (kredi kartı borcu gibi) kurtulun.

İşveren Katkısını (Match) Yakalayın: 401(k) planınıza, işvereninizin sunduğu eşleşme oranının tamamını alacak kadar minimum katkıyı yapın. Bu sizin bir numaralı önceliğinizdir.

Roth Hesaplarına Odaklanın: Vergi diliminiz muhtemelen gelecekte daha yüksek olacağından, katkılarınızı Roth 401(k) ve Roth IRA'ya yönlendirin.

HSA Hesabı Açın: Eğer uygun bir sağlık planınız varsa, bir Sağlık Tasarruf Hesabı (HSA) açın ve bunu bir yatırım aracı olarak kullanın.

Agresif Yatırım Yapın: Emekliliğe on yıllarınız olduğu için, portföyünüzün büyük bir kısmını (%80-100) düşük maliyetli hisse senedi endeks fonlarına veya ETF'lere yatırın.

40'lı ve 50'li Yaşlar: Hızlanma Aşaması

Hedef: Gelirinizin zirve yaptığı bu yılları, emeklilik birikiminizi en üst düzeye çıkarmak için kullanın.

Eylem Adımları:

Katkı Limitlerini Maksimize Edin: Hem 401(k) hem de IRA katkı limitlerinizi her yıl tamamen doldurmaya çalışın. 50 yaşına geldiğinizde, "yakalama katkılarından" (catch-up contributions) yararlanın.

Vergi Çeşitlendirmesini Değerlendirin: Sadece Geleneksel veya sadece Roth hesaplarına bağlı kalmayın. Yüksek gelirli yıllarınızda Geleneksel hesaplara katkı yaparak vergi indirimi alırken, Backdoor Roth IRA gibi stratejilerle vergisiz birikiminizi de artırın.

Mega Backdoor Roth Fırsatını Araştırın: Eğer 401(k) planınız izin veriyorsa, bu güçlü stratejiyi kullanarak Roth birikiminizi önemli ölçüde artırın.

Stratejik Roth Dönüşümleri Yapın: Gelirinizin geçici olarak düştüğü bir yıl (iş değişikliği, ücretsiz izin vb.) olursa, bunu Geleneksel IRA'nızın bir kısmını Roth'a dönüştürmek için bir fırsat olarak kullanın.

Finansal Planınızı Gözden Geçirin: Bir finansal danışmanla çalışarak, hedeflerinize doğru ilerleyip ilerlemediğinizi kontrol edin ve portföyünüzü yeniden dengeleyin.

60'lı Yaşlar ve Sonrası: Geçiş ve Dağıtım Aşaması

Hedef: Birikim modundan çekim moduna geçişi planlamak ve emeklilik gelirini sürdürülebilir kılmak.

Eylem Adımları:

Çekim Stratejinizi Belirleyin: Emeklilikte hangi hesaplardan hangi sırayla para çekeceğinizi planlayın. Genel kural: önce vergilendirilebilir, sonra vergi ertelenmiş, en son vergisiz hesaplar.

Sosyal Güvenlik Kararınızı Verin: Yaşam beklentiniz, sağlık durumunuz ve diğer gelir kaynaklarınızı göz önünde bulundurarak, Sosyal Güvenlik başvurunuzu ne zaman yapacağınıza karar verin. Evliyseniz, eşinizle koordineli bir strateji geliştirin.

Medicare'e Kaydolun: 65 yaşına gelmeden 3 ay önce Medicare'e kaydolun. Gelirinizin Medicare primlerinizi (IRMAA) nasıl etkileyeceğini anlayın ve çekimlerinizi buna göre planlayın.

Zorunlu Minimum Dağıtımları (RMD) Planlayın: 73 yaşına geldiğinizde başlaması gereken RMD'lerinizi hesaplayın. Vergi yükünü azaltmak için, RMD'nizi karşılamak üzere bir Nitelikli Hayırsever Dağıtımı (QCD) yapmayı düşünün.

Miras Planınızı Güncelleyin: Emeklilik, lehtarlarınızı (beneficiaries) gözden geçirmek ve bir vasiyet veya tröst ile mal varlığınızın nasıl dağıtılacağını belirlemek için iyi bir zamandır. Özellikle Roth hesaplarının mirasçılara vergisiz bir servet aktarmak için ne kadar güçlü bir araç olduğunu unutmayın.

Bu yol haritası, size her aşamada odaklanmanız gereken temel adımları sunar. Ancak unutmayın ki en iyi plan, sizin kişisel durumunuza ve hedeflerinize göre özelleştirilmiş olandır.

Bölüm 10: İleri Düzey Vergi Stratejileri

Teknoloji girişimcisi Selim Bey, şirketini 10 milyon dolar değerlemeye ulaştırdığında, başarısının bedelini ağır bir vergi faturasıyla ödediğini fark etti. Yıllık 2 milyon dolarlık geliri, %37 federal ve %13.3 California eyalet vergisiyle birleşince, kazancının yarısından fazlasını vergi olarak ödüyordu. 2025 yılında kabul edilen *One Big Beautiful Bill Act* (OBBBA) bazı kuralları yeniden yazdı. Selim Bey bu yeni kuralları bir yük olarak değil, bir fırsat olarak kullanmaya karar verdi.

Selim Bey'in Dönüşümü:

İlk Adım (Bonus Amortisman): OBBBA ile geri gelen %100 Bonus Amortisman sayesinde, yeni aldığı ticari mülkün ayrıştırılan maliyetinin tamamını ilk yıl gider yazdı.

İkinci Adım (PTET): California eyalet vergilerini şahsi beyannamesinde düşemiyordu (geliri 500,000 doların üzerinde olduğu için yeni 40,000 dolarlık SALT indiriminden yararlanamıyordu). Bunun yerine şirket üzerinden Pass-Through Entity Tax (PTET) ödeyerek 266,000 dolarlık eyalet vergisini federal gider olarak düştü.

Üçüncü Adım (S-Corp & QBI): OBBBA'nın kalıcı hale getirdiği %20 QBI indirimi ile işletme gelir vergisini minimize etti.

İki yıl içinde Selim Bey'in etkin vergi oranı %50'den %22'ye düştü. Bu, yıllık 560,000 doların üzerinde bir nakit akışı yarattı.

10.1 İşletme Optimizasyon Teknikleri

OBBBA yasası, işletme sahipleri için oyunun kurallarını lehe çeviren kritik değişiklikler yapmıştır. Özellikle amortisman kurallarındaki cömertlik, nakit akışı yönetiminde devrim yaratmaktadır.

Maliyet Ayrıştırma (Cost Segregation)

Ticari bir mülk satın aldığınızda, IRS tüm binanın 39 yıl gibi uzun bir sürede amortismana tabi tutulmasına izin verir. Ancak bir bina, sadece duvar ve çatıdan ibaret değildir. İçinde elektrik tesisatı, özel aydınlatmalar, halılar ve peyzaj gibi çok daha kısa ömürlü bileşenler barındırır.

Maliyet ayrıştırma, bir mühendislik çalışmasıyla binanın bu farklı bileşenlerini tespit ederek, onları 5, 7 veya 15 yıl gibi çok daha kısa sürelerde amortismana tabi tutmanızı sağlayan bir stratejidir. Bu, özellikle ilk yıllarda çok daha büyük vergi kesintileri elde etmenize ve nakit akışınızı önemli ölçüde iyileştirmenize olanak tanır.

OBBBA öncesinde, bonus amortisman oranının 2025'te %40'a, 2026'da %20'ye düşmesi planlanıyordu. Ancak, OBBBA bu düşüşü iptal etti ve 19 Ocak 2025 tarihinden sonra edinilen ve hizmete sokulan mülkler için oranı kalıcı olarak %100'e çıkardı.

Bu, bir ticari mülk satın aldığınızda veya inşa ettiğinizde, binanın yapısal olmayan bileşenlerini (halı, elektrik, tesisat vb.) 39 yıl yerine hemen o yıl gider yazabileceğiniz anlamına gelir.

Vaka Çalışması

Orhan Bey, 2 milyon dolara yeni bir restoran binası satın aldı. Geleneksel amortismanla yıllık sadece 51,282 dolarlık kesinti alabiliyordu.

Strateji: Orhan Bey bir maliyet ayrıştırma çalışması yaptırdı. Mühendisler, binanın 800,000 dolarlık değerindeki kısmının 5, 7 veya 15 yıllık kısa ömürlü varlıklar (mutfak ekipmanı bağlantıları, özel aydınlatma, zemin kaplamaları) olduğunu belirledi.

OBBBA Sonucu: Orhan Bey, 19 Ocak 2025 sonrası alım yaptığı için, bu 800,000 dolarlık tutarın tamamını (%100) 2025 vergi beyannamesinde gider olarak düşebilir.

Eski Kural (TCJA): Sadece %40 (320,000 dolar) düşebilecekti.

Yeni Kural (OBBBA): 800,000 dolarlık net indirim.

Bu devasa gider kalemi, Orhan Bey'in o yılki vergiye tabi gelirini neredeyse sıfırladı.

Nitelikli İşletme Geliri (QBI) Kesintisi

2017 yasasıyla gelen ve 2025 sonunda sona ermesi beklenen %20'lik QBI (Qualified Business Income) indirimi, OBBBA ile kalıcı hale getirilmiştir. Bu değişiklik, S-Corporation yapısının uzun vadeli planlamada en güvenilir araç olduğunu teyit etmiştir.

Strateji: S-Corporation ile QBI Optimizasyonu

Yüksek gelirli bir hizmet işletmesi sahibiyseniz, şahıs şirketi olarak faaliyet göstermek QBI kesintinizi sınırlayabilir. S-Corporation (S-Corp) yapısına geçmek, bu sorunu çözebilir.

Nasıl Çalışır? S-Corp sahibi olarak, kendinize "makul bir maaş" (reasonable salary) ödersiniz. Bu maaş, QBI kesintisinin hesaplanmasında W-2 maaş tabanını oluşturur. Şirketin geri kalan karı ise size dağıtım (distribution) olarak ödenir ve bu kısım üzerinden %20 QBI kesintisi hesaplanır. Ayrıca, dağıtım olarak alınan kar, serbest meslek vergisine (self-employment tax) tabi değildir, bu da ek bir vergi tasarrufu sağlar.

Vaka Çalışması:

Ayla Hanım, şahıs şirketi olarak yıllık 300,000 dolarlık net gelir elde eden bir iş kadınıdır. Ayla Hanım'ın bu gelirin tamamı %15.3 serbest meslek vergisine tabidir.

Strateji: S-Corp yapısına geçer. Kendisine de 120,000 dolarlık makul bir maaş belirler. Geri kalan 180,000 doları da dağıtım olarak alır.

Sonuç:

Toplam Yıllık Tasarruf: 45,000 dolar

Bordro Vergisi Tasarrufu: Sadece 120,000 dolar maaş üzerinden bordro vergisi öder. 180,000 dolarlık aldığı dağıtım bu vergiden muaftır. Bunun sonucu olarak $27,540 tasarruf sağlar.

QBI Optimizasyonu: 120,000 dolarlık maaş, QBI kesintisi için gerekli tabanı oluşturur. 180,000 dolarlık işletme geliri üzerinden 36,000 dolarlık (%20) QBI kesintisi alır.

Yeni Fırsat: "Bahşiş ve Fazla Mesai" İndirimi

OBBBA, belirli sektörlerdeki işletme sahipleri ve çalışanlar için devrim niteliğinde iki yeni kesinti getirmiştir

Bahşiş İndirimi: Çalışanlar yıllık 25,000 dolara kadar olan bahşiş gelirlerini vergiden düşebilirler.

Fazla Mesai İndirimi: Yıllık 12,500 dolara kadar olan fazla mesai ödemeleri (overtime) vergiden muaftır. *Not: Bu indirimler 150,000 dolar(Bekar) / 300,000 dolar (Evli) gelir seviyesinde aşamalı olarak azalır.*

10.2 Emlak ve Yatırım Stratejileri

Gayrimenkul, doğru stratejilerle birleştiğinde, servet birikimi için en güçlü araçlardan biridir. Vergi kanunu, emlak yatırımcılarına özel birçok avantaj sunar.

Emlak Profesyoneli Statüsü

Normalde, kiralık mülklerden kaynaklanan zararlar "pasif kayıp" olarak kabul edilir ve maaş gibi aktif gelirlerinizden düşülemez. Ancak, belirli şartları sağlarsanız, IRS sizi bir "Emlak Profesyoneli" olarak tanıyabilir. Bu statü, kiralık mülklerinizdeki zararları (amortisman dahil) diğer tüm gelirlerinizden düşmenize olanak tanıyarak size devasa bir vergi kalkanı sağlar.

Şartlar:

Emlak ile ilgili faaliyetlerde (geliştirme, kiralama, yönetim, komisyonculuk vb.) yılda 750 saatten fazla zaman harcamalısınız.

Bu süre, tüm çalışma saatlerinizin %50'sinden fazlasını oluşturmalıdır.

Bu statü, özellikle bir eşin tam zamanlı olarak emlak işiyle uğraştığı yüksek gelirli çiftler için son derece güçlüdür.

OBBBA Etkisi: %100 Bonus Amortismanın geri gelmesiyle REPS statüsü "nükleer" bir vergi kalkanına dönüşmüştür.

Örnek: Cerrah Mehmet Bey'in eşi Emlak Profesyoneli statüsünü kazanır. Çift, 2025'te 3 milyonluk bir apartman kompleksi alır. Maliyet ayrıştırma ile 600,000 dolarlık kişisel mülk tespit edilir.

Sonuç: Mehmet Bey, eşinin statüsü sayesinde bu 600,000 dolarlık zararı doğrudan kendi cerrahlık maaşından düşebilir. %37 vergi diliminde bu, tek bir imza ile 222,000 dolarlık nakit vergi tasarrufu demektir.

Fırsat Bölgeleri (Opportunity Zones)

Bir hisse senedi, işletme veya gayrimenkul satışından önemli bir sermaye kazancı elde ettiyseniz, Fırsat Bölgeleri programı size eşsiz bir vergi avantajı sunar. OBBBA, Fırsat Bölgeleri programını kalıcı hale getirmiştir, ancak 202-2026 dönemi için kritik bir "Ölü Bölge" (Dead Zone) yaratmıştır.

2025 Yatırımcısı İçin Yeni Gerçek

Eğer 2025 yılında bir sermaye kazancını (Capital Gain) bir QOF (Qualified Opportunity Fund) fonuna yatırırsanız:

Erteleme: Vergiyi sadece 31 Aralık 2026 tarihine kadar ertelersiniz (kısa vadeli likidite).

İndirim Yok: Orijinal kazanç üzerinden %10 veya %15'lik indirim alamazsınız.

Asıl Ödül: Eğer bu yatırımı 10 yıl tutarsanız, fondaki yatırımın kendi değer artışı tamamen vergisizdir. **Strateji:**

Fırsat Bölgelerini artık "vergi erteleme" aracı olarak değil,
"Vergisiz Büyüme (Tax-Free Growth)" aracı olarak kullanın.

10.3 Varlık Koruma ve Miras Planlaması

Servet inşa etmek denklemin sadece bir yarısıdır. Diğer yarısı ise bu serveti
davalara, alacaklılara ve gereksiz vergilere karşı korumaktır.

Aile Sınırlı Ortaklığı (Family Limited Partnership - FLP)

Bir FLP, ailenizin varlıklarını (işletmeler, gayrimenkuller, yatırımlar) tek
bir çatı altında toplamanızı sağlayan bir ortaklık yapısıdır. Ebeveynler, or-
taklığın %1'ine sahip olan ve tam kontrolü elinde tutan "genel ortaklar"
(general partners) olur. Çocuklar ise, ortaklığın %99'una sahip olan ancak
yönetimde söz hakkı olmayan "sınırlı ortaklar" (limited partners) olurlar.

Avantajları:

Varlık Koruma: Ortaklığın varlıkları, bireysel ortakların kişisel alacak-
lılarına karşı korunur.

Kontrol: Ebeveynler, varlıkların kontrolünü kaybetmeden mülkiyeti
bir sonraki nesle aktarmaya başlayabilir.

Miras Vergisi İndirimi: Sınırlı ortaklık hisseleri, kontrol eksikliği ve
pazarlanabilirlik azlığı nedeniyle, temel varlıkların değerine göre bir in-
dirimle değerlenir. Bu, hediye ve emlak vergisi matrahını önemli ölçüde
azaltabilir.

Aile Sınırlı Ortaklığı (FLP) ve Kalıcı 15 Milyon Dolar-
lık Muafiyet

OBBBA, federal emlak vergisi (Estate Tax) muafiyetini kişi başı 15 milyon dolar (çiftler için 30 milyon dolar) olarak sabitlemiştir. Bu, "kullan ya da kaybet" paniğini ortadan kaldırmıştır ancak FLP gibi yapıların önemini azaltmaz. FLP'ler, varlıkları çocuklara devrederken %30-%40 oranında "değerleme iskontosu" (valuation discount) almanızı sağlar.

FLP, uluslararası aileler için son derece güçlü bir araç olabilir, ancak aynı zamanda ciddi raporlama yükümlülükleri de getirir. Bu formların unutulması, stratejinin sağlayacağı tüm faydaları yok edebilecek ağır cezalara neden olur.

Form 3520 (Yabancı Bir Kişiden Alınan Hediyeler ve Yabancı Tröstlerle İşlemler)

Eğer Türkiye'de yaşayan ebeveynleriniz size bir FLP kurmanız için para hediye ederse veya FLP'deki hisselerinizi Türkiye'de yaşayan çocuklarınıza hediye ederseniz, bu işlemlerin Form 3520 ile raporlanması gerekir. Özellikle Türkiye'den bir takvim yılı içinde alınan toplam hediye tutarı 100,000 doları aşarsa bu form zorunludur. Bu formu doldurmamanın cezası, hediye tutarının %35'ine kadar çıkabilir.

Form 5471 (Yabancı Şirket Bilgi Beyanı)

Eğer kurduğunuz FLP, bir Türk şirketinde %10 veya daha fazla hisseye sahipse, bu Türk şirketiyle ilgili çok detaylı bilgileri Form 5471 ile beyan etmeniz gerekir. Bu, IRS'in en karmaşık formlarından biridir ve doldurulmamasının cezası yıllık 10,000 dolardan başlar.

Hayırseverlik Kalan Güven Fonu (Charitable Remainder Trust)

Bir CRT, hem hayırseverlik hedeflerinizi gerçekleştirmenizi hem de önemli vergi avantajları elde etmenizi sağlayan sofistike bir araçtır. Özellikle, değeri önemli ölçüde artmış varlıklarınız (hisse senetleri, gayrimenkul) varsa çok etkilidir.

Nasıl Çalışır?

Değeri artmış varlığınızı bir CRT'ye bağışlarsınız. Bu transfer sırasında sermaye kazancı vergisi ödemezsiniz ve anında büyük bir hayırseverlik vergi kesintisi alırsınız.

Tröst, bu varlığı satar (yine sermaye kazancı vergisi ödemeden) ve geliri yeniden yatırıma yönlendirir.

Tröst, size veya belirlediğiniz kişilere, belirli bir süre (örneğin, 20 yıl) veya ömür boyu düzenli bir gelir akışı sağlar.

Süre sonunda, tröstte kalan varlıklar, seçtiğiniz bir hayır kurumuna gider.

Bu strateji, büyük bir sermaye kazancı vergisinden kaçınmanızı, mevcut gelir akışınızı artırmanızı, anında bir vergi kesintisi elde etmenizi ve sonunda desteklemek istediğiniz bir amaca hizmet etmenizi sağlar.

Hayırseverlik ve Yeni Sınırlar

Yüksek gelirli mükellefler için Charitable Remainder Trust (CRT) hala en güçlü araçlardan biridir. OBBBA ile nakit bağış limiti AGI'nın %60'ı olarak sabitlenmiştir. Ancak, değerlenmiş varlıkları (hisse senedi, kripto, emlak) bir CRT'ye bağışlayarak sermaye kazancı vergisinden kaçınmak ve ömür boyu gelir elde etmek, özellikle Fırsat Bölgelerindeki "Ölü Bölge" problemi nedeniyle daha cazip hale gelmiştir.

10.4 Uluslararası Vergi Planlaması

Her iki ülkede de varlığı veya geliri olan Türk mükellefler için uluslararası vergi planlaması kritik öneme sahiptir.

Transfer Fiyatlandırması (Transfer Pricing): ABD ve Türkiye'deki ilişkili şirketleriniz arasında mal, hizmet veya fikri mülkiyet transferi yapıyorsanız, bu işlemlerin "emsallere uygunluk" (arm's length) prensibine göre fiyatlandırılması gerekir. Doğru bir transfer fiyatlandırması stratejisi, geliri daha düşük vergi oranına sahip ülkede yasal olarak tanımanıza ve toplam vergi yükünüzü azaltmanıza yardımcı olabilir.

Transfer Fiyatlandırması Dokümantasyonu: Sadece fiyatlandırmanın doğru olması yetmez, aynı zamanda bu fiyatlandırmanın emsallerine uygun olduğunu kanıtlayan kapsamlı bir dokümantasyon (BEPS Action 13 kapsamında belirtilen Ülke Bazlı Raporlama, Ana Dosya ve Yerel Dosya gibi) hazırlamanız gerekir. Bu, bu alanda uzmanlaşmış bir danışmanlık firması ile çalışmayı gerektirir.

Yabancı Vergi Kredisi Optimizasyonu

Türkiye'de ödediğiniz vergileri, ABD vergi yükünüzden düşmek için Yabancı Vergi Kredisi'ni kullanırsınız. Ancak bu kredinin hesaplanması karmaşıktır. Gelir kaynaklarınızı ve giderlerinizi doğru bir şekilde tahsis ederek, kullanabileceğiniz kredi miktarını maksimize edebilirsiniz.

Vergi Anlaşması Avantajları

Türkiye-ABD vergi anlaşması, temettüler, faizler ve telif hakları üzerinden alınan stopaj vergisi oranlarını düşürebilir. İşletme yapınızı ve işlemlerinizi bu anlaşmanın avantajlarından yararlanacak şekilde yapılandırmak, önemli tasarruflar sağlayabilir.

DÖKÜMANTASYON, DÖKÜMANTASYON, DÖKÜMANTASYON

Uluslararası vergi planlamasında stratejinin kendisi kadar, o stratejiyi destekleyen dokümantasyon da önemlidir. IRS, özellikle ilişkili taraflar arasındaki işlemleri çok yakından inceler. Bir denetim durumunda, "emsallere uygunluk" prensibini nasıl uyguladığınızı kanıtlayamazsanız, tüm vergi avantajlarınız geri alınabilir ve ek cezalarla karşı karşıya kalabilirsiniz.

Form 5472 (Yabancıların Sahip Olduğu ABD Şirketleri veya Yabancı İşlemleri Olan ABD Şirketleri Bilgi Beyanı)

Eğer bir Türk şirketinin ABD'de bir şubesi veya iştiraki varsa veya bir ABD şirketi Türkiye'deki ilişkili bir tarafla işlem yapıyorsa, bu işlemlerin Form 5472 ile raporlanması gerekir. Bu formun doldurulmamasının cezası 25,000 dolardır.

Expatriation Tax (Çıkış Vergisi) Planlaması - Form 8854

ABD vatandaşlığından veya uzun süreli Green Card sahipliğinden (son 15 yılın 8'inde Green Card sahibi olmak) vazgeçmek, basit bir pasaport iade işleminden çok daha fazlasıdır. Belirli net değer veya gelir eşiklerini aşan kişiler, "kapsam dahilindeki gurbetçi" (covered expatriate) olarak kabul edilir ve dünya çapındaki tüm varlıklarını satmış gibi bir çıkış vergisi ödemek zorunda kalabilirler. Bu süreç, Form 8854 ile raporlanmalıdır. Bu, ABD'den ayrılmayı düşünen varlıklı Türkler için kritik bir planlama alanıdır ve ayrılma kararından yıllar önce planlanmalıdır.

Yabancı Emeklilik Tröstleri (Foreign Pension Trusts)

Bazı durumlarda, ABD dışında yaşayan kişiler için, ABD vergi kanunlarına tabi olmayan bir yabancı tröst yapısı içinde emeklilik birikimi yapmak avantajlı olabilir. Bu, özellikle ABD'de vergi mükellefi olmayan ancak gelecekte olabilecek kişiler için geçerlidir. Bu yapılar son derece karmaşıktır ve Form 3520-A gibi raporlama gereklilikleri vardır, ancak doğru durumda önemli vergi erteleme ve varlık koruma avantajları sunabilir.

10.5 Kapsamlı Vaka Çalışmaları

Vaka 1:

Melis Hanım 40 yaşında, ABD'de kurduğu yazılım şirketini yeni satmış ve 13.99 milyon dolar sermaye kazancı elde etmiş yıllık geliri 2 milyon dolar olan bir girişimcidir. Kendisi hem ABD hem de Türkiye vatandaşıdır.

Hedefler: Acil vergi yükünü azaltmak, servetini korumak, uzun vadeli vergi verimli büyüme sağlamak ve hayırseverlik hedeflerini gerçekleştirmek istemektedir.

Bütünleşik Strateji:

Fırsat Bölgesi Yatırımı: Sermaye kazancının 5 milyon dolarlık kısmını, Teksas'ta gelişmekte olan bir bölgedeki bir teknoloji kampüsü projesine yatırım yapan bir Nitelikli Fırsat Fonu'na aktarır. Bu, ona anında 1.2 milyon dolarlık bir vergi ertelemesi sağlar ve 10 yıl sonra bu yatırımın büyümesinin tamamen vergisiz olma potansiyeli sunar.

Hayırseverlik Kalan Güven Fonu (CRUT): Değeri 1 milyon dolardan 4 milyon dolara çıkmış olan halka açık şirket hisselerini bir CRUT'a bağışlar. Bu, ona 1 milyon dolarlık bir hayırseverlik vergi kesintisi sağlar ve 4 milyon dolarlık sermaye kazancı vergisinden tamamen kaçınır. Tröst, ona 20 yıl boyunca yıllık gelir sağlar ve süre sonunda kalan bakiye, eğitim alanında faaliyet gösteren bir vakfa gider.

Aile Sınırlı Ortaklığı (FLP): Kalan varlıklarını (gayrimenkuller, diğer yatırımlar) bir FLP içinde toplar. Kendisi ve eşi genel ortak olarak kontrolü elinde tutarken, çocuklarına sınırlı ortaklık hisselerini hediye etmeye başlar. Bu, hem varlıklarını potansiyel davalara karşı korur hem de gelecekteki emlak vergisi yükünü azaltır.

Sonuç: Melis Hanım, tek bir strateji yerine, birbiriyle entegre çalışan çok katmanlı bir yaklaşım benimseyerek, vergi yükünü önemli ölçüde azaltmış, servetini koruma altına almış ve hem ailesinin geleceğini hem de toplumsal hedeflerini güvence altına almıştır.

Vaka 2:

Mehmet Bey 55 yaşında, 10 milyon dolar değerinde bir ticari emlak portföyüne sahip başarılı bir cerrahtır. Cerrahi pratiğinden yüksek gelir elde ettiği için emlak yatırımlarından gelen pasif kayıpları kullanamamaktadır.

Hedefler: Emlak portföyünden kaynaklanan vergi kayıplarını aktif gelirine karşı kullanmak, nakit akışını artırmak ve emlak vergisi planlaması yapmak istemektedir.

Bütünleşik Strateji:

Emlak Profesyoneli Statüsü (Eş Üzerinden): Mehmet Bey'in eşi, pazarlama alanındaki kariyerini bırakarak tam zamanlı olarak emlak portföyünü yönetmeye başlar. Yıl boyunca 1,800 saatten fazla zaman harcayarak ve tüm faaliyetlerini detaylı bir şekilde belgeleyerek "Emlak Profesyoneli" statüsünü kazanır.

Maliyet Ayrıştırma Çalışmaları: Portföydeki tüm binalar için agresif maliyet ayrıştırma çalışmaları yapılır. Bu, yıllık amortisman kesintilerini önemli ölçüde artırır ve büyük kağıt üzerinde zararlar yaratır.

Zararların Kullanımı: Eşinin Emlak Profesyoneli statüsü sayesinde, portföyden gelen yıllık 500,000 dolarlık pasif zararlar, artık Mehmet Bey'in cerrahi pratiğinden elde ettiği aktif gelirine karşı tamamen kullanılabilir hale gelir. Bu, ailenin vergiye tabi gelirini önemli ölçüde düşürür ve yıllık 185,000 dolardan fazla vergi tasarrufu sağlar.

Sonuç: Bu çift, tek bir kişinin kariyer değişikliği ve vergi kanununun bir hükmünü stratejik olarak kullanmasıyla, pasif olarak kabul edilen bir yatırım portföyünü aktif bir vergi kalkanına dönüştürmüştür. Elde edilen vergi tasarrufu, portföylerini daha da büyütmek için yeniden yatırıma yönlendirilir.

10.6 Augusta Kuralı

Vergi kanununun en ilginç ve az bilinen hükümlerinden biri, "Augusta Kuralı" olarak adlandırılan Kısım 280A(g)"dir. Bu kural, adını, Masters golf turnuvası sırasında evlerini kiralayan Augusta, Georgia sakinlerinden alır. Kural, bir vergi mükellefinin, ana ikametgahını yılda 14 günden daha az bir süre için kiralaması durumunda, bu kiralama gelirini federal gelir vergisi beyannamesinde bildirmek zorunda olmadığını belirtir. Yani, bu gelir tamamen vergisizdir.

İşletme sahipleri için bu kural, kişisel bir varlığı (evinizi) kullanarak işletmeden vergi avantajlı bir şekilde para çekmek için meşru bir yol sunar.

Nasıl Çalışır?

Meşru İşletme Amacı: İşletmenizin, yönetim kurulu toplantıları, stratejik planlama oturumları, çalışan eğitimleri veya önemli müşteri toplantıları gibi meşru bir nedenle bir mekana ihtiyacı olmalıdır.

Evinizi Kiralama: İşletmeniz, bu toplantılar için sizin kişisel konutunuzu kiralar.

Makul Kiralama Bedeli: İşletmenizin size ödediği kiralama bedeli, bölgenizdeki benzer etkinlikler için otellerin veya toplantı mekanlarının talep edeceği fiyata benzer, yani "makul" (reasonable) olmalıdır. Bu bedeli kanıtlamak için yakındaki otellerden veya etkinlik mekanlarından fiyat teklifleri almanız önemlidir.

Vergi Sonuçları:

İşletme İçin: İşletmeniz, ödediği bu kira bedelini meşru bir işletme gideri olarak vergiden düşer.

Sizin İçin: Yılda 14 gün sınırını aşmadığınız sürece, aldığınız bu kira gelirini kişisel vergi beyannamenizde bildirmeniz gerekmez. Tamamen vergisizdir.

Vaka Çalışması: CEO Emre Bey

Emre Bey, bir S-Corporation sahibi ve CEO'sudur. Şirketi, her ay yönetim kurulu toplantısı ve her çeyrekte bir strateji günü düzenlemektedir.

Strateji: Emre Bey, bu toplantılar için evini şirketine kiralamaya karar verir. Yakındaki bir otelin benzer büyüklükteki bir toplantı odası için günlük $2,000 talep ettiğini belgeler.

Uygulama: Yıl boyunca 12 aylık yönetim kurulu toplantısı ve 2 strateji günü olmak üzere toplam 14 gün için evini şirketine kiralar.

Sonuç:

Şirketi, 14 gün x 2,000/gün = 28,000 dolar tutarında bir kira gideri beyan eder. Bu, şirketin vergiye tabi gelirini düşürür.

Emre Bey, kişisel olarak 28,000 dolar vergisiz gelir elde eder. Eğer bu parayı maaş veya dağıtım olarak alsaydı, önemli bir vergi ödemesi gerekecekti.

Dikkat Edilmesi Gerekenler:

Belgelendirme: Bu stratejinin anahtarı titiz belgelendirmedir. Her toplantının bir gündemi, katılımcı listesi ve tutanakları olmalıdır. Kiralama bedelinin makul olduğunu gösteren kanıtlar saklanmalıdır.

14 Gün Sınırı: Bu sınır kesindir. 15. günde, tüm yıl boyunca elde edilen gelirin tamamı vergiye tabi hale gelir.

Sadece Ana İkametgah: Bu kural sadece ana ikametgahınız için geçerlidir, yatırım amaçlı mülkler veya tatil evleri için değil.

Augusta Kuralı, doğru ve dikkatli bir şekilde uygulandığında, işletme sahiplerine vergi kanununun sunduğu benzersiz bir avantajdan yararlanma fırsatı sunar.

10.7 Eyalet ve Yerel Vergi (SALT) Planlaması

Federal vergi planlaması önemli olsa da özellikle California, New York, New Jersey gibi yüksek vergi oranlarına sahip eyaletlerde yaşayanlar için eyalet ve yerel vergiler (State and Local Taxes - SALT) de büyük bir yük oluşturabilir. 2017 TCJA yasası, bireylerin federal beyannamelerinde eyalet ve yerel vergi kesintisi olarak talep edebilecekleri tutarı yıllık 10,000 dolar ile sınırlamıştı (bu sınır OBBBA ile 2025 vergi yılından itibaren 40,000 dolara yükseltilmiştir). Fakat bu 40,000 dolarlık limit, 500,000 dolarlık (Düzeltilmiş Brüt Gelir - MAGI) seviyesinde aşamalı olarak azalmaya başlar ve 600,000 dolar geliri olan biri için tamamen sıfırlanarak tekrar eski 10,000 dolar seviyesine düşer.

Ancak, işletme sahipleri için bu sınırlamanın etrafından dolaşmak için meşru yollar bulunmaktadır.

Geçişli İşletme Vergisi (Pass-Through Entity Tax - PTET)

SALT kesinti sınırlamasına bir yanıt olarak, birçok eyalet PTET yasalarını yürürlüğe koymuştur. Bu yasalar, S-Corporation ve ortaklık gibi geçişli işletmelerin, eyalet gelir vergisini bireysel ortaklar veya hissedarlar yerine doğrudan işletme düzeyinde ödemesine izin verir.

Nasıl Çalışır?

İşletme, ortakları adına eyalet gelir vergisini öder.

Bu ödeme, işletme için federal düzeyde sıradan ve gerekli bir işletme gideri olarak tamamen düşülebilir. Bu kesinti, 40,000 dolarlık SALT sınırlamasına tabi değildir.

Ortaklar, işletmeden aldıkları geliri kendi eyalet beyannamelerinde beyan ederken, işletme tarafından kendi adlarına ödenen vergi için bir kredi veya indirim alırlar, böylece aynı gelir üzerinden iki kez vergi ödememiş olurlar.

Vaka Çalışması: California'daki Ortaklık

California'da faaliyet gösteren bir ortaklığın iki ortağı var ve her biri yılda 1 milyon dolar gelir elde ediyor. Bunun sonucu olarak da California'nın en yüksek vergi oranı olan %13.3 orana tabiler. PTET olmadan, her ortak federal beyannamesinde sadece 40,000 dolarlık SALT kesintisi talep edebilir.

Strateji: Ortaklık, California'nın PTET programına katılmayı seçer. Her ortak adına $133,000 eyalet vergisi öder.

Sonuç:

Ortaklık, federal vergi amaçları için toplam $266,000 tutarında bir işletme gideri kesintisi alır. Bu, ortakların federal vergiye tabi gelirini önemli ölçüde azaltır.

Ortaklar, California eyalet beyannamelerinde, ortaklık tarafından ödenen 133,000 dolar için bir kredi alırlar.

Bu strateji, ortaklara federal düzeyde on binlerce dolar vergi tasarrufu sağlar çünkü normalde 10,000 dolar ile sınırlı olacak olan eyalet vergisi kesintisini, işletme gideri olarak tamamen düşülebilir hale getirmişlerdir.

İkametgah Değişikliği ve Vergi Arbitrajı

Daha radikal bir strateji ise, yüksek vergili bir eyaletten, gelir vergisi olmayan (Florida, Teksas, Nevada gibi) veya daha düşük vergi oranına sahip bir eyalete taşınmaktır. Bu, özellikle uzaktan çalışabilen veya işlerini coğrafi olarak bağımsız bir şekilde yürütebilen girişimciler ve yatırımcılar için geçerlidir.

Dikkat Edilmesi Gerekenler:

Yüksek vergili bir eyaletten (özellikle California ve New York) ayrılmak, sadece yeni bir eyalette ev almaktan daha fazlasını gerektirir. Bu eyaletler, vergi mükelleflerini kolayca bırakmazlar ve ikametgahınızı gerçekten değiştirip değiştirmediğinizi belirlemek için agresif denetimler yapabilirler. İkametgahınızı başarılı bir şekilde değiştirdiğinizi kanıtlamak için aşağıdakiler de dahil olmak üzere birçok faktörü dikkate alırlar:

Yeni eyalette ne kadar zaman geçirdiğiniz (183 günden fazla).

Yeni eyalette bir sürücü belgesi ve seçmen kaydı alıp almadığınız.

Banka hesaplarınızı ve profesyonel lisanslarınızı nereye taşıdığınız.

Aile üyelerinizin nerede yaşadığı ve çocuklarınızın nerede okula gittiği.

En değerli ve kişisel eşyalarınızın (sanat eserleri, aile yadigarları) nerede bulunduğu.

Bu, dikkatli planlama ve uygulama gerektiren önemli bir yaşam kararıdır. Bir eyaletten ayrılmadan önce mutlaka bir vergi uzmanına danışılmalıdır.

Yeni OBBBA Fırsatları (2025-2028)

Yüksek net değerli bireylerin aile üyeleri veya çalışanları için önemli olabilecek yeni haklar:**Oto Kredisi Faiz İndirimi:** ABD'de montajı yapılmış şahsi araçlar için ödenen kredi faizinin 10,000 dolara kadar olan kısmı vergiden düşülebilir. **Trump Hesapları:** 1 Ocak 2025 sonrası doğan çocuklar için devletin 1,000 dolar katkı sağladığı, ebeveynlerin de ekstra olarak yıllık 5,000 ekleyebildiği yeni vergisiz birikim hesabıdır. **Kıdemli Vatandaş İndirimi:** 65 yaş üstü bireyler standart indirime ek olarak 6,000 dolarlık ekstra indirim hakkı kazanmıştır.

10.8 Sıkça Sorulan Sorular (SSS)

S1: Maliyet ayrıştırma çalışması küçük bir mülk için de mantıklı mıdır?

Maliyet ayrıştırma çalışmasının maliyeti (birkaç bin dolardan başlayabilir) sağlayacağı vergi tasarrufundan daha az olmalıdır. Bu nedenle, bu strateji 500,000 doların üzerindeki ticari mülkler için daha uygun maliyetlidir. Ancak, bonus amortisman oranlarının yüksek olduğu yıllarda, daha küçük mülkler için bile pozitif bir yatırım getirisi sağlayabilir. Bir uzmanla maliyet-fayda analizi yapmak en doğrusudur.

S2: Emlak Profesyoneli Statüsü için 750 saatlik süreyi nasıl kanıtlarım?

IRS, bu konuda çok titizdir. Saatlerinizi kanıtlamak için sağlam bir belgelendirme sistemine ihtiyacınız vardır. Bu, aşağıdakileri içerebilir:

Detaylı Zaman Çizelgesi: Hangi gün, hangi mülk için, ne kadar süreyle, ne yaptığınızı gösteren bir takvim veya zaman takip yazılımı.

İletişim Kayıtları: Kiracılar, müteahhitler ve diğer profesyonellerle yaptığınız e-posta ve telefon görüşmelerinin kayıtları.

Seyahat Kayıtları: Mülklerinize yaptığınız ziyaretleri gösteren kilometre kayıtları ve seyahat masrafları. IRS denetiminde, "tahmini" saatler kabul edilmez. Gerçek zamanlı ve tutarlı kayıtlar kritik öneme sahiptir.

S3: Fırsat Bölgesi yatırımının riskleri nelerdir?

En büyük risk, yatırımın kendisinin performansıdır. Fırsat Bölgeleri daha az gelişmiş bölgeler olduğu için, projenin başarısız olma veya beklenen getiriyi sağlamama riski daha yüksektir. Diğer bir risk ise likidite eksikliğidir. Vergi avantajlarından tam olarak yararlanmak için yatırımınızı en az 10 yıl tutmanız gerekir. Bu uzun vadeli bir taahhüttür. Son olarak, programın kendisi politiktir ve gelecekteki yasa değişikliklerinden etkilenebilir. Bu nedenle, portföyünüzün sadece makul bir kısmını bu tür yatırımlara ayırmak önemlidir.

S4: Bir Hayırseverlik Kalan Güven Fonu (CRT) kurmak için ne kadar varlığa ihtiyacım var?

CRT kurmanın yasal ve idari maliyetleri olduğu için, bu strateji daha büyük meblağlar için anlamlıdır. Çoğu uzman, en az 250,000 ila 500,000 dolar değerinde, önemli ölçüde değer artışı göstermiş bir varlığınız varsa CRT'yi düşünmenizi önerir. Daha küçük meblağlar için, bir Donör Tavsiyeli Fon (Donor-Advised Fund - DAF) daha basit ve daha uygun maliyetli bir hayırseverlik aracı olabilir.

S5: Bu ileri düzey stratejiler bir IRS denetimini tetikler mi?

Evet, bu bir olasılıktır. Büyük kesintiler, karmaşık yapılar ve yüksek gelirli mükellefler, IRS algoritmaları tarafından daha sıkı bir incelemeye tabi tutulma eğilimindedir. Ancak bu, bu stratejilerden kaçınmanız gerektiği anlamına gelmez. Bu, bu stratejileri uygularken son derece titiz ve dikkatli olmanız gerektiği anlamına gelir. Her şeyin yasalara uygun olduğundan, her adımın belgelendiğinden ve her değerlemenin savunulabilir olduğundan emin olun. İyi bir profesyonel ekip ve sağlam bir belgelendirme, bir denetimi korkutucu bir olaydan, sadece bir süreç haline getirir.

Bölüm 11: Kripto, NFT ve Uzaktan Çalışma

2021 yılında, grafik tasarımcı Canan bir hobi olarak başladığı dijital sanat eserlerini NFT olarak satarak beklenmedik bir şekilde 150,000 dolar kazandı. Aynı yıl, yazılım mühendisi Can maaşının bir kısmını Bitcoin'e yatırmış, bir kısmıyla DeFi platformlarında "yield farming" yapmış ve kalan zamanında bir teslimat uygulaması için çalışarak ek gelir elde etmişti. 2022 vergi beyannamesi zamanı geldiğinde, her ikisi de bir muhasebeciye danıştığında hayatlarının şokunu yaşadılar. Canan NFT satışlarından elde ettiği gelirin %28 gibi yüksek bir oranda vergilendirilebileceğini öğrenirken, Can'ın düzinelerce farklı platformdaki yüzlerce küçük işlemi, bir vergi kabusuna dönüşmüştü.

Böyle olaylar dijital ekonominin yarattığı muazzam fırsatların, aynı zamanda benzeri görülmemiş bir vergi karmaşıklığını da beraberinde getirdiğinin canlı bir kanıtıdır. Geleneksel vergi kanunları, fiziksel sınırlar ve merkezi kurumlar üzerine inşa edilmiştir. Oysa dijital varlıklar ve uzaktan çalışma, bu sınırları ortadan kaldırarak yeni ve karmaşık vergi soruları ortaya çıkarmaktadır.

11.1 Kripto Para Birimleri ve Vergilendirme

IRS, 2014 yılında yayınladığı Notice 2014-21 ile kripto para birimlerinin vergi amaçları için mülk (property) olarak kabul edileceğini açıkça belirtmiştir. Bu, kripto paraların bir para birimi gibi değil, daha çok bir hisse senedi veya gayrimenkul gibi vergilendirildiği anlamına gelir. Bu temel ayrım, tüm vergi sonuçlarının temelini oluşturur.

Vergiye Tabi Olaylar (Taxable Events)

Bir "vergiye tabi olay" olarak bir vergi yükümlülüğü doğuran bir işlemdir. Kripto para dünyasında yaygın vergiye tabi olaylar şunlardır:

Kripto Para Satışı: Kripto parayı ABD doları gibi bir fiat para birimine satmak.

Kripto Para Takası: Bir kripto parayı başka bir kripto parayla takas etmek (örneğin, Bitcoin'i Ethereum ile takas etmek).

Mal ve Hizmet Alımı: Kripto parayı bir mal veya hizmet satın almak için kullanmak.

Kripto Para ile Ödeme Almak: Bir hizmet veya mal karşılığında ödeme olarak kripto para almak.

Madencilik (Mining) ve Staking Ödülleri: Yeni bloklar oluşturarak veya ağ güvenliğine katılarak ödül olarak kripto para kazanmak.

Airdrop Almak: Bir hard fork veya promosyon sonucunda ücretsiz olarak yeni kripto para birimleri almak.

Sermaye Kazançları ve Kayıpları

Kripto paralarınızı sattığınızda, takas ettiğinizde veya harcadığınızda, bir sermaye kazancı veya kaybı gerçekleştirirsiniz. Bu, satış fiyatı (veya takas anındaki adil piyasa değeri) ile maliyet esasınız (cost basis) arasındaki farktır.

Maliyet Esası (Cost Basis): Bir varlığı elde etmek için ödediğiniz toplam tutardır. Kripto paralar için bu, satın alma fiyatı artı işlem ücretleri gibi tüm ilgili maliyetleri içerir.

Tutma Süresi: Sermaye kazancınızın nasıl vergilendirileceği, kripto parayı ne kadar süreyle elinizde tuttuğunuza bağlıdır:

Kısa Vadeli Sermaye Kazancı: Varlığı bir yıl veya daha az bir süreyle tuttuktan sonra satarsanız elde edilir. Bu kazançlar, normal gelirinizle aynı oranlarda vergilendirilir (%10 ila %37 arasında değişen marjinal vergi oranları).

Uzun Vadeli Sermaye Kazancı: Varlığı bir yıldan daha uzun bir süreyle tuttuktan sonra satarsanız elde edilir. Bu kazançlar, daha avantajlı olan uzun vadeli sermaye kazancı vergi oranlarında vergilendirilir (%0, %15 veya %20, gelirinize bağlı olarak).

Vaka Çalışması: Bitcoin Satışı

Tamer, 2024 yılında 30,000 dolara 1 Bitcoin satın aldı. 2025 vergi yılında, Bitcoin'in değeri 70,000 dolara yükseldiğinde ise sattı.
Hesaplama:
Satış Fiyatı: 70,000 dolar
Maliyet Esası: 30,000 dolar
Sermaye Kazancı: 70,000 - 30,00 = 40,000 dolar
Vergi Sonucu: Tamer, Bitcoin'i bir yıldan fazla tuttuğu için, bu 40,000 dolarlık kazanç, uzun vadeli sermaye kazancı olarak vergilendirilir. Eğer Tamer'in toplam geliri onu %15'lik dilime sokuyorsa, bu işlem için ödeyeceği vergi 40,000 * 0.15 = 6,000 dolar olacaktır.

Gelir Olarak Vergilendirilen İşlemler

Bazı kripto işlemleri sermaye kazancı yerine doğrudan gelir olarak kabul edilir ve normal gelir vergisi oranlarında vergilendirilir.

Madencilik ve Staking: IRS, Revenue Ruling 2023-14 ile staking ödüllerinin, mükellefin bu ödüller üzerinde "hakimiyet ve kontrol" (dominion and control) elde ettiği anda, o anki adil piyasa değeri üzerinden gelir olarak vergilendirilmesi gerektiğini açıklamıştır. Madencilik gelirleri için de aynı prensip geçerlidir.

Ödeme Olarak Alınan Kripto: Bir iş veya hizmet karşılığında kripto para alırsanız, bu, aldığınız andaki adil piyasa değeri üzerinden gelir olarak vergilendirilir. Bu tutar, daha sonra bu kripto parayı sattığınızda maliyet esasınız olur.

Raporlama Gereksinimleri

2025 vergi yılından itibaren, tüm vergi mükellefleri Form 1040'ın ön yüzündeki dijital varlık sorusunu cevaplamak zorundadır. Tüm sermaye kazancı ve kayıpları Form 8949'da detaylandırılmalı ve Schedule D'de özetlenmelidir.

2025 yılından itibaren, Coinbase gibi merkezi borsalar, kullanıcılarının işlemlerini Form 1099-DA üzerinde IRS'e raporlamaya başlayacaktır. Bu, IRS'in kripto işlemlerini takip etme yeteneğini önemli ölçüde artıracaktır.

11.2 NFT ve Koleksiyon Vergilendirmesi

NFT'ler, veya "non-fungible token"lar, dijital sanat, müzik, sanal arazi ve hatta tweet'ler gibi benzersiz dijital varlıkların sahipliğini temsil eden blockchain tabanlı token'lardır. Kripto paraların aksine, her bir NFT benzersizdir ve bir diğeriyle değiştirilemez. Bu benzersizlik, vergi açısından önemli bir karmaşıklık yaratır: Bir NFT, bir yatırım mıdır, yoksa bir koleksiyon parçası mı?

Koleksiyon Olarak Vergilendirme: %28 Oranı

IRS, Mart 2023'te yayınladığı Notice 2023-27 ile bu konuya bir miktar açıklık getirmiştir. Bu rehbere göre, bir NFT'nin vergilendirilmesi, NFT'nin kendisine değil, temsil ettiği veya ilişkili olduğu varlığa bağlıdır. Eğer bir NFT, IRS'in Section 408(m) kapsamında tanımladığı bir "koleksiyon" (collectible) ile ilişkiliyse, bu NFT'den elde edilen uzun vadeli sermaye kazançları, normal %0, %15, %20 oranları yerine, %28'lik daha yüksek bir oranda vergilendirilebilir.

IRS Tarafından Koleksiyon Olarak Tanımlanan Varlıklar:
Herhangi bir sanat eseri
Herhangi bir halı veya kilim
Herhangi bir antika
Herhangi bir metal veya değerli taş
Herhangi bir pul veya madeni para
Herhangi bir alkollü içki
Yukarıdakilerden herhangi birini içeren diğer maddi kişisel mülkler

"Look-Through" Analizi: IRS, bir NFT'nin koleksiyon olup olmadığını belirlemek için bir "look-through" (içine bakma) analizi uygular. Yani, NFT'nin kendisi bir kod parçası olsa da, eğer bu kod parçası bir dijital sanat eserine (örneğin, bir JPEG dosyasına) bağlıysa, vergi amaçları için bir sanat eseri olarak kabul edilir.

Vaka Çalışması: Dijital Sanatçı ve Koleksiyoncu

Sanatçı Canan bir dijital resim oluşturur ve bunu bir NFT olarak 1 ETH'ye (o anki değeri 2,000 dolara) satar. Alıcı, koleksiyoncu Berk, bu NFT'yi iki yıl sonra 10 ETH'ye (o anki değeri $30,000a) satar.

NFT'yi Yaratan Sanatçının Vergi Durumu: Canan için, 1 ETH'lik satış, onun yaratıcı hizmetlerinin bir ürünüdür. Bu nedenle 2,000 dolar normal gelir olarak vergilendirilir ve serbest meslek vergisi ödemek zorundadır.

Berk'in Vergi Durumu:
Maliyet Esası: 2,000 dolar
Satış Fiyatı: 30,000 dolar
Uzun Vadeli Sermaye Kazancı: 28,000 dolar
Vergi Sonucu: Bu NFT, bir sanat eserini temsil ettiği için, bir koleksiyon olarak kabul edilir. Berk'in 28,000 dolarlık kazancı, %28 oranında vergilendirilir. **Ödeyeceği vergi:** 28,000 * 0.28 = 7,840 dolar olacaktır. Eğer bu bir koleksiyon olmasaydı ve Berk %15'lik sermaye kazancı diliminde olsaydı, ödeyeceği vergi sadece 4,200 dolar olacaktı.

NFT'lerin Diğer Vergi Sonuçları

NFT Yaratma (Minting): Bir NFT yaratmanın maliyeti (gas fees), NFT'nin maliyet esasına eklenir veya bir işletme gideri olarak düşülebilir.

NFT Alım Satımı: NFT'leri alıp satmak, hisse senedi alıp satmakla aynı prensiplere tabidir. Her satış veya takas, bir sermaye kazancı veya kaybı yaratır.

NFT Airdrop'ları: Bir airdrop ile ücretsiz bir NFT alırsanız, bu, alındığı andaki adil piyasa değeri üzerinden normal gelir olarak vergilendirilir.

NFT'leri Emeklilik Hesaplarında Tutmak: Eğer bir NFT koleksiyon olarak kabul edilirse, IRA veya 401(k) gibi vergi avantajlı emeklilik hesaplarında tutulamaz. Bu kuralın ihlali, ciddi vergi cezalarına yol açabilir.

Notice 2023-27 bir başlangıç olsa da, hala birçok belirsizlik devam etmektedir. Örneğin, bir video oyunundaki bir karakterin kılıcını temsil eden bir NFT, bir "sanat eseri" veya "antika" mıdır? Bir sanal arazi parseli, gerçek bir gayrimenkul gibi mi vergilendirilmelidir? IRS'in bu konularda gelecekte daha fazla rehberlik sağlaması beklenmektedir. Bu belirsizlikler nedeniyle, önemli miktarda NFT işlemi yapan mükelleflerin, dijital varlıklar konusunda uzman bir vergi danışmanına başvurmaları şiddetle tavsiye edilir.

11.3 DeFi (Merkeziyetsiz Finans) ve Vergi Labirenti

Merkeziyetsiz Finans (DeFi), geleneksel finansal aracıları (bankalar, borsalar) ortadan kaldırarak, kullanıcıların doğrudan birbirleriyle borç alıp vermesine, takas yapmasına ve yatırım yapmasına olanak tanıyan, blockchain tabanlı bir ekosistemdir. Bu yenilikçi alan, muazzam getiri potansiyeli sunarken, aynı zamanda vergi açısından en karmaşık ve en az düzenlenmiş alanlardan biridir. IRS, DeFi işlemleri için henüz özel bir rehber yayınlamamıştır, bu nedenle mevcut vergi prensiplerini bu yeni ve karmaşık işlemlere uygulamak zorundayız.

Yaygın DeFi İşlemleri ve Vergi Yorumları

Aşağıda, en yaygın DeFi işlemlerinin mevcut vergi kanunları çerçevesindeki vergi sonuçları gösterilmiştir.

DeFi İşlemi	Vergiye Tabi Olay mı?	Vergi Sonucu
Token Takası (Swap)	Evet	Sermaye Kazancı / Kaybı
Likidite Sağlama	Evet (Genellikle)	Sermaye Kazancı / Kaybı
Yield Farming Ödülleri	Evet	Normal Gelir
Staking Ödülleri	Evet	Normal Gelir
Borç Verme (Lending)	Hayır (Anapara) / Evet (Faiz)	Normal Gelir (Faiz)
Borç Alma (Borrowing)	Hayır	Vergiye Tabi Değil
Teminat Tasfiyesi	Evet	Sermaye Kazancı / Kaybı

Tablo 11.1: Yaygın DeFi İşlemleri ve Vergi Yorumları

Token Takası (Swap)

DeFi platformlarında bir token'ı diğeriyle takas etmek (örneğin, Uniswap'te ETH'yi DAI ile takas etmek), vergi açısından iki ayrı işlem olarak kabul edilir: (1) elinizdeki token'ı satmak ve (2) yeni token'ı satın almak. Bu, bir sermaye kazancı veya kaybı yaratır.

Likidite Havuzları ve Yield Farming

Bir likidite havuzuna iki farklı token (örneğin, ETH ve USDC) yatırdığınızda, bu token'ların bir kısmını diğerine dönüştürmüş olursunuz, bu da bir vergiye tabi olay yaratır. Karşılığında aldığınız LP (Likidite Sağlayıcı) token'ları yeni bir varlıktır. Bu havuzdan kazandığınız işlem ücretleri veya "yield farming" ile elde ettiğiniz ek token ödülleri, alındıkları andaki adil piyasa değeri üzerinden normal gelir olarak vergilendirilir.

Vaka Çalışması: DeFi Yatırımcısı

Sema, bir DeFi platformuna 10 ETH (maliyeti 20,000 dolar) ve 30,000 USDC yatırarak bir likidite havuzuna katılır. Yıl boyunca, bu havuzdan 2,000 dolar değerinde işlem ücreti ve 500 dolar değerinde yönetişim token'ı (governance token) kazanır.

Vergi Sonuçları:

Likidite Sağlama: Bu işlemin kendisi, karmaşık bir takas işlemi olarak kabul edilebilir ve bir sermaye kazancı yaratabilir.

Gelir: Sema'nın kazandığı 2,000 dolarlık işlem ücreti ve 500 dolarlık yönetişim token'ı, toplamda 2,500 dolar normal gelir olarak beyan edilmelidir.

Maliyet Esası: Bu 2,500 dolarlık gelir, gelecekte bu token'ları sattığında onun maliyet esası olacaktır.

Borç Verme ve Borç Alma

Bir DeFi platformu üzerinden kripto varlıklarınızı borç vererek faiz kazanmak, geleneksel bir tasarruf hesabına benzer. Kazandığınız faiz, normal gelir olarak vergilendirilir. Öte yandan, kripto varlıklarınızı teminat göstererek borç almak, vergiye tabi bir olay değildir. Ancak, teminatınızın değeri düşer ve platform tarafından tasfiye edilirse (satılırsa), bu bir satış işlemi olarak kabul edilir ve bir sermaye kazancı veya kaybı yaratır.

DeFi'nin Vergi Raporlamasındaki Zorlukları

DeFi'nin merkeziyetsiz doğası, vergi raporlamasını son derece zorlaştırır:

İşlem Hacmi: Aktif bir DeFi kullanıcısı, yıl boyunca binlerce küçük işlem gerçekleştirebilir.

Kayıt Tutma: Merkezi borsaların aksine, DeFi platformları kullanıcılara Form 1099 gibi vergi belgeleri sağlamaz. Tüm işlemlerin kaydını tutma sorumluluğu tamamen mükellefe aittir.

Maliyet Esası Takibi: Her bir ödülün, faizin veya takasın maliyet esasını ve tarihini doğru bir şekilde takip etmek neredeyse imkansızdır.

Gas Ücretleri: Her işlem için ödenen "gas" ücretlerinin nasıl ele alınacağı (maliyet esasına eklenir mi, yoksa gider olarak mı düşülür) konusunda net bir rehberlik yoktur.

Bu zorluklar nedeniyle, DeFi işlemleri yapan mükelleflerin, bu işlemleri otomatik olarak takip eden ve raporlayan özel yazılımlar (örneğin, Koinly, CoinLedger) kullanmaları ve dijital varlıklar konusunda uzman bir vergi profesyoneline danışmaları kritik öneme sahiptir.

11.4 Uzaktan Çalışma ve Eyaletler Arası Vergi Karmaşası

COVID-19 pandemisi, uzaktan çalışmayı bir istisnadan bir norma dönüştürerek milyonlarca çalışanın iş ve yaşam dengesini yeniden şekillendirdi. Ancak, New York'taki bir şirket için Arizona'daki evinizden çalışmanın vergi sonuçları, beklenmedik ve karmaşık olabilir. Temel sorun, "nexus" olarak bilinen bir kavramda yatmaktadır: bir eyaletin sizi veya işvereninizi vergilendirme hakkına sahip olması için gereken yasal bağlantı.

Nexus: Vergi Yetkisinin Temeli

Bir eyalette fiziksel olarak bulunarak çalışmak, o eyalette hem sizin için (gelir vergisi) hem de işvereniniz için (bordro ve işletme vergileri) nexus oluşturur. Bu durum, "çifte vergilendirme" yaratır: hem ikamet ettiğiniz eyalet hem de çalıştığınız eyalet aynı geliri vergilendirmek isteyebilir.

Genel Kural:

İkamet Eyaleti (Home State): Dünya çapındaki tüm gelirinizi vergilendirir.

Kaynak Eyaleti (Source State): Sadece o eyalette fiziksel olarak çalışarak elde ettiğiniz geliri vergilendirir.

Çoğu eyalet, çifte vergilendirmeyi önlemek için, başka bir eyalete ödediğiniz vergiler için bir vergi kredisi sunar. Ancak bu krediler her zaman ödenen verginin tamamını karşılamayabilir, özellikle de eyaletlerin vergi oranları farklıysa.

"Patronun Kolaylığı" Kuralı (Convenience of the Employer Rule)

Uzaktan çalışanlar için en büyük tuzaklardan biri, özellikle New York, Pennsylvania, Nebraska ve Delaware gibi eyaletlerde geçerli olan "İşverenin Kolaylığı" kuralıdır. Bu kurala göre, eğer bir çalışan bu eyaletlerdeki bir işveren için uzaktan çalışıyorsa ve bu uzaktan çalışma durumu çalışanın kendi tercihi (yani işverenin bir gerekliliği değil) ise, o çalışan sanki fiziksel olarak o eyalette çalışıyormuş gibi o eyalete gelir vergisi ödemek zorunda kalabilir. Bu, hem yaşadığınız eyalete hem de işvereninizin bulunduğu eyalete vergi ödemeniz anlamına gelebilir (çifte vergilendirme).

Vaka Çalışması: Uzaktan Çalışan ve New York

Bir teknoloji şirketi New York'ta bulunmaktadır. Şirketin çalışanı olan Deniz, Florida'daki evinden (Florida'da eyalet gelir vergisi yoktur) tam zamanlı olarak uzaktan çalışmaktadır. Deniz, işi gereği New York'a hiç gitmemektedir.

Vergi Sonucu: New York'un "convenience of the employer" kuralı nedeniyle, Deniz'in maaşı New York eyaleti tarafından vergilendirilir. Deniz, Florida'da yaşadığı için Florida'ya bir gelir vergisi ödemez, ancak New York'a önemli bir vergi borcu olabilir. Bu durum, gelir vergisi olmayan bir eyalette yaşamanın vergi avantajını tamamen ortadan kaldırabilir.

Gig Ekonomisi: Yeni Nesil Serbest Meslek

Uber, Airbnb, DoorDash ve Upwork gibi platformlar, milyonlarca insan için esnek gelir fırsatları yarattı. Ancak bu esneklik, vergi sorumluluklarını da beraberinde getirir. Gig ekonomisi çalışanları, vergi açısından serbest meslek sahibi (self-employed) olarak kabul edilir.

Bu, şu anlama gelir:

Serbest Meslek Vergisi: Kazançları üzerinden %15.3'lük bir serbest meslek vergisi (Sosyal Güvenlik ve Medicare için) ödemek zorundadırlar.

Gelir Vergisi: Net kazançları, normal gelir vergisi oranlarına tabidir.

Gider Kesintileri: İşle ilgili giderlerini (araç masrafları, telefon, komisyonlar vb.) Schedule C'de düşebilirler.

Çeyreklik Ödemeler: Yıl boyunca IRS'e tahmini vergi ödemeleri yapmakla yükümlüdürler.

Form 1099-K ve Raporlama Eşikleri

Platformların, kullanıcılarına ve IRS'e ödemeleri raporlamak için kullandığı Form 1099-K, son yıllarda büyük bir tartışma konusu olmuştur. Yasa, raporlama eşiğini 20,000 dolar ve 200 işlemden sadece 600 dolara düşürmeyi amaçlasa da, IRS bu değişikliği birkaç kez ertelemiştir. Ancak unutulmamalıdır ki, bir form almasanız bile, kazandığınız her doları gelir olarak beyan etmek yasal bir zorunluluktur.

Pratik Tavsiye: Gig ekonomisinde çalışıyorsanız, ilk günden itibaren gelir ve giderlerinizi titizlikle takip edin. Kazancınızın %25-30'unu vergi ödemeleri için ayırmak, yıl sonunda karşılaşabileceğiniz beklenmedik bir vergi faturasını önlemek için akıllıca bir stratejidir

11.5 Uluslararası Hususlar ve Sonuç

Dijital varlıkların ve uzaktan çalışmanın sınır tanımayan doğası, uluslararası vergi mükellefleri için ek bir karmaşıklık katmanı oluşturur.

FBAR ve FATCA Raporlaması

ABD vatandaşları ve yerleşik yabancılar, yabancı finansal hesaplarını IRS'e bildirmekle yükümlüdür. Bu, yabancı borsalarda (örneğin, Binance) tutulan kripto varlıklarını da içerebilir.

FBAR (FinCEN Form 114): Yabancı hesaplarınızın toplam değeri yıl içinde herhangi bir zamanda $10,000'ı aşarsa dosyalanmalıdır.

FATCA (Form 8938): Daha yüksek eşiklere sahiptir ve vergi beyannamenizle birlikte dosyalanır.

IRS, kripto hesaplarının bu raporlama gereksinimlerine tabi olup olmadığı konusunda bu bölümün yazıldığı sırada henüz net bir rehberlik yayınlamamış olsa da, muhafazakar yaklaşım, önemli miktarda yabancı kripto varlığı olanların bu formları dosyalaması yönündedir. Bu formların dosyalanmaması, çok ağır cezalara yol açabilir.

11.6 Kapsamlı Vaka Çalışmaları

Bu bölümde, gerçek hayat senaryolarını daha derinlemesine inceleyerek, dijital ekonominin vergi karmaşıklığını somut örneklerle göstereceğiz.

Vaka 1: Kripto Yatırımcısı - Çoklu İşlem Yönetimi

Mehmet, 35 yaşında bir yazılım mühendisidir. 2024 yılında kripto para yatırımlarına başlamış ve aşağıdaki işlemleri gerçekleştirmiştir:

Ocak 2024: 2 Bitcoin'i 60,000 dolara satın aldı.

Mart 2024: 1 Bitcoin'i 25 Ethereum ile takas etti (o anki değer: 1 BTC = 70,000 dolar, 1 ETH = 2,800 dolar).

Haziran 2024: 10 Ethereum'u 3,500 dolara (Toplamda 35,000) sattı.

Eylül 2024: Kalan 15 Ethereum'u bir DeFi platformuna yatırarak likidite sağladı ve yıl sonuna kadar 2,000 dolar değerinde ödül token'ı kazandı.

Aralık 2024: Kalan 1 Bitcoin'i hala elinde tutuyor.

Vergi Hesaplaması (2024 Vergi Yılı):

1. **Bitcoin-Ethereum Takası (Mart):**

- Satış Fiyatı: 70,000 dolar

- Maliyet Esası: 30,000 dolar

- **Kısa Vadeli Sermaye Kazancı:** 40,000 dolar (2 aydan az tutuldu)

1. Ethereum Satışı (Haziran):

* Satış Fiyatı: 35,000 dolar

* Maliyet Esası: 28,000 dolar (10 ETH * 2,800)

* **Kısa Vadeli Sermaye Kazancı:** 7,000 dolar (3 aydan az tutuldu)

1. DeFi Ödülleri (Yıl Boyunca):

* **Normal Gelir:** 2,000 dolar

Toplam Vergi Yükümlülüğü:

Kısa Vadeli Sermaye Kazançları: 47,000 dolar (normal gelir oranlarında vergilendirilir)
Normal Gelir: 2,000 dolar
Mehmet'in marjinal vergi oranı %24 ise, sadece bu işlemlerden dolayı 11,760 dolarlık vergi borcu oluşur.

* Her bir takas, bir satış ve alım olarak kabul edilir ve vergiye tabidir.

* Kısa vadeli işlemler, uzun vadeli işlemlerden çok daha yüksek vergi oranlarına tabidir.

* DeFi ödülleri, normal gelir olarak vergilendirilir.

* Tüm işlemlerin detaylı kaydını tutmak kritik öneme sahiptir.

Vaka 2: NFT Sanatçısı ve Koleksiyoncusu

Ayşe, bir dijital sanatçıdır ve NFT'ler aracılığıyla eserlerini satmaktadır. 2024 yılında:

10 farklı NFT oluşturdu ve her birini ortalama 0.5 ETH'ye sattı (toplam 5 ETH = 14,000 dolar).
Bir başka sanatçıdan bir NFT satın aldı (1 ETH = 2,800 dolar).
Satın aldığı NFT'yi 2 yıl sonra 3 ETH'ye (10,500 dolara) sattı.

Vergi Hesaplaması:

Kendi NFT'lerinin Satışı:
Toplam Gelir: 14,000 dolar
Vergi Durumu: Bu, Ayşe'nin yaratıcı hizmetlerinin bir ürünü olduğu için normal gelir ve serbest meslek vergisine tabidir.
Serbest Meslek Vergisi: 14,000 * 0.153 = 2,142 dolar
Gelir Vergisi: 14,000 * 0.22 (varsayılan oran) = 3,080 dolar
Toplam: 5,222 dolar

Satın Aldığı NFT'nin Satışı:

Satış Fiyatı: 10,500 dolar
Maliyet Esası: 2,800 dolar
Uzun Vadeli Sermaye Kazancı: 7,700 dolar
Vergi Durumu: Eğer bu NFT bir sanat eseri olarak kabul edilirse, %28 koleksiyon oranında vergilendirilir.
Vergi: 7,700 * 0.28 = 2,156 dolar
Toplam Vergi Yükümlülüğü: 5,222 + 2,156 = 7,378 dolar
Kendi yarattığınız NFT'leri satmak, serbest meslek geliri yaratır. Başkalarından satın aldığınız NFT'leri satmak, sermaye kazancı yaratır. Sanat eseri NFT'leri, %28 koleksiyon oranına tabi olabilir.

Vaka 3: Çok Eyaletli Uzaktan Çalışan

Kemal, New York merkezli bir finans şirketinde çalışmaktadır. 2024 yılında, Florida'ya taşındı ve oradan tam zamanlı olarak uzaktan çalışmaya başladı. Yıllık maaşı 120,000 dolardır.

Vergi Durumu:

Florida: Eyalet gelir vergisi yoktur.

New York: "Convenience of the employer" kuralı nedeniyle, Kemal'in maaşını vergilendirmek isteyebilir.

Federal: Kemal, nerede yaşarsa yaşasın, federal gelir vergisini ödemek zorundadır.

Vergi Yükümlülüğü:

Federal Gelir Vergisi: ~20,000 dolar

New York Eyalet Vergisi: ~6,000 dolar (New York'un %5-6'lık oranına göre)

Toplam: ~26,000 dolar

Alternatif Senaryo: Eğer Kemal, New York'un "convenience" kuralından muaf olabilseydi (örneğin, işveren uzaktan çalışmayı zorunlu kılsaydı), New York eyalet vergisini ödemeyecekti ve toplam vergi yükü ~20,000 dolar olacaktı.

* Uzaktan çalışma, beklenmedik eyalet vergi yükümlülükleri yaratabilir.

* Convenience of the employer kuralı, gelir vergisi olmayan bir eyalete taşınmanın avantajlarını ortadan kaldırabilir.

* İşveren ile uzaktan çalışma politikalarını netleştirmek önemlidir.

Vaka 4: Gig Ekonomisi Çalışanı

Ömer tam zamanlı bir işinin yanı sıra, hafta sonları Uber sürücülüğü yaparak ek gelir elde etmektedir. 2024 yılında:

Uber'den brüt gelir: 15,000 dolar

Araç giderleri (yakıt, bakım, sigorta): 4,000 dolar

Uber komisyonları: 3,000 dolar

Vergi Hesaplaması:

Brüt Gelir: 15,000 dolar

Kesintiler:

Uber komisyonları: 3,000 dolar

Araç giderleri: 4,000 dolar
Toplam Kesinti: 7,000 dolar
Net Serbest Meslek Geliri: 8,000 dolar
Serbest Meslek Vergisi: 8,000 * 0.153 = 1,224 dolar
Gelir Vergisi: 8,000 * 0.22 (varsayılan oran) = 1,760 dolar
Toplam: 2,984 dolar

11.7 Pratik İpuçları ve En İyi Uygulamalar

Kayıt Tutma Sistemi Kurun: İlk günden itibaren, tüm kripto, NFT ve DeFi işlemlerinizi takip eden bir sistem kurun. Koinly, CoinLedger veya CoinTracker gibi özel yazılımlar bu konuda çok yardımcı olabilir.

Uzun Vadeli Düşünün: Mümkün olduğunca, kripto varlıklarınızı en az bir yıl tutarak uzun vadeli sermaye kazancı oranlarından yararlanın.

Vergi Hasadı (Tax-Loss Harvesting): Yıl sonunda, kayıp pozisyonlarınızı satarak sermaye kayıpları oluşturun ve bunları kazançlarınızla dengeleyerek vergi yükünüzü azaltın. Ancak, "wash sale" kuralının kripto paralar için henüz geçerli olmadığını unutmayın (bu gelecekte değişebilir).

Çeyreklik Ödeme Yapın: Önemli miktarda kripto veya gig ekonomisi geliri elde ediyorsanız, yıl boyunca çeyreklik tahmini vergi ödemeleri yaparak yıl sonunda büyük bir fatura ve ceza ile karşılaşmaktan kaçının.

Eyalet Kurallarını Araştırın: Uzaktan çalışıyorsanız hem ikamet ettiğiniz hem de işvereninizin bulunduğu eyaletin vergi kurallarını araştırın. Gerekirse, işvereninizin İK departmanı ile görüşerek uzaktan çalışma politikalarını netleştirin.

Yabancı Hesapları Bildirin: Yabancı kripto borsalarında önemli varlıklarınız varsa, FBAR ve FATCA gereksinimlerini araştırın ve gerekirse dosyalayın.

Güncel Kalın: Dijital varlıklar ve uzaktan çalışma konularındaki vergi kuralları hızla değişmektedir. IRS'in yeni rehberliklerini ve eyalet vergi dairelerinin duyurularını düzenli olarak takip edin.

11.8 Sık Sorulan Sorular (SSS)

S1: Kripto paramı bir cüzdandan diğerine transfer ettiğimde vergi ödemem gerekir mi?

C: Hayır. Kendi cüzdanlarınız arasında kripto para transfer etmek, vergiye tabi bir olay değildir. Ancak, bir borsadan diğerine transfer ederken, maliyet esasınızı doğru bir şekilde takip etmeniz önemlidir.

S2: Kripto paramı hediye olarak aldım. Vergi ödemem gerekir mi?

C: Hediye olarak kripto para almak, alıcı için vergiye tabi bir olay değildir. Ancak, bu kripto parayı gelecekte sattığınızda, hediye edenin orijinal maliyet esasını kullanarak sermaye kazancınızı hesaplamanız gerekir. Hediye veren kişi, hediyenin değeri yıllık hediye muafiyetini ($19,000 2026'da) aşarsa, Form 709 dosyalamak zorunda kalabilir.

S3: Kripto para kaybettim (hack, dolandırıcılık veya kayıp özel anahtar). Bunu vergi kaybı olarak gösterebilir miyim?

C: Bu, karmaşık bir konudur ve duruma göre değişir. Eğer kripto paranız çalındıysa ve bunu kanıtlayabiliyorsanız, hırsızlık kaybı olarak düşebilirsiniz (ancak 2018 Vergi Kesintileri ve İstihdam Yasası sonrası bu tür kesintiler büyük ölçüde kısıtlanmıştır). Özel anahtarınızı kaybettiyseniz, IRS'in bu durumu nasıl ele alacağı konusunda net bir rehberlik yoktur. Profesyonel bir vergi danışmanına başvurmanız önerilir.

S4: DeFi platformunda "impermanent loss" (geçici kayıp) yaşadım. Bunu nasıl raporlarım?

C: Impermanent loss, likidite havuzundan çıktığınızda gerçekleşir. Bu noktada, aldığınız token'ların değeri ile başlangıçta yatırdığınız token'ların değeri arasındaki fark, bir sermaye kazancı veya kaybı olarak kabul edilir.

S5: Farklı bir eyaletten uzaktan çalışıyorum. Hangi eyalete vergi ödemeliyim?

C: Hem ikamet ettiğiniz eyalete hem de çalıştığınız eyalete vergi ödemeniz gerekebilir. İkamet ettiğiniz eyalet, başka bir eyalete ödediğiniz vergiler için bir kredi verir. Ancak, "convenience of the employer" kuralı gibi özel durumlar, bu hesaplamayı karmaşıklaştırabilir. Bir vergi profesyoneline danışmanız önerilir.

S6: Gig ekonomisi platformundan Form 1099-K almadım. Gelirimi beyan etmek zorunda mıyım?

C: Evet, kesinlikle. Bir form almasanız bile, kazandığınız her doları gelir olarak beyan etmek yasal bir zorunluluktur. IRS, platformlardan doğrudan bilgi alabileceği için, raporlamama ciddi cezalara yol açabilir.

S7: Kripto para madenciliği yapıyorum. Bu bir hobi mi yoksa işletme mi?

C: Eğer madencilik faaliyetiniz düzenli, sürekli ve kâr amacı gütüyorsa, bir işletme olarak kabul edilir ve Schedule C'de raporlanır. Bu durumda, ekipman, elektrik ve diğer giderleri düşebilirsiniz. Eğer sadece ara sıra ve hobi olarak yapıyorsanız, kazançlarınız hala gelir olarak raporlanmalıdır, ancak gider kesintileriniz sınırlı olabilir.

S8: NFT'mi bir IRA hesabında tutabilir miyim?

C: Eğer NFT'niz IRS tarafından bir "koleksiyon" olarak kabul edilirse, IRA veya 401(k) gibi vergi avantajlı emeklilik hesaplarında tutulamaz. Bu kuralın ihlali, ciddi vergi cezalarına yol açabilir.

Bölüm 12: Evlilik, Çocuklar ve Miras

Hayat, evlilik, çocuk sahibi olma, boşanma ve en nihayetinde miras bırakma gibi bir dizi önemli dönüm noktasından oluşur. Bu kişisel ve duygusal olayların her biri, aynı zamanda önemli finansal ve vergisel sonuçlar doğurur. Doğru planlama yapılmadığında, bu mutlu veya zorlu anlar, beklenmedik vergi faturaları ve finansal karmaşalarla gölgelenebilir.

Örneğin, iki yüksek gelirli profesyonelin evlenmesi, onları daha yüksek bir vergi dilimine sokarak bir "evlilik cezası" yaratabilirken, tek gelirli bir ailenin evlenmesi bir "evlilik bonusu" ile sonuçlanır. Benzer şekilde, bir çocuğun doğumu, binlerce dolarlık vergi kredisi anlamına gelirken, üniversite masrafları için doğru tasarruf aracını seçmek, on binlerce dolarlık vergi tasarrufu sağlayabilir. Boşanma sürecinde, evin kime kalacağı kararı, gelecekteki bir satışta kimin 250,000 dolarlık sermaye kazancı muafiyetinden yararlanacağını belirler.

12.1 Evlilik ve Vergiler: Ceza mı, Bonus mu?

Evlilik, hayatınızdaki en önemli kararlardan biridir ve vergi durumunuzu temelden değiştirir. Artık iki ayrı birey olarak değil, vergi sistemi tarafından tek bir ekonomik birim olarak görülebilirsiniz. Bu birleşme, bir "evlilik cezası" veya "evlilik bonusu" ile sonuçlanabilir.

Beyan Durumları: Müşterek mi, Ayrı mı?

Evli çiftlerin temel olarak iki seçeneği vardır:
Evli Müşterek Beyan (Married Filing Jointly - MFJ): Bu, en yaygın beyan durumudur. Çiftler, tüm gelirlerini, kesintilerini ve kredilerini tek bir beyannamede birleştirir.

Evli Ayrı Beyan (Married Filing Separately - MFS): Her eş, kendi gelirini, kesintilerini ve kredilcrini ayrı ayrı beyan eder. Bu durum, bazı önemli vergi avantajlarının (örneğin, eğitim kredileri, EITC) kaybedilmesine neden olur ve nadiren avantajlıdır. Sadece eşlerin yasal veya finansal olarak kendilerini ayırmak istedikleri durumlarda (örneğin, bir eşin vergi borçlarından diğerinin sorumlu olmasını önlemek için) kullanılır.

Evlilik Cezası ve Bonusu

Bu kavramlar, evli bir çiftin ödediği toplam verginin, bekar olarak ayrı ayrı beyanname verselerdi ödeyecekleri toplam vergiden daha fazla veya daha az olması durumunu ifade eder.

Evlilik Cezası: Yaklaşık olarak eşit ve yüksek gelire sahip iki kişi evlendiğinde ortaya çıkar. Bunun nedeni, müşterek beyanname vergi dilimlerinin, bekar beyanname dilimlerinin tam olarak iki katı olmamasıdır. İki yüksek gelir birleştiğinde, gelirin daha büyük bir kısmı daha yüksek bir vergi dilimine itilebilir.

Evlilik Bonusu: şlerden birinin gelirinin diğerinden önemli ölçüde daha yüksek olduğu durumlarda ortaya çıkar. Yüksek gelirli eş, düşük gelirli (veya hiç geliri olmayan) eşin daha düşük vergi dilimlerinden ve standart kesintisinden yararlanarak toplam vergi yükünü azaltır.

Vaka Çalışması: Ceza vs. Bonus

Senaryo	Eş 1 Gelir	Eş 2 Gelir	Bekar Vergi	Müşterek Vergi	Sonuç
Ceza	$200,000	$180,000	~$78,000	~$81,000	**~$3,000 Ceza**
Bonus	$380,000	$0	~$105,000	~$81,000	**~$24,000 Bonus**

Tablo 12.1 Örnek Hesaplama

Boşanmanın Vergi Sonuçları

Boşanma, en az evlilik kadar karmaşık vergi sonuçları doğurabilir.

Mal Varlığı Paylaşımı: Boşanma sırasında eşler arasında transfer edilen mülkler (ev, hisse senetleri vb.) vergiye tabi değildir. Ancak, varlığı alan eş, orijinal maliyet esasını (step-up in basis olmaz) devralır. Bu, gelecekteki bir satışta önemli bir sermaye kazancı vergisi anlamına gelebilir.

Nafaka (Alimony): 2019 ve sonrası boşanma anlaşmaları için, nafaka ödemeleri artık ödeyen eş için vergi kesintisi değildir ve alan eş için vergiye tabi gelir değildir. Bu, eski kanunun tam tersidir ve boşanma müzakerelerinde önemli bir değişiklik yaratmıştır. (Bazı eyaletler bu kuralı tanımamaktadır, bu durumda mükelleflerin eyalet beyannamelerinde gerekli düzeltmeleri yapmaları gerekmektedir.)

Çocukların Velayeti: Çocuğun velayetini alan ebeveyn, çocuğu bağımlı olarak gösterme, Hane Reisi (Head of Household) olarak beyanname verme ve Çocuk Vergi Kredisi gibi avantajlardan yararlanma hakkına sahiptir. Bu haklar, boşanma anlaşmasında müzakere edilebilir.

12.2 Çocuklar ve Vergi Avantajları

Çocuk sahibi olmak, aileler için en büyük mutluluklardan biridir ve ABD vergi sistemi, çocuk yetiştirmenin mali yükünü hafifletmek için bir dizi önemli vergi avantajı sunar. Bu avantajlar, binlerce dolarlık vergi tasarrufu sağlayabilir.

Çocuk Vergi Kredisi (Child Tax Credit - CTC)

CTC, çocuklu aileler için en önemli vergi avantajlarından biridir. 2025 vergi yılı itibariyle bu kredi, uygun her çocuk için 2,200 dolardır.

Uygunluk Kriterleri:

Yaş: Çocuk, vergi yılı sonunda 17 yaşından küçük olmalıdır.

İlişki: Çocuğunuz, üvey çocuğunuz, koruyucu çocuğunuz, kardeşiniz veya bu kişilerin soyundan gelen biri (torun, yeğen) olmalıdır.

İkamet: Çocuk, yılın yarısından fazlasında sizinle birlikte yaşamalıdır.

Destek: Çocuk, kendi geçiminin yarısından fazlasını sağlamamalıdır.

Vatandaşlık: Çocuk, ABD vatandaşı, ulusalı veya yerleşik yabancısı olmalıdır.

Gelir Sınırları: Kredi, belirli gelir seviyelerinin üzerinde aşamalı olarak azalır. Bu sınırlar, 2025 vergi yılı için 200,000 dolar (bekar, MFS, HOH) ve 400,000 dolar (MFJ) olarak belirlenmiştir.

Geri Ödenebilir Kısım (Additional Child Tax Credit - ACTC): Eğer vergi borcunuz krediden daha azsa, kalan kısmın bir bölümünü geri ödeme olarak alabilirsiniz. 2025 vergi yılı için, geri ödenebilir kısım çocuk başına 1,700 dolar ile sınırlıdır.

Çocuk ve Bağımlı Bakım Kredisi

Çalışmanıza veya iş aramanıza olanak sağlamak için çocuğunuz (13 yaş altı) veya bakıma muhtaç bir yakınınız için yaptığınız bakım masraflarını karşılamaya yardımcı olan bir kredidir.

Kredi Miktarı: Kredi, işle ilgili bakım masraflarınızın bir yüzdesidir. Bu oran gelirinize bağlı olarak %20 ila %35 arasında değişir.

Masraf Sınırları: Krediye esas alınabilecek masraf tutarı, bir çocuk için 3,000 dolar iki veya daha fazla çocuk için 6,000 dolar ile sınırlıdır.

Maksimum Kredi: Bu, maksimum kredinin bir çocuk için 1,050 dolar (3,000 * %35), iki veya daha fazla çocuk için 2,100 dolar (6,000 * %35) olduğu anlamına gelir.

Diğer Bağımlı Kredisi (Credit for Other Dependents)

CTC için uygun olmayan diğer bağımlılarınız (örneğin, 17 yaş ve üzeri çocuklarınız, yaşlı ebeveynleriniz) için 500 dolarlık geri ödemesiz bir kredi sağlar. CTC ile aynı gelir sınırlarına tabidir.

Kiddie Tax: Çocukların Yatırım Gelirini Vergilendirme

Ebeveynlerin, kendi yüksek vergi oranlarından kaçınmak için yatırım varlıklarını çocuklarının adına kaydırmasını önlemek amacıyla tasarlanmış bir kuraldır.

Kural: 2026 yılı itibarıyla, 19 yaşından küçük (veya 24 yaşından küçük tam zamanlı öğrenci) bir çocuğun 2,700 doları aşan vergilendirilmemiş yatırım geliri (faiz, temettü, sermaye kazancı), çocuğun kendi düşük vergi oranı yerine, ebeveynlerinin marjinal vergi oranında vergilendirilir.

Vaka Çalışması: Kiddie Tax Uygulaması

15 yaşındaki Semih'in, büyükbabasından miras kalan hisse senetlerinden yıllık 10,000 dolarlık temettü geliri vardır. Ailesi %32'lik vergi dilimindedir.

Hesaplama:

İlk 1,350 dolar: Vergisiz (standart kesinti)

Sonraki 1,350 dolar: Semih'in vergi oranında (%10) vergilendirilir = 135 dolarlık vergi demektir.

Kalan 7,300 dolar ise (10,000 - 2,700): Ailesinin vergi oranında (%32) vergilendirilir = 2,336 dolar.

Toplam Vergi: 135 + 2,336 = 2,471 dolar.

Kiddie Tax Olmasaydı: Tüm 8,650 dolar (10,000 - 1,350) Semih'in düşük oranlarında vergilendirilir ve toplam vergi çok daha az olurdu.

UTMA/UGMA HESAPLARI VE KIDDIE TAX TUZAĞI

Türkiye'deki birçok büyükanne ve büyükbaba, ABD'deki torunları için iyi niyetle bir banka hesabı (UTMA/UGMA - Uniform Transfers to Minors Act hesabı) açarak para hediye eder. Ancak bu hesaplardaki yatırım gelirleri (faiz, temettü) doğrudan çocuğa aittir ve Kiddie Tax kurallarına tabidir. Eğer bu gelir yıllık 2,700 doları aşarsa, aşan kısım çocuğun %10'luk düşük vergi oranı yerine, ailenin %37'ye varan yüksek marjinal vergi oranında vergilendirilir. Bu, beklenmedik ve yüksek bir vergi faturasına yol açabilir. Ailelerin, çocuk adına açılan hesaplardaki yatırım gelirlerini yakından takip etmesi kritik öneme sahiptir.

12.3 Eğitim Planlaması: 529 Planları ve Diğer Araçlar

Üniversite eğitimi, bir ailenin en büyük harcamalarından biri olabilir. Neyse ki, ABD vergi sistemi, bu maliyeti yönetmeye yardımcı olmak için çeşitli vergi avantajlı tasarruf araçları sunmaktadır.

529 Planları: En Popüler Seçenek

529 Planları, üniversite masrafları için tasarruf yapmanın en popüler ve vergi açısından en avantajlı yoludur. Bu planlar, eyaletler tarafından yönetilir ve iki temel vergi avantajı sunar:

Vergiden Muaf Büyüme: Hesaptaki yatırımlarınız federal vergiden muaf olarak büyür.

Vergiden Muaf Çekimler: Para, nitelikli yüksek öğrenim masrafları (harç, konaklama, kitaplar, teknoloji) için kullanıldığında, çekimler hem federal hem de eyalet vergisinden muaftır.

Eyalet Vergi Avantajı: Birçok eyalet, kendi 529 planlarına yapılan katkılar için bir eyalet gelir vergisi kesintisi veya kredisi sunar. Bu, 529 planlarını daha da cazip hale getirir.

Dezavantajları: Para, nitelikli olmayan masraflar için çekilirse, kazançlar hem normal gelir vergisine hem de %10 ek cezaya tabi olur.

EYALET VERGİ KESİNTİSİ GERİ ALINABİLİR (RECAPTURE) Birçok eyalet, kendi 529 planlarına yapılan katkılar için bir vergi kesintisi sunar. Ancak, bu eyaletlerin bazılarında bir "recapture" (geri alma) kuralı vardır. Eğer çocuğunuz, katkı yaptığınız eyalet dışında bir eyaletteki bir üniversiteye giderse, daha önce aldığınız tüm eyalet vergi kesintilerini geri ödemeniz gerekebilir. Bu nedenle, 529 planı seçerken sadece eyalet vergi kesintisine değil, aynı zamanda planın yatırım seçeneklerine, ücretlerine ve "recapture" kurallarına da bakmak önemlidir.

Coverdell Eğitim Tasarruf Hesapları (ESA)

Coverdell ESA, 529 planlarına benzer şekilde vergiden muaf büyüme ve çekimler sunar, ancak birkaç önemli farkı vardır:

Katkı Limiti: Yıllık katkı, çocuk başına sadece 2,000 dolar ile sınırlıdır.

Gelir Sınırı: Katkı yapma hakkı, yüksek gelirli mükellefler için sınırlıdır.

Kullanım Esnekliği: Coverdell fonları, sadece üniversite için değil, aynı zamanda K-12 (ilk ve orta öğretim) özel okul masrafları için de kullanılabilir.

Karşılaştırma: 529 Planı vs. Coverdell ESA

Strateji: Eğer gelir sınırlarına takılmıyorsanız ve K-12 özel okul masraflarınız varsa, önce Coverdell ESA'yı maksimuma çıkarmak, ardından kalan tasarruflar için bir 529 Planı kullanmak mantıklı olabilir.

Eğitim Vergi Kredileri

Tasarruf planlarının yanı sıra, eğitim masraflarını öderken de vergi avantajları elde edebilirsiniz.

American Opportunity Tax Credit (AOTC): Lisans eğitiminin ilk dört yılı için, öğrenci başına yıllık 2,500 dolara kadar bir kredi sunar. Kredinin %40'ı geri ödenebilirdir (refundable). Bu kredi yüksek öğrenimin sadece ilk 4 yılı için kullanılabilir.

Lifetime Learning Credit (LLC): Lisans, yüksek lisans veya mesleki gelişim kursları için, beyanname başına yıllık 2,000 dolara kadar geri ödemesiz bir kredi sunar.

Bir öğrenci için aynı yıl içinde hem AOTC hem de LLC talep edemezsiniz.

12.4 Miras ve Hediye Vergisi: Servet Transferi

Hayatınız boyunca biriktirdiğiniz serveti bir sonraki nesle aktarmak, dikkatli bir vergi planlaması gerektirir. ABD vergi sistemi, büyük servet transferlerini vergilendirmek için bir emlak vergisi (estate tax) ve hediye vergisi (gift tax) sistemi uygular.

Emlak ve Hediye Vergisi Muafiyeti

Bu iki vergi, birleşik bir sistemdir. Hayatınız boyunca yaptığınız vergiye tabi hediyeler ve vefatınızda bıraktığınız miras, birleşik bir muafiyet tutarından düşülür. Bu muafiyeti aşan kısım vergilendirilir.

2026 Muafiyet Tutarı: 2025 vergi yılı için, kişi başına birleşik emlak ve hediye vergisi muafiyeti 15 milyon dolar olarak belirlenmiştir. Bu, evli bir çiftin toplamda 30 milyon dolarlık geliri vergiden muaf olarak aktarabileceği anlamına gelir.

Vergi Oranı: Muafiyeti aşan tutar, %40 gibi yüksek bir oranda vergilendirilir. Bu yüksek muafiyet nedeniyle, ABD nüfusunun çok küçük bir kısmı (%0.1 civarı) federal emlak vergisi ödemektedir.

Yıllık Hediye Muafiyeti

Emlak ve hediye vergisi sisteminin en güçlü planlama araçlarından biri, yıllık hediye muafiyetidir. Bu kural, her yıl herhangi bir sayıda kişiye, birleşik muafiyetinizi kullanmadan ve hediye vergisi beyannamesi (Form 709) dosyalamadan belirli bir miktarda hediye vermenize olanak tanır.

2026 Yıllık Muafiyet: Kişi başına, alıcı başına 19,000 dolardır.

Bu, evli bir çiftin, her bir çocuğuna veya torununa her yıl 38,000 dolarlık vergiden muaf olarak hediye verebileceği anlamına gelir. Yıllar boyunca düzenli olarak kullanıldığında, bu strateji, büyük bir serveti vergiden muaf olarak bir sonraki nesle aktarabilir.

FORM 709 BİLDİRİM ZORUNLULUĞU
Yıllık hediye muafiyetini aşan bir hediye verdiğinizde,

hediye vergisi ödemeniz gerekmese bile (çünkü birleşik muafiyetinizden düşülür), bu hediyeyi Form 709 (Hediye Vergisi Beyannamesi) ile IRS'e bildirmek zorundasınız. Örneğin, bir çocuğunuza bir yıl içinde 50,000 dolar hediye ederseniz, 31,000 dolarlık (50,000 - 19,000) vergiye tabi hediye için Form 709 doldurmanız gerekir. Bu formun doldurulmaması, gelecekte emlak planınızda ciddi sorunlara yol açabilir.

"Step-Up in Basis" Kuralı: Mirasın En Büyük Vergi Avantajı

Bir kişiye hediye olarak bir varlık (örneğin, hisse senedi) verdiğinizde, alıcı sizin orijinal maliyet esasınızı devralır ("carryover basis"). Ancak, bir varlığı miras olarak bıraktığınızda, tamamen farklı ve çok daha avantajlı bir kural geçerlidir: step-up in basis.

Step-Up in Basis: Bir varlık miras kaldığında, varisin maliyet esası, varlığın orijinal maliyeti değil, vefat tarihindeki adil piyasa değeri olur.

Vaka Çalışması: Hediye vs. Miras

Güllü Hanım, yıllar önce 50,000 dolara aldığı ve bugünkü değeri 500,000 dolar olan bir hisse senedi portföyüne sahiptir.

Seçenek 1 (Hediye): Güllü Hanım, portföyü oğlu Ali'ye hediye eder. Ali, portföyü hemen satar.

Ali'nin Maliyet Esası: 50,000 dolar (carryover basis)

Sermaye Kazancı: 450,000 dolar

Vergi (%20 varsayılan): 90,000 dolar

Seçenek 2 (Miras): Güllü Hanım açıklanamayan sebeplerle vefat eder ve portföyü Ali'ye miras bırakır. Ali, portföyü hemen satar.

Ali'nin Maliyet Esası: 500,000 dolar (step-up in basis)

Sermaye Kazancı: Yok

Vergi: Yok

Bu kural, miras planlamasının temel taşlarından biridir ve önemli miktarda sermaye kazancı vergisi tasarrufu sağlayabilir.

Tröstler (Trusts): Gelişmiş Planlama Aracı

Yüksek net değerli aileler için, tröstler, serveti yönetmek, korumak ve aktarmak için güçlü araçlardır.

İptal Edilebilir Yaşayan Tröst (Revocable Living Trust): En yaygın tröst türüdür. Varlıklarınızı hayattayken kontrol etmenizi sağlar ve vefatınızda mahkeme onaylı vasiyet süreci olan "probate"den kaçınmanıza yardımcı olur. Ancak, emlak vergisinden koruma sağlamaz.

İptal Edilemez Tröst (Irrevocable Trust): Varlıkları tröste kalıcı olarak devredersiniz ve üzerlerindeki kontrolü bırakırsınız. Bu tröstler, varlıkları emlak vergisinden çıkarmak, alacaklılardan korumak ve özel planlama hedeflerine ulaşmak için kullanılır.

Aile vergi planlaması, sadece izole vergi kesintileri veya kredilerinden ibaret değildir. Bu, ailenizin finansal hayatının tüm yönlerini (gelir, yatırımlar, eğitim, emeklilik, miras) bir araya getiren bütünsel bir yaklaşımdır. Başarılı bir plan, ailenizin hedeflerini anlar ve bu hedeflere ulaşmak için mevcut tüm vergi stratejilerini entegre eder. Bu karmaşık ve sürekli değişen alanda, finansal danışmanlar, vergi profesyonelleri ve emlak planlama avukatlarından oluşan bir ekiple çalışmak, ailenizin finansal geleceğini güvence altına almanın en akıllıca yoludur.

12.5 Kapsamlı Vaka Çalışmaları

Bu bölümde, gerçek hayat senaryolarını daha derinlemesine inceleyerek, aile vergi planlamasının karmaşıklığını somut örneklerle göstereceğiz.

Vaka 1: Evlilik Bonusu ve Çocuk Planlaması

Erdal ve Kirsten, 2024 yılında evlendiler. Erdal bir doktor olarak yıllık 300,000 dolar kazanırken, Kirsten ise çalışmamaktadır. 2025 yılında ilk çocukları dünyaya geldi.

Vergi Durumu (2024 - Evlilik Öncesi):

Erdal (Bekar): Gelir 300,000 dolar
 Federal Vergi: ~70,000 dolar
 Standart Kesinti: 15,750 dolar

Vergi Durumu (2024 - Evlilik Sonrası):

Erdal ve Kirsten (Müşterek): Gelir 300,000 dolar
 Federal Vergi: ~52,000 dolar
 Standart Kesinti: 31,500 dolar
 Evlilik Bonusu: ~18,000 dolarlık vergi tasarrufu

Vergi Durumu (2025 - Çocuklarla):

Erdal ve Kirsten (Müşterek): Gelir 300,000 dolar
 Federal Vergi: ~52,000 dolar
 Çocuk Vergi Kredisi: -2,200 dolar
 Net Vergi: ~50,000 dolar
 Toplam Tasarruf (Bekar Erdal'e göre): ~20,000 dolar

Planlama Stratejileri:

529 Planı: Çocukları için hemen bir 529 planı açtılar ve yıllık 10,000 dolar katkıda bulunmaya başladılar. 18 yıl sonra, %6 yıllık getiri varsayımıyla, bu plan 310,000 dolar değerinde olacak ve tüm çekimler vergiden muaf olacaktır.

Backdoor Roth IRA: Erdal'in geliri, doğrudan Roth IRA katkısı için çok yüksek olduğundan, her yıl Backdoor Roth stratejisini kullanabilir.

Vaka 2: Mal Varlığı ve Velayet

Kemal ve Handan, 15 yıllık evliliklerinin ardından 2024 yılında boşandılar. İki çocukları var (10 ve 12 yaşında). Ortak varlıkları: Ev (maliyet esası 300,000 dolar, güncel değer 600,000 dolardır) Hisse senedi portföyü (maliyet esası 100,000 dolar, güncel değer 400,000 dolardır.)

Boşanma Anlaşması: Handan, evi aldı. Kemal, hisse senedi portföyünü aldı. Çocukların fiziksel velayeti Handan'da ancak Kemal'in de yasal velayeti var. Kemal, çocuk nafakası ödüyor (2019 sonrası anlaşma olduğu için federal vergi kesintisi yok).

Vergi Sonuçları:

Ev Transferi (Handan): Transfer anında vergi yok.

Handan'ın maliyet esası: 300,000 dolar (orijinal maliyet esası devam eder).

Gelecekte Handan evi 600,000 dolara satarsa: Sermaye kazancı orijnal maliyet esası üzerinden ödenecektir. Ancak Handan 250,000 dolarlık ana konut muafiyetini kullanabilir bu nedenle de sadece 50,000 dolar vergilendirilir.

Hisse Senedi Transferi (Kemal'e): Transfer anında vergi yok.

Kemal'in maliyet esası: 100,000 dolar

Kemal hisseleri hemen satarsa: Sermaye kazancı 300,000 dolar uzun vadeli sermaye kazancı vergisine tabi (varsayılan %15 = 45,000 dolarlık vergi).

Çocuk Vergi Kredisi:

Handan çocukların fiziksel velayetini aldığı için, her iki çocuk için de CTC talep edebilir (4,400 dolarlık toplam kredi).

Kemal, Form 8332 ile Handan'ın onayını alırsa, bir veya her iki çocuğu bağımlı olarak gösterebilir, ancak bu nadiren yapılır.

Beyan Durumu:

Handan: Hane Reisi - (Standart kesinti 22,500 dolar)
Kemal: Bekar - (Standart kesinti 15,750 dolar)

Vaka 3: Miras Planlaması

Hasan Bey (75 yaşında) ve Ayşe Hanım (72 yaşında), başarılı bir işletme satışından sonra 40 milyon dolar net değere sahipler. İki yetişkin çocukları ve dört torunu var.

Hedefleri: Servetlerini bir sonraki nesle vergi açısından en verimli şekilde aktarmak, hayattayken çocuklarına ve torunlarına finansal destek sağlamak, emlak vergisini minimize etmek istiyorlar

Planlama Stratejileri:

Yıllık Hediye Muafiyetini Maksimize Etme:

Hasan ve Ayşe, her yıl her bir çocuğuna ve torununa 19,000 dolar (toplam 38,000 dolar çift olarak) hediye ediyorlar.
2 çocuk + 4 torun = 6 kişi
Yıllık toplam hediye: 228,000 dolar (38,000 * 6)
10 yıl boyunca: 2.28 milyon dolarlık gelir vergiden muaf olarak transfer edilir.

İptal Edilemez Hayat Sigortası Tröstü (ILIT):

10 milyon dolar değerinde bir hayat sigortası poliçesi satın aldılar ve bunu bir ILIT'e yerleştirdiler.
Vefatlarında, sigorta ödemesi tröste gider ve emlak vergisinden muaftır.

Bu, çocuklarına likidite sağlar ve emlak vergilerini ödemelerine yardımcı olur.

Hayırsever Kalan Tröst (Charitable Remainder Trust - CRT):

5 milyon dolar değerinde yüksek değerli hisse senetlerini bir CRT'ye bağışladılar.

Hayatları boyunca tröstden yıllık gelir alıyorlar.

Vefatlarında, kalan varlıklar seçtikleri bir hayır kurumuna gidiyor.

Anında bir hayırsever bağış kesintisi aldılar ve sermaye kazancı vergisinden kaçındılar.

Aile Sınırlı Ortaklığı (Family Limited Partnership - FLP):

Kalan işletme varlıklarını bir FLP'ye yerleştirdiler.

Çocuklarına sınırlı ortaklık payları hediye ettiler, ancak "değerleme indirimi" (valuation discount) sayesinde bu payların hediye vergisi değeri azaldı.

Sonuç: Bu stratejilerle, Hasan ve Ayşe, servetlerinin büyük bir kısmını emlak vergisinden muaf olarak aktarabilecekler. Çocukları, hem hayattayken finansal destek alıyor hem de gelecekte büyük bir miras alacaklar. Hayırsever hedeflerine de ulaşıyorlar.

Vaka 4:Özel Tröst Planlaması

Mehmet ve Fatma'nın, ciddi engelli bir oğulları var (25 yaşında, Ali). Ali, Sosyal Güvenlik Engellilik Geliri (SSI) ve Medicaid alıyor. Ebeveynler, vefatlarından sonra Ali'nin finansal geleceğinden endişe ediyorlar.

Sorun: Eğer Mehmet ve Fatma, Ali'ye doğrudan miras bırakırsa, bu miras Ali'nin SSI ve Medicaid uygunluğunu tehlikeye atabilir (bu programların varlık sınırları vardır).

Çözüm: Özel İhtiyaçlar Tröstü (Special Needs Trust - SNT) Mehmet ve Fatma, Ali için bir üçüncü taraf SNT oluşturdular. Vasiyetlerinde, Ali'nin miras payının bu tröste gitmesini belirttiler. Tröst, Ali'nin

SSI ve Medicaid uygunluğunu etkilemeden, onun yaşam kalitesini artıran ek harcamalar (tıbbi ekipman, terapi, tatil vb.) için kullanılabilir. Tröst, profesyonel bir mütevelli (trustee) tarafından yönetilir.

Öğrenilen Dersler: Özel ihtiyaçlı bir çocuk için doğrudan miras bırakmak, devlet yardımlarını tehlikeye atabilir, Özel İhtiyaçlar Tröstü, hem çocuğun finansal geleceğini güvence altına alır hem de devlet yardımlarını korur, Bu tür planlamalar, emlak planlama avukatı ile yakın çalışmayı gerektirir.

12.6 Sık Sorulan Sorular (SSS)

S1: Evli Ayrı Beyan ne zaman avantajlıdır?

C: Evli Ayrı Beyan (MFS) nadiren avantajlıdır, çünkü birçok vergi avantajını (EITC, eğitim kredileri, CTC'nin bir kısmı) kaybedersiniz. Ancak, aşağıdaki durumlarda düşünülebilir: Bir eşin büyük tıbbi giderleri veya çeşitli ayrıntılı kesintileri varsa (bu kesintiler, AGI'nin bir yüzdesi olarak sınırlıdır). Bir eşin vergi borçlarından diğer eşi korumak istiyorsanız. Eşler ayrı yaşıyor ve boşanma süreci devam ediyorsa.

S2: Çocuğum 17 yaşına bastı. Artık hiçbir vergi avantajı alamaz mıyım?

C: Eğer okula devam etmiyorsa, Çocuk Vergi Kredisi (CTC) 17 yaşında sona erer, ancak hala "Diğer Bağımlı Kredisi" (Bu kredi 2024 vergi yılı için 500 dolardır.) alabilirsiniz. Ayrıca, çocuğunuz üniversitede ise, AOTC veya LLC gibi eğitim kredilerinden yararlanabilirsiniz.

S3: 529 Planındaki parayı çocuğum üniversiteye gitmezse ne olur?

C: Birkaç seçeneğiniz var: Planın lehtarını başka bir aile üyesine (kardeş, kuzen, hatta kendinize) değiştirebilirsiniz. Parayı çekebilirsiniz, ancak kazançlar normal gelir vergisine ve %10 cezaya tabi olur. 2024'ten itibaren, belirli koşullar altında, 529 fonlarını bir Roth IRA'ya aktarabilirsiniz (ömür boyu 35,000 dolarlık limit).

S4: Eşime ne kadar hediye verebilirim?

C: Eğer eşiniz ABD vatandaşıysa, sınırsız hediye verebilirsiniz (vergiden muaf). Eğer eşiniz ABD vatandaşı değilse, 2025 vergi yılı için yıllık hediye muafiyeti 19,000 dolardır.

S5: "Step-up in basis" kuralı tüm varlıklar için geçerli midir?

C: Hayır. Step-up in basis, hisse senetleri, gayrimenkul ve diğer sermaye varlıkları için geçerlidir. Ancak, IRA veya 401(k) gibi emeklilik hesapları için geçerli değildir. Bu hesaplar, varislere "gelir açısından vergiye tabi" (income in respect of a decedent - IRD) olarak geçer.

S6: Büyükanne ve büyükbabam torunlarına hediye vermek istiyorlar. Vergi sonuçları nelerdir?

C: Büyükanne ve büyükbaba, her bir toruna yıllık $19,000 (2025 Vergi Yılı) vergiden muaf olarak hediye verebilirler. Eğer evlilerse, birlikte $38,000 verebilirler. Bu, "nesil atlayan transfer vergisi" (generation-skipping transfer tax - GSTT) için ayrı bir muafiyet de kullanır, ancak yıllık muafiyet dahilindeki hediyeler GSTT'ye tabi değildir.

S7: Çocuğum için bir UTMA/UGMA hesabı açmak, 529 Planından daha mı iyi?

C: Hayır. UTMA/UGMA hesapları, çocuğun 18 veya 21 yaşında (eyalete göre) hesap üzerinde tam kontrol sahibi olmasını sağlar ve bu riskli olabilir. Ayrıca, bu hesaplardaki yatırım kazançları Kiddie Tax'e tabidir. 529 Planları, daha fazla kontrol, daha iyi vergi avantajları ve finansal yardım başvurularında daha az olumsuz etki sunar.

S8: Özel ihtiyaçlı bir çocuğum var. Nasıl bir planlama yapmalıyım?

C: Özel İhtiyaçlar Tröstü (SNT) oluşturmalısınız. Bu tröst, çocuğunuzun SSI ve Medicaid gibi devlet yardımlarını kaybetmeden ek finansal destek almasını sağlar. Mutlaka bu alanda deneyimli bir emlak planlama avukatı ile çalışın.

12.7 Pratik İpuçları ve En İyi Uygulamalar

Evlilik Öncesi Vergi Planlaması: Evlenmeden önce, her iki tarafın da vergi durumunu gözden geçirin. Önemli öğrenci kredisi borcu, vergi borçları veya karmaşık finansal durumlar varsa, bir vergi profesyoneline danışın.

W-4 Formunu Güncelleyin: Evlendikten, çocuk sahibi olduktan veya boşandıktan sonra, işvereninize verdiğiniz W-4 formunu güncelleyin. Bu, maaşınızdan kesilen vergiyi ayarlar ve yıl sonunda büyük bir fatura veya geri ödemeden kaçınmanıza yardımcı olur.

Erken Başlayın: 529 Planı veya Coverdell ESA'yı çocuğunuz doğar doğmaz açın. Bileşik faizin gücü, erken başlamanın en büyük avantajıdır.

Yıllık Hediye Muafiyetini Kullanın: Eğer önemli bir servetiniz varsa, her yıl düzenli olarak çocuklarınıza ve torunlarınıza hediye vererek emlak vergisi yükünüzü azaltın.

Vasiyetinizi ve Tröstlerinizi Güncel Tutun: Hayatınızdaki büyük değişiklikler (evlilik, boşanma, çocuk, ölüm) sonrasında emlak planınızı gözden geçirin ve güncelleyin.

Eyalet Kurallarını Unutmayın: Emlak vergisi, hediye vergisi ve eğitim vergi avantajları eyaletten eyalete değişebilir. Kendi eyaletinizin kurallarını araştırın.

İletişim Kurun: Aile içinde açık iletişim, miras planlamasının en önemli parçasıdır. Çocuklarınızla planlarınızı paylaşın ve onların beklentilerini yönetin.

Son Söz

Aile vergi planlaması, bir maratondur, sprint değil. Hayatınızın her aşamasında, farklı vergi stratejileri ve araçlar devreye girer. Evliliğin getirdiği yeni beyan durumlarından, çocuk yetiştirmenin vergi avantajlarına, eğitim masraflarını finanse etmenin akıllıca yollarından, servetinizi bir sonraki nesle aktarmanın en verimli stratejilerine kadar, bu bölümde ele aldığımız konular, ailenizin finansal geleceğini şekillendirmenize yardımcı olacaktır. Proaktif planlama, profesyonel rehberlik ve sürekli eğitim, bu karmaşık alanda başarının anahtarlarıdır. Ailenizin benzersiz durumunu ve hedeflerini göz önünde bulundurarak, size özel bir plan oluşturun ve düzenli olarak gözden geçirin. Böylece, hayatın her dönüm noktasında, vergi açısından en akıllı kararları verebilir ve ailenizin finansal refahını güvence altına alabilirsiniz.

Vergi Terimleri Sözlüğü

Bu sözlük, ABD federal ve eyalet vergi sistemlerinde kullanılan teknik terimlerin kapsamlı bir dökümünü sunmaktadır. Her terim, kitabın ana metninde kullanılan terminolojiyle uyumlu hale getirilmiş ve Türk vergi mükelleflerinin ABD sistemini daha iyi kavramalarına yardımcı olacak şekilde detaylandırılmıştır.

1031 Exchange: Gayrimenkul satışından doğan sermaye kazancı vergisinin ertelenmesini sağlayan yasal yöntemdir.

1040 Form: Bireysel gelir vergisi beyannameleri için kullanılan ana formdur.

1099 Form: Maaş dışındaki gelirleri bildirmek için kullanılan form ailesidir.

Adjusted Gross Income (AGI): Vergi beyannamesindeki en kritik rakamlardan biridir. Toplam brüt gelirinizden, 'above-the-line' olarak adlandırılan belirli indirimler düşüldükten sonra elde edilir. Birçok vergi kredisi ve indirimi için uygunluk bu rakama göre belirlenir.

Alternative Minimum Tax (AMT): Yüksek gelirli mükelleflerin, çok sayıda vergi indirimi kullanarak vergi yüklerini aşırı düşürmelerini engellemek amacıyla tasarlanmış paralel bir vergi sistemidir. Normal vergi hesaplamanızın yanı sıra AMT hesaplaması da yapılır ve hangisi daha yüksekse o ödenir.

Audit: IRS'in bir vergi beyannamesinin doğruluğunu kontrol etmek amacıyla yaptığı resmi inceleme sürecidir. Yazışma yoluyla (Correspondence Audit), ofis ziyaretiyle (Office Audit) veya saha incelemesiyle (Field Audit) gerçekleştirilebilir.

Basis / Cost Basis: Bir varlığın vergi amaçlı başlangıç değeridir. Genellikle satın alma fiyatıdır ancak yapılan iyileştirmelerle artabilir veya amortismanla azalabilir. Bir varlığı sattığınızda, satış fiyatı ile 'Adjusted Basis' arasındaki fark sermaye kazancınızı veya kaybınızı belirler.

Capital Gains Tax (Sermaye Kazançları Vergisi): Yatırım amaçlı tutulan varlıkların satışından elde edilen kar üzerinden alınan vergidir. Bir yıldan kısa süre tutulan varlıklar 'Short-term', bir yıldan uzun süre tutulanlar ise 'Long-term' olarak vergilendirilir.

Certified Public Accountant (CPA): Eyalet düzeyinde lisanslanmış, sıkı eğitim ve sınav süreçlerinden geçmiş vergi ve muhasebe profesyonelidir. Karmaşık vergi planlaması ve IRS nezdinde temsil yetkisine sahiptir.

Child Tax Credit (CTC): Belirli bir yaşın altındaki her bir çocuk için vergi borcundan doğrudan düşülen bir kredidir. Gelir seviyesine bağlı olarak kısmen iade edilebilir (refundable) özellik taşıyabilir.

Corporate Income Tax: C-Corporation statüsündeki şirketlerin net karları üzerinden ödedikleri federal ve eyalet düzeyindeki vergidir.

Deduction (Kesinti): Vergiye tabi geliri azaltan harcama kalemleridir. Standart kesinti (Standard Deduction) veya ayrıntılı kesintiler (Itemized Deductions) olarak ikiye ayrılır.

Dependent (Hakkı): Mükellefin finansal desteğinin en az yarısını sağladığı ve belirli şartları karşılayan çocuk veya aile üyesidir.

Depreciation (Amortisman): İşletme veya yatırım amaçlı kullanılan maddi varlıkların maliyetinin, varlığın faydalı ömrü boyunca her yıl belirli oranlarda gider olarak gösterilmesidir.

Double Taxation (Çifte Vergilendirme): Aynı gelirin iki kez vergilendirilmesi durumudur. Örneğin, bir şirketin karı üzerinden vergi ödemesi ve ardından dağıtılan temettü üzerinden hissedarın tekrar vergi ödemesi.

Earned Income Tax Credit (EITC): Düşük ve orta gelirli çalışan bireyler için tasarlanmış, iade edilebilir bir vergi kredisidir.

Effective Tax Rate (Etkin Vergi Oranı): Toplam ödediğiniz verginin, toplam gelirinize bölünmesiyle elde edilen gerçek vergi yükü yüzdesidir.

Enrolled Agent (EA): Doğrudan IRS tarafından yetkilendirilmiş vergi uzmanıdır. IRS nezdinde mükellefleri temsil etme yetkisine sahiptir.

Estimated Tax Payments (Tahmini Vergi Ödemeleri): Maaşlı çalışan olmayanların yıl içinde dört eşit taksitte yaptıkları ön ödemelerdir.

Excise Tax (Özel Tüketim Vergisi): Belirli ürünlerin satışı veya belirli faaliyetler üzerinden alınan dolaylı vergidir.

Exemption (Muaftır): Belirli bir miktar gelirin veya belirli bir mükellef grubunun vergi dışı tutulmasıdır.

Foreign Bank and Financial Accounts Report (FBAR): ABD dışındaki finansal hesaplarınızın toplam değeri yılın herhangi bir anında 10.000 doları aşarsa yapılması gereken zorunlu bildirimdir.

Federal Insurance Contributions Act (FICA): Sosyal Güvenlik ve Medicare fonlarını finanse etmek için çalışanların maaşlarından kesilen vergidir.

Filing Status (Beyan durumunuz): Vergi oranlarınızı ve standart kesinti miktarınızı belirleyen kategoridir (Bekar, Evli Müşterek, vb.).

Foreign Tax Credit (FTC): ABD dışındaki bir ülkede ödenen verginin, ABD'deki vergi borcundan belirli limitler dahilinde düşülmesini sağlayan mekanizmadır.

Gift Tax (Hediye Vergisi): Bir kişiye karşılıksız olarak verilen para veya varlıklar üzerinden alınan vergidir.

Gross Income: Herhangi bir indirim veya kesinti yapılmadan önce elde edilen tüm gelirlerin toplamıdır.

Internal Revenue Service (IRS): Federal vergi kanunlarını uygulayan ve vergileri toplayan ana kurumdur.

Itemized Deductions (Ayrıntılı Kesintiler): Standart kesinti yerine, yasal olarak izin verilen harcamaların tek tek listelenerek gelirden düşülmesidir.

K-1 Form (Corp geliri formu): Ortaklıklar ve S-Corp'lar tarafından ortaklarına gönderilen, o yılki kar ve zarar paylarını gösteren belgedir.

Levy: Ödenmemiş vergi borçları nedeniyle IRS'in mükellefin varlıklarına yasal olarak el koyması işlemidir.

Lien: IRS'in, ödenmemiş vergi borcu nedeniyle mükellefin mülkiyeti üzerindeki yasal hak iddiasıdır.

Marginal Tax Rate: Gelirinizin en üst dilimine uygulanan vergi oranıdır.

Net Operating Loss (Net İşletme Zararı): Bir işletmenin giderlerinin gelirinden fazla olması durumunda oluşan zarardır.

Nonresident Alien: Vergi açısından ABD'de ikamet etmeyen kişidir. Sadece ABD kaynaklı gelirleri üzerinden vergilendirilirler.

Offer in Compromise (Uzlaşma Teklifi): Mükellefin vergi borcunun tamamını ödeyemeyeceği durumlarda, IRS ile yapılan indirimli ödeme anlaşmasıdır.

Passive Income (Pasif Gelir): Mükellefin aktif olarak çalışmadığı faaliyetlerden elde edilen gelirdir (kira geliri vb.).

Payroll Tax: İşverenlerin çalışan maaşları üzerinden ödedikleri ve kestikleri vergilerdir.

Progressive Tax System (Artan Oranlı Vergi Sistemi): Gelir arttıkça vergi oranının da kademeli olarak arttığı sistemdir.

Qualified Dividend (Temettüler): Daha düşük vergi oranlarıyla vergilendirilen temettü geliridir.

Refundable Tax Credit (İade Edilebilir Vergi Kredisi): Vergi borcunu sıfıra indirdikten sonra artan kısmın nakit olarak ödenmesini sağlayan kredi türüdür.

Resident Alien: ABD vatandaşı olmasa da vergi açısından yerleşik sayılan kişidir. Dünya genelindeki tüm gelirleri üzerinden vergi öderler.

Self-Employment Tax (Serbest Meslek Vergisi): Kendi işini yapanların ödedikleri Sosyal Güvenlik ve Medicare vergisidir.

Standard Deduction (Standart Kesinti): Beyan durumuna göre gelirden otomatik olarak düşülen sabit tutardır.

Statute of Limitations (Zamanaşımı Süresi): IRS'in bir beyannameyi incelemek veya vergi tahakkuk ettirmek için sahip olduğu yasal süredir.

Step-up in Basis: Bir varlık miras kaldığında, maliyet esasının vefat tarihindeki piyasa değerine yükseltilmesidir.

Tax Bracket (Vergi Dilimi): Belirli bir vergi oranının uygulandığı gelir aralığıdır.

Tax Credit: Hesaplanan vergi borcundan doğrudan düşülen tutardır.

Tax Liability (Vergi Borcu): Tüm hesaplamalar sonrası devlete ödenmesi gereken toplam nihai vergi tutarıdır.

Tax Treaty (Vergi Anlaşması): İki ülke arasında çifte vergilendirmeyi önlemek için imzalanan uluslararası sözleşmedir.

Taxable Income (Vergilendirilebilir Gelir): Brüt gelirden tüm yasal indirimler düşüldükten sonra kalan net matrahtır.

W-2 Form: İşverenlerin çalışanlarına verdiği, yıllık kazancı ve kesilen vergileri gösteren belgedir.

Withholding (Stopaj): Gelir henüz mükellefin eline geçmeden kaynağında kesilen vergi tutarıdır.

www.ingramcontent.com/pod-product-compliance
Lightning Source LLC
Chambersburg PA
CBHW061023220326

41597CB00019BB/3151